La République des rumeurs

Alexandre Duyck

La République des rumeurs

(1958-2016)

Flammarion

ISBN : 978-2-0813-5960-4

Il y a peu de temps encore, la fenêtre de ma chambre donnait sur l'arrière-cuisine de *La Belle Époque*, Paris XIe. À tous ceux qui s'y attablèrent et y travaillaient le 13 novembre 2015.

« La calomnie c'est comme la guêpe, il ne faut frapper que si vous êtes sûrs de tuer. »

Brice Hortefeux, ancien ministre de l'Intérieur,
citant Nicolas Chamfort, en juin 2015.

« Cette histoire était faite pour tuer un homme. Un homme politique, un homme tout court. »

Ysabel Baudis, veuve de Dominique Baudis,
ancien président du CSA,
ancien député-maire de Toulouse
injustement mis en cause
dans l'affaire Patrice Alègre.

« Même si tu n'as rien fait, n'oublie pas que tu es coupable puisque tu es puissant. Aux yeux de tous ceux qui pensent qu'il n'y a pas de fumée sans feu, tu es un pourri. »

Un conseiller à son ministre, automne 2014.

Introduction

Ce peut être un simple ragot, une coucherie supposée, une liaison sentimentale gênante, une orientation sexuelle sous-entendue ; ce peut être plus grave, conduire parfois à l'affaire d'État : une malversation financière, un enfant caché élevé et logé aux frais de la République, une maladie qui va peut-être emporter le président, un décès suspect, celui d'un ministre par exemple.

Ce peut être ici ou ailleurs, dans un village ou une petite ville où le maire va trouver la façade de sa maison recouverte d'insinuations et d'insultes ; ce peut être dans une plus grande ville, comme à Angers au début des années 1980. Jean Narquin est candidat aux élections municipales. Sa fille, Roselyne Bachelot, raconte un souvenir particulier d'une campagne électorale :

« Un soir, une de nos amies prend le bus. Là, elle y entend deux femmes parler assez fort.

L'une dit à l'autre :

— Bah tu sais, je pensais voter Narquin aux élections mais ça ne risque pas, depuis ce qu'il s'est passé.

— Ah bon, pourquoi ? Il s'est passé quoi ?

— Bah tu sais, le type qui a tué deux personnes l'autre jour, l'accident en centre-ville, c'est lui !

— Non ? Ah bon ? Je ne savais pas !

— Si, je te jure, c'est sûr que c'est lui mais ils ne veulent évidemment pas que ça se sache.

Puis les deux femmes descendent du bus, reprend l'ancienne ministre de la Santé. Et là, mon amie décide de descendre aussi et de les suivre. Savez-vous ce qu'il s'est passé ? Les deux pipelettes sont montées dans le bus suivant et ont rejoué la même scène ! C'était des militantes de l'adversaire de mon père qui cherchaient à lui nuire en balançant de telles saloperies sur lui[1]. »

Ce peut être au sommet du pouvoir, à tous les étages du sommet du pouvoir : à la mairie de Paris, à l'hôtel Matignon, au palais de l'Élysée. Surtout au palais de l'Élysée dont l'hôte, au fil du temps, selon les époques, se verra affublé de tous les bruits imaginables : le président est mourant, le président trompe sa femme, le président cache de l'argent à l'étranger, le président va démissionner, le président qualifie en privé les pauvres de « sans-dents », le président a un enfant caché…

Est-il possible de faire carrière en politique sans être victime de rumeurs ? Oui, mais difficilement, très difficilement. Parmi les personnalités politiques marquantes de la Ve République, bien rares sont celles ayant échappé aux rumeurs, ragots, insinuations et on-dit. Pour un Charles de Gaulle, un Jacques Delors, un Pierre Mauroy ou une Simone Veil, combien de Georges Pompidou, Valéry Giscard d'Estaing, François Mitterrand (le prince de la rumeur), Jacques Chirac, Nicolas Sarkozy, François Hollande ? Combien de Lionel Jospin, de Rachida Dati, de Roselyne Bachelot, de Dominique Baudis, de Ségolène Royal, de Manuel Valls ? De Christiane Taubira et de Najat Vallaud-Belkacem, les deux ministres les plus visées par la rumeur à l'heure des réseaux sociaux, de l'internet et des bonnes vieilles méthodes d'antan ? Roselyne Bachelot : « Oh oui, des salopes, en politique, il y en a. La

1. Entretien avec l'auteur.

politique est un jeu dans lequel la capacité de résilience doit être considérable. Même les paranoïaques ont des ennemis ! Et si on n'est pas méfiant, la durée de survie dans ce domaine est équivalente à celle sur une bande d'arrêt d'urgence d'autoroute[1] ! »

Politique et rumeur vont de pair. Professeur à Sciences Po-Aix, auteur d'une *Sociologie politique des rumeurs*[2], Philippe Aldrin explique que « la politique est particulièrement "rumogène" » : « Des romans balzaciens à *Bel-Ami* de Maupassant, la littérature du XIXe siècle est traversée par cette vision d'un monde politique bruissant d'infos cachées, théâtre de mensonges et de trahisons. Encore aujourd'hui, 75 % des citoyens suivent le débat politique de très loin. Ils ne lisent pas les journaux, mettent les politiques dans un même sac. Pour qu'ils adhèrent aux rumeurs, celles-ci doivent être à la fois vraisemblables et révéler la part indigne du politique, ce qu'il cache à l'électorat. » Et le sociologue de citer le cas édifiant et exceptionnel de Dominique Baudis, ancien député-maire de Toulouse, alors président du Conseil supérieur de l'audiovisuel, frappé en 2003 par ce qui représente, encore aujourd'hui, la pire des rumeurs politiques sous la Ve République, celle l'ayant accusé de participer à des soirées sadomasochistes avec viols et meurtres, y compris de mineurs, en compagnie du tueur en série Patrice Alègre. Sous le regard accusateur, complice et irresponsable de nombreux médias, dont certains se sont gravement compromis dans cette machination[3].

Mais au fait, qu'est-ce qu'une rumeur ? « Nouvelle, bruit qui se répand dans le public, dont l'origine est inconnue ou incertaine et la véracité douteuse », nous dit le *Larousse*. Professeur émérite à HEC, auteur à la fin des années 1980 du

1. *Elle*, 1er juin 2012.
2. Philippe Adrin, *Sociologie politique des rumeurs*, PUF, 2005.
3. Lire le chapitre 12 : « L'affaire Baudis : "Une histoire faite pour tuer" ».

livre de référence sur le sujet *Rumeurs, le plus vieux média du monde*[1], Jean-Noël Kapferer cite les deux psychosociologues américains Gordon Willard Allport et Leo Postman, « les pères fondateurs du domaine. Pour eux, la rumeur est une "proposition liée aux événements du jour, destinée à être crue, colportée de personne à personne, d'habitude par le bouche-à-oreille, sans qu'il existe de données concrètes permettant de témoigner de son exactitude" ». Mais Kapferer note que les deux Américains, qui travaillèrent durant la Seconde Guerre mondiale pour l'Office of War Information, ne présentent que des cas de fausses rumeurs. Or la rumeur peut s'avérer exacte : en effet, comme nous l'expliquerons tout au long de cet ouvrage, Dominique Baudis ne participait à aucune orgie sadomasochiste à Toulouse ; Najat Vallaud-Belkacem ne se nomme pas en réalité Claudine Dupont ; François Hollande n'est pas le père du fils de la maire de Paris Anne Hidalgo ni Jacques Chirac celui d'un enfant japonais. Mais oui, François Mitterrand était bien gravement malade dès 1981 et le savait ; oui, il était le père d'une petite fille prénommée Mazarine et dont il cachait l'existence ; oui, Georges Pompidou était bien mourant au début de l'année 1974 ; oui, Nicolas Sarkozy a bien soupçonné Rachida Dati d'être à l'origine des bruits sur sa supposée séparation d'avec Carla Bruni ; oui, Dominique de Villepin a bien tout tenté pour empêcher Lionel Jospin d'accéder à l'Élysée en 2002 ; oui, François Hollande allait bien rejoindre en cachette l'actrice Julie Gayet ; oui, Dominique Strauss-Kahn risquait bien d'être rattrapé un jour par sa réputation et d'échouer dans sa longue course à la présidence de la République.

Dès lors, voici une sélection de critères qui nous permettront de définir la rumeur. L'absence de source clairement identifiée (on ne sait jamais exactement d'où part une

1. Jean-Noël Kapferer, *Rumeurs, le plus vieux média du monde*, Points-Essais, 2010.

rumeur, qui en est vraiment à l'origine, qui, le premier, l'a formulée...). Un fond de véracité (à défaut d'exactitude), pour que la rumeur soit crédible – non pas qu'elle convainque ou persuade mais qu'elle séduise le plus grand nombre –, suivant l'adage « il n'y a pas de fumée sans feu ». L'impossibilité de décréter à l'avance la véracité ou la fausseté du fait raconté. Le mode de transmission : bouche-à-oreille, réseaux sociaux, « dîners en ville », presse people, presse classique, légendes urbaines... Avec Kapferer, nous appellerons donc « rumeur » « l'émergence et la circulation dans le corps social d'informations soit non encore confirmées publiquement par les sources officielles soit démenties par celles-ci[1] ». Et, une nouvelle fois, nous ne perdrons pas de vue que contrairement aux idées reçues, une rumeur peut parfaitement s'avérer exacte.

Deux constantes dans les rumeurs visant les personnalités politiques sous la Ve République : le sexe et l'argent. Les liaisons cachées, prêtées, avérées ; les ragots sur l'homosexualité d'untel ou d'unetelle, comme si l'homosexualité constituait une tare, voire une perversion ; les accusations larvées de pédophilie comme en 2011 quand l'ancien ministre de l'Éducation nationale et philosophe Luc Ferry lance cette accusation accablante mais ahurissante (reposant sur quoi au fond ?) : un ancien ministre français, qu'il ne nomme évidemment pas, se livrerait régulièrement à des actes pédophiles au Maroc[2]. « L'affaire m'a été racontée par les plus hautes autorités de l'État, en particulier par le Premier ministre [François Fillon], déclare-t-il en direct à la télévision, mais si je sortais son nom aujourd'hui, il est probable que je serais mis en examen et à coup sûr condamné[3]. » Les rumeurs sexuelles peuvent prendre d'autres tournures, faire écho à la

1. *Ibid.*
2. Lire le chapitre 12 : « L'affaire Baudis : "Une histoire faite pour tuer" ».
3. *Le Grand Journal* de Canal+, le 30 mai 2011.

pratique de la prostitution, de la sexualité de groupe ou à la pornographie. Ainsi de Christine Taubira, qui rappelle qu'« on a dit de moi que j'avais fait le trottoir à Paris pour payer mes études[1] ! », de Claude Pompidou, participante imaginaire à des parties fines inventées pour nuire, photomontage à l'appui, à sa réputation et saborder celle de son mari, futur président de la République ; de Roselyne Bachelot, encore elle, qui nous a confié qu'il se disait d'elle, lors d'une campagne électorale dans le Maine-et-Loire, qu'elle avait participé à des films pornographiques... Remarquons au passage que ces trois exemples concernent trois femmes, comme par hasard... Milieu misogyne par excellence, la politique véhicule toutes sortes de rumeurs sordides sur les femmes, souvent transformées en objets sexuels, ou de fantasmes quand elle se contente de peindre les hommes en maris infidèles aux airs de séducteurs tombeurs et charmeurs.

Le sexe et l'argent, disions-nous, piliers des rumeurs politiques. Non plus *panem et circenses* mais plutôt *sexus et sesterces.* Pompidou vivrait comme un pacha ; Giscard dépenserait des fortunes en allant chasser en Afrique ; Mitterrand posséderait un palais à Venise, Chirac un compte bancaire plein à craquer au Japon, Sarkozy un autre chez Clearstream au Luxembourg... Lors d'une scène de ménage à l'Élysée l'opposant à François Hollande, Valérie Trierweiler aurait brisé pour trois millions d'euros d'objets précieux... Rien de tout cela n'est vrai ? Et après ? La rumeur court, court, court et s'éternise au sens propre du terme sur les réseaux sociaux. Tapez n'importe laquelle de celles qui précèdent et vous obtiendrez des dizaines, parfois des centaines de milliers de référencements sur Google.

Mais tel est le prix à payer pour faire carrière en politique, pour accéder au pouvoir, dans sa ville, sa région ou à la tête

1. Entretien avec l'auteur.

du pays : subir des rumeurs et, le plus souvent, ne pas savoir comment s'en débarrasser ni comment les combattre ; mais aussi colporter des rumeurs. Premier président de la République à jouer de la presse people, et avec la presse people, Nicolas Sarkozy ne s'est-il pas retrouvé pris au piège, victime d'une presse qu'il croyait dompter mais qui lui a réservé le sort qu'elle réserve aux acteurs de cinéma et vedettes de la télévision ? Lui qui, à en croire l'éditorialiste Alain Duhamel, « aime colporter les rumeurs, il le fait même ouvertement. Quand on a aimé le ministère de l'Intérieur et ses pratiques, il est dur de s'en défaire. Mais avec moi il tente juste, il n'insiste pas. Reste qu'il demeure l'imprudence personnifiée[1] ». L'année qui vient de débuter verra les Républicains et le Parti socialiste désigner leur candidat à l'élection présidentielle de l'an prochain. 2016 sera-t-elle l'année de toutes les rumeurs ? Alain Duhamel en est certain : « Je suis persuadé que la campagne de 2017 sera marquée par des pseudo-révélations, des calomnies, des rumeurs[2]... » Alain Juppé et ses alliés vont-ils tout faire pour discréditer Nicolas Sarkozy ? « Les guerres internes sont les plus fratricides, il faut toujours se méfier des primaires... », assure Franck Louvrier, ex-responsable de la communication de l'ancien président. L'équipe de ce dernier, constituée notamment d'anciens préfets et chefs de la police nationale, va-t-elle « faire tourner à fond le ventilo à merde », comme se le demande un journaliste politique très en vue[3] ? « Aujourd'hui on continue d'être informé, des hauts fonctionnaires, des policiers, des syndicalistes dont nous sommes restés proches, qui nous disent ce qui se passe et ce dont nous pouvons nous servir[4] », reconnaît un fidèle de l'ancien chef de l'État. L'Élysée donnera-t-elle

1. *Ibid.*
2. *Ibid.*
3. *Ibid.*
4. *Ibid.*

raison aux fidèles de Sarkozy qui l'accusent d'ourdir un complot contre le président des Républicains, avec l'aide de juges et de journalistes complaisants ? Quels bruits Twitter, les blogs, les sites internet d'extrême droite, la presse people, les « indiscrets » qui pullulent dans les hebdomadaires d'information vont-ils relayer, ou créer ? « La vitesse de circulation des supposées "informations" est tellement disproportionnée qu'elle démultiplie le nombre et la montée en puissance de la rumeur, explique Pierre Mathiot, professeur de sciences politiques à Sciences Po-Lille. Chaque jour une nouvelle apparaît, sans compter que les anciennes remontent régulièrement à la surface. »

Jean-Noël Kapferer avait repéré cinq critères qui vont permettre aux rumeurs de proliférer : la défiance à l'égard des médias officiels ; la défiance envers les dirigeants politiques ; l'absence de réponses suffisantes apportées aux questions que se pose le public ; la mauvaise réception par tous de ces informations ; une période de chômage massif « puisque l'ennui déclenche une avidité pour les moindres bruits[1]... » Nous y sommes, pour les cinq. Cinq éléments qui profitent à une autre prolifération, celle des idées d'extrême droite. Le rapprochement n'est pas infondé : n'oublions pas la tragique fin de Roger Salengro, tué par la rumeur dans les années 1930. Comment le ministre de l'Intérieur et député-maire de Lille fut harcelé par les ligues d'extrême droite qui menèrent contre lui une odieuse campagne visant à le salir, à le présenter comme un déserteur lors de la Première Guerre mondiale. Salengro en mourra, choisissant de mettre fin à ses jours. Lors de ses obsèques, le 22 novembre 1936, à Lille, Léon Blum prononça ces mots : « Il n'y a pas d'antidote contre le poison de la calomnie. Une fois versé, il continue d'agir, quoi qu'on fasse, dans le cerveau des hommes de la rue comme

1. Jean-Noël Kapferer, *Rumeurs, le plus vieux média du monde*, *op. cit.*

dans le cœur de la victime. Il pervertit l'opinion… On juge superflu de vérifier, de contrôler, on écoute, on répète, sans se rendre compte que la curiosité et le bavardage touchent de bien près à la médisance, que la médisance touche de bien près à la calomnie… » Et que la calomnie est bien souvent la tragique et inquiétante compagne, d'autres diront la maladie symptomatique, de ce « quelque chose de noble, de beau, de gris, de sale qui s'appelle la politique[1] ».

1. Michèle Cotta, *Cahiers secrets de la Ve République*, Fayard, 2007, tome I.

I

LES ANNÉES DE GAULLE

1

Les Pompidou, « ces partouzards »
L'affaire Markovic

On ne devient pas patron du 36, quai des Orfèvres en un claquement de doigts. Avant de diriger la police judiciaire parisienne, Claude Cancès a été un tout jeune flic. « Un jeune poulet », sourit-il attablé à la brasserie du XIIe arrondissement de Paris dans laquelle il a ses habitudes. Ce soir d'hiver, il sirote un thé vert. Pourtant débarqué en décembre 1995 par le ministre de l'Intérieur Jean-Louis Debré, Cancès a été un grand flic, ancien de la Brigade criminelle et patron de l'Antigang. Il commence sa carrière en 1963 dans le XVIIIe arrondissement de Paris. Promu inspecteur, il intègre la Mondaine où il va tout connaître de la vie cachée des chanteurs, des acteurs, des personnalités politiques, contribuant ainsi à emplir le coffre-fort de la brigade de dossiers mis à l'abri des curieux : sur les safaris africains du président Giscard d'Estaing, sur la double vie de François Mitterrand ou les « cinq minutes douche comprise » de Jacques Chirac. Filatures, plongées dans les bordels et les boîtes à partouze de Paname, lettres anonymes de dénonciation vont devenir son quotidien… « Je n'imagine pas une seconde que "grâce" à cette brigade, je vais me déguiser en clochard, porter l'habit de soirée, connaître les bas-fonds et tout savoir des vices de la société », écrit-il en introduction de son livre *La Brigade mondaine*[1]. Ce que Cancès n'imagine pas non plus, c'est son plongeon à l'automne 1968, pendant dix-huit mois, au cœur d'une des pires rumeurs et conspirations de la Ve République, dans laquelle seront impliqués, de (très) près et de (pas très) loin Charles de Gaulle, Georges Pompidou et l'épouse de celui-ci, Alain Delon, Roland Dumas, Maurice Couve de Murville, Jean-Charles Marchiani, des barbouzes, des agents secrets et des truands du Milieu...

Montée de toutes pièces, l'affaire Markovic comporte l'un des deux ingrédients de base d'une bonne rumeur politique appelée à se répandre : le sexe. L'autre étant l'argent. Elle repose sur un autre principe essentiel : « Plus c'est gros, plus ça passe. » Soit dit autrement : « Calomniez, calomniez, il en restera toujours quelque chose » (Francis Bacon). Claude Pompidou ? Elle participerait à des partouzes et serait la victime d'un maître chanteur qui l'aurait photographiée en bien mauvaise posture. Mme Pompidou a osé les jupes courtes, passe des vacances à Saint-Tropez, son mari s'est offert une Porsche, ils fréquentent Françoise Sagan ou des stars de cinéma : une réalité. Le fantasme qui en découle ? Adepte de la libération sexuelle prônée par les soixante-huitards, elle fréquente des parties fines. « Mélangez information et fiction récupérées dans l'actualité ou le folklore contemporain et vous obtenez un jeu de massacre politique... » précise Pascal Froissart, enseignant chercheur à Paris VIII et auteur de *La Rumeur, histoire et fantasmes*[2].

Pour la seule fois dans sa longue carrière, le tout jeune inspecteur Cancès va prendre des notes au long de son enquête sur l'affaire Markovic. Au stylo-bille, heure par heure, jour par jour. Le jeune flic est sur la piste d'un Yougoslave et, pour une raison que nous comprendrons plus tard, surveille les auto-écoles et les pressings...

---

1. Claude Cancès, *La Brigade mondaine*, Pygmalion, 2014.
2. Pascal Froissart, *La Rumeur, histoire et fantasmes*, Éditions Belin, 2002.

Vendredi 16 janvier. 9 h 10 : 1er B.M. 13 h 30 : filature Yougo angle rue d'Alleray/rue de Vaugirard. 13 h 50, pressing rue Pétel. Auto-école rue Croix-Nivert. 16 h 30 : il sort, se rend au garage à l'auto-école. Lundi 19 janvier : 10 heures, vérif Youg blanchisserie… samedi 24 mai 1969 : 13 h 15 juge, extraction Santé Malibert Eugène. 16 heures, déposition Malibert Eugène. 19 h 30 à 20 h 30, perquisition 11-19 avenue du Château à Meudon-Bellevue.

« C'est la seule fois où je l'ai fait. Peut-être ai-je eu une intuition ? J'ai compris dès le départ que nous avions affaire à un dossier très sensible. Alors j'ai tout noté dans la perspective d'un témoignage devant la cour d'assises. On s'est plongé dans le milieu des joueurs de poker, des maîtres chanteurs, des partouzes, de la drogue… Il fallait ratisser large, infiltrer le milieu du show-biz et du grand banditisme. On a eu beaucoup de mythos mais dans une affaire criminelle, vous devez tout prendre au sérieux. Ce qui est certain, c'est que cette affaire m'a ouvert les yeux sur le monde politique… »

« La rumeur est visqueuse, liquide »

Nous sommes quarante-six ans plus tard, au début de l'année 2015. Le bras droit d'un des ministres les plus influents de François Hollande nous reçoit. Un conseiller en communication politique formé comme la plupart de ses confrères dans l'une des grosses agences parisiennes. « On dit souvent que rumeur rime avec tumeur. Je ne le crois pas. Une tumeur, même fatale au bout du compte, s'opère, se circonscrit éventuellement, peut être ôtée. La rumeur est insaisissable, visqueuse, liquide, elle vous échappe, vous glisse entre les mains. C'est un feu qui prend dans le maquis corse en plein mois d'août et vous disposez d'un tuyau d'arrosage pour l'éteindre. Les responsables politiques ne sont pas préparés à la rumeur. Quand elle leur tombe dessus, ils se trouvent désarçonnés, frappés par l'injustice, par la vulnérabilité, par la solitude. Quand une rumeur vous cible, vous comptez vos amis et les gens qui continuent de vous appeler. »

Frappé de plein fouet par l'affaire Markovic à l'automne 1968, Georges Pompidou, qui n'est alors plus le Premier ministre de Charles de Gaulle depuis son remplacement le 10 juillet 1968 par Maurice Couve de Murville, et pas encore son successeur à l'Élysée, aurait pu reprendre à son compte ces propos de 2015. Insaisissable, visqueuse, impréparation, injustice… Compter ses amis. Cancès : « Qui sait ce que l'avenir politique de Pompidou aurait été si l'affaire Markovic avait pris encore plus d'ampleur ? » Le 1er octobre 1968, un corps est retrouvé dans une décharge publique des Yvelines, près d'Élancourt, au lieu-dit La Cavée-du-Roi. « Le visage du mort émergeait d'un linceul en toile de jute enfermé dans une housse en plastique qui claquait sous le vent des premiers jours d'automne. C'était un magma de chairs éclatées d'où surgissaient, en épines acérées, des morceaux d'os verdâtres. La tête avait été fracassée par un "objet contondant, volumineux et pesant". L'homme, de forte corpulence, a été violemment frappé à la nuque. Aucune blessure ni trace de lutte[1]. »

Le mort n'est pas un vagabond comme l'imaginent les gendarmes dans leurs premières constatations transmises au parquet de Versailles. Il s'appelle Stevan Markovic. Connu de la police, Markovic est un malfrat d'origine yougoslave domicilié dans la très chic avenue de Messine, dans le VIIIe arrondissement de Paris, chez un certain Alain Delon, auprès duquel Markovic a joué l'homme à tout faire et le garde du corps. Delon, qui tourne alors *La Piscine* avec Romy Schneider. Sans le nom de Delon, la star de *Plein Soleil*, *Rocco et ses*

1. Entretien avec l'auteur.

frères, du *Guépard* ou du *Samouraï* de Jean-Pierre Melville tourné l'année précédente, la mort de Markovic n'intéresserait personne. Avec, elle va passionner les foules et manquer de détruire le futur président de la République en mélangeant politique, sexe et jet-set. Un cocktail explosif. « Le corps ayant été découvert dans les Yvelines, c'est la PJ de Versailles qui est saisie de l'enquête, reprend Claude Cancès. Comme l'affaire touchait au monde du show-biz, un flic de la Mondaine pouvait être utile. On m'a dit : “Cancès, vous serez détaché une semaine.” Je suis resté à bosser sur cette affaire un an et demi ! » Le seul indice dont disposent les flics, c'est le sac plastique dans lequel a été retrouvé le corps. Une housse de matelas de luxe de la marque Treca.

Le nom des Pompidou cité dans la presse

Tandis que l'enquête de police avance lentement (comment retrouver le propriétaire de la housse de matelas ?) une folle rumeur se met à courir. Huit jours après la découverte du cadavre de Markovic, certains journaux dont *Le Parisien libéré* et surtout *Le Figaro* s'emparent de l'affaire : « C'est ainsi que l'on évoque les noms de plusieurs actrices, de chanteuses, celui de la femme d'un ancien membre du gouvernement et ceux d'un député, de deux hauts fonctionnaires et de plusieurs vedettes[1]. » Les journaux dressent un portrait de la victime en maître chanteur du Tout-Paris, dont la mort pourrait s'expliquer par une tentative de chantage ayant mal tourné. Ici débute l'affaire qui scellera la rupture définitive entre le futur président de la République et le général de Gaulle.

En 1969, une fois remplacé à l'Élysée par Pompidou, l'homme du 18 juin sera interrogé par André Malraux :

1. *Le Figaro*, 14 octobre 1968.

— Qu'auriez-vous dit si vous aviez dû prononcer le discours célébrant le bicentenaire de la naissance de Napoléon ?

— Comme lui, j'ai été trahi par des jean-foutre que j'avais faits et nous avons eu le même successeur : Louis XVIII !

C'est donc huit jours après la découverte du corps de Markovic qu'une rumeur reprise par *Le Figaro*, alimentée par un collaborateur du ministère de l'Intérieur, se met à courir à travers Paris. Puis le journal *Minute* (daté du 17 octobre 1968) consacre une couverture et plusieurs pages à l'affaire. On y lit notamment que « le ministre de l'Intérieur Raymond Marcellin se fait tenir heure par heure au courant de l'enquête ». Le journal indique au passage qu'Alain Delon vient d'assister à la première de *Phèdre*, à l'Opéra, « comme Mme Pompidou en robe-bermuda rose »… Huit jours plus tard, le 25 octobre, *Le Figaro* écrit : « Stevan Markovic recrutait des jeunes femmes pour les "festivités" auxquelles participaient certaines personnalités du spectacle et de la politique. C'est au cours de ces réunions que le Yougoslave réussissait à prendre des clichés compromettants qu'il monnayait ensuite au prix fort. » *L'Aurore* et *Le Monde* parlent à leur tour de l'affaire, le quotidien de Beuve-Méry évoquant « la promesse d'un scandale en raison des relations que la victime avait pu nouer dans les milieux du spectacle, des rencontres qu'elle avait pu faire dans le monde de la politique comme de ses liaisons avec de "mauvais garçons" ». Le bruit qui court concerne Mme Claude Pompidou, l'épouse adorée de l'ancien Premier ministre et futur président. Celle-ci aurait été photographiée en pleine relation sexuelle au cours d'une « partouze ». Markovic aurait voulu monnayer le cliché et aurait été assassiné pour cela…

Un photomontage ridicule

Pourtant la photo tient du très mauvais photomontage. Rien de plus qu'un découpage et d'un collage dignes d'un travail d'enfant. Sur le tirage d'une photo extraite d'un film porno, quelqu'un a remplacé le visage d'une actrice par celui de Claude Pompidou. « J'ai toujours été frappé par le décalage entre la très mauvaise nature du document et la force de la rumeur », explique Claude Cancès.

Futur participant à la première conquête française de l'Everest en 1978, président du Conseil constitutionnel de 2004 à 2007, secrétaire d'État chargé de la Jeunesse, des Sports et des Loisirs sous Pompidou en 1973, Pierre Mazeaud nous reçoit chez lui, dans son petit appartement parisien sous les toits du quartier Saint-Paul. Des livres empilés sur le sol recouvert de tapis, de petits objets rapportés du monde entier, d'Asie surtout, des photos et des livres de montagne… Il est en espadrilles en ce méchant jour d'avril 2015 qui ressemble à la Toussaint. Il tire sur un cigarillo et nous parle d'une voix de stentor du fameux cliché : « En gros, on voyait Mme Pompidou tailler une pipe à un mec, voilà ! » Lui a vu la « photo » dont tout le monde parle alors sans que personne ou presque ne l'ait eue entre les mains. « C'était ridicule ! On voyait tout de suite que c'était un montage ! » Ridicule, la photo l'est assurément. Et pourtant la rumeur enfle de jour en jour, des politiques, des journalistes, des hauts fonctionnaires, des flics ajoutant un détail à un précédent. Dans les dîners, les cocktails, il se trouve toujours quelqu'un pour amener le sujet.

Georges Pompidou connaît vaguement Alain Delon mais, n'ayant jamais entendu parler de Markovic, ne fait aucun lien entre le fait divers initial (l'assassinat du Yougoslave) et la rumeur, d'autant qu'il est à mille lieues de se douter que c'est de sa femme dont il est question. Le feu couve pourtant : dans le Tout-Paris de la presse et de la politique, la calomnie trouve des relais complaisants. Nombre de personnes évoquent la fameuse photo, que presque personne n'a vue soit dit en passant. Puis un autre élément, qui vient renforcer les allégations des propagateurs de la rumeur : un taulard nommé Akov, qui affirme être lui aussi un ami d'Alain Delon, accable Markovic, confirmant qu'il fait bel et bien chanter les participants des partouzes dans lesquelles il se retrouve. Lui aussi affirme avoir vu de ses yeux « une grande blonde, la femme du Premier ministre ». Nom de code : « Mme Premier ». Étrangement, Akov balance ses révélations fracassantes dans une lettre écrite en parfait français, ce dont il n'est pas capable. Adressé à Delon, le courrier a été intercepté par les services pénitentiaires avant d'atterrir, comme par hasard, sur le bureau des ministres de l'Intérieur (Raymond Marcellin) et de la Justice (René Capitant), ce dernier détestant Pompidou… Qu'importe qu'Akov revienne sur ses déclarations, de l'huile a été jetée en abondance sur le feu.

Nous sommes le 30 octobre 1968. Que faire de ce courrier explosif ? Les deux ministres en réfèrent à Bernard Tricot, secrétaire général de l'Élysée, et au Premier ministre, Maurice Couve de Murville. Depuis Colombey-les-deux-Églises, de Gaulle, à son tour informé en ce jour de la Toussaint, charge Couve de prévenir Pompidou. Ce que le Premier ministre ne fera pas… Le 2 novembre, réunion au sommet à l'Élysée. Ils sont quatre dans le bureau présidentiel : de Gaulle, Couve, Marcellin et Capitant. Dix ans plus tard, en 1978, Marcellin se confiera à Michèle Cotta : « Couve de Murville me fait alors savoir qu'il va prévenir Georges Pompidou lui-même. Je ne bouge donc pas. Au Conseil des ministres qui suit, le mercredi, il me dit qu'il ne l'a pas fait[1]. » La rumeur court désormais depuis trois semaines. L'entourage de Pompidou décide d'agir. Dans ce même livre, à la toute fin du mois de novembre 1968 (la date exacte n'est pas précisée), Michèle Cotta écrit : « Il devient difficile de ne pas parler de l'affaire Markovic. Car cette affaire serait restée dans les faits divers crapuleux si *Le Figaro* – oui, *Le Figaro* ! – n'en avait fait, dans un de ses articles, une affaire politique en affirmant que le jeune Stéphane (*sic*) Markovic organisait les parties fines de très hautes personnalités politiques.

1. Michèle Cotta, *Cahiers secrets de la Ve République, op. cit.*

Lesquelles ? Au bout de quelques jours, les noms sont sortis : ceux de Georges Pompidou et de sa femme. Incroyable ! Des photos ont circulé, que je n'ai pas vues, que certains journalistes de *L'Express* ont vues, mettant en cause le couple Pompidou. Il se trouve que, il y a quelques mois, j'ai fait la connaissance d'un ami de Roland Dumas, Jean-Luc Javal, qui était au cabinet de Pompidou à Matignon et qui, au courant des allusions autour de celui-ci et de sa femme, a commencé par s'indigner de ce que personne autour de lui n'ose le prévenir. Il n'a donc écouté que son courage et après la Toussaint [...] il est allé révéler à Pompidou ce que le milieu politique parisien laissait entendre à son sujet. Il paraît que Pompidou a encaissé le choc, mais que, depuis, cela fait deux ou trois semaines, il n'a plus jamais souhaité le revoir... Les porteurs de mauvaises nouvelles n'ont pas la cote. En tout cas, les anti-pompidoliens comme René Capitant ministre de la Justice, ce qui n'est pas rien, sont aux anges. Ce qui est curieux, c'est de voir comment la découverte d'un cadavre sur une décharge près de Paris a finalement entraîné une crise grave entre les gaullistes et l'ancien Premier ministre. »

Plus de quarante ans plus tard, l'ancienne patronne de Radio France et de la Haute Autorité se souvient encore de la scène, telle que Javal la lui a racontée : « Il a dit à Marie-France Garaud : "Je vais le lui dire !" Et cela s'est très mal passé pour lui. Il en était bouleversé, répétant : "Je ne savais pas qu'il réservait un aussi mauvais accueil aux oiseaux de mauvais augure[1]." »

Balladur en première ligne

Voici Pompidou enfin mis au courant. Mais il lui faut une confirmation. Il convoque donc dans son bureau du

1. Entretien avec l'auteur.

boulevard de la Tour-Maubourg ses plus proches collaborateurs, Michel Jobert et Édouard Balladur, ainsi que Pierre Somveille, le directeur de cabinet du ministre de l'Intérieur. Pompidou ne croit-il pas au récit fait par Javal ? Balladur se souvient de la question posée par l'ancien Premier ministre à Somveille : « "Quel est donc cet homme politique dont la femme est concernée par une affaire ?" Somveille a été obligé d'expliquer la situation à Pompidou qui est alors entré dans une colère noire[1]. »

Pompidou finit par réaliser que non seulement tout le gouvernement mais aussi le Premier ministre, Maurice Couve de Murville, et le président, Charles de Gaulle, ont eu vent de la rumeur sans que personne ne daigne l'en avertir. L'ancien Premier ministre conservera jusqu'à la fin de ces jours cette idée : le gouvernement n'a pas pu ou plutôt pas voulu l'alerter à temps et a volontairement laissé se développer la rumeur. Capitant, informé dès le 30 octobre et qui n'a rien dit ? Dans ses Mémoires publiées *post-mortem*, Pompidou affirmera que des témoins l'ont vu « s'esclaffer » en apprenant la mise en cause de Mme Pompidou.

« Je sais que le Général n'aime pas se servir du téléphone, écrira-t-il, mais il possède un stylo. De sa part, j'attendais quelques lignes. Elles ne sont pas venues. Je me suis senti seul[2]. » Décontenancé par tant de bassesse et les ragots de caniveau, le normalien, le grammairien, l'homme de lettres ne sait d'abord comment réagir. Dans *Les Trois Vies de Georges Pompidou*, travail préparatoire à sa biographie parue en 2011, l'historien Alain Frerejean écrit : « Si, à ce dîner chez les Mauriac, Georges Pompidou se montre si nerveux, c'est que depuis quelques semaines, on tente d'impliquer sa femme dans une affaire scabreuse. Si cette histoire tourne mal pour son honneur, il est prêt à faire n'importe quoi. À ruiner, s'il le faut,

1. *Ibid.*
2. Georges Pompidou, *Pour rétablir une vérité*, Flammarion, 1982.

sa carrière politique. Tout, plutôt que de laisser salir l'être aimé. [...] » Pompidou : « En parcourant les articles en diagonale, j'avais bien noté l'allusion à la femme d'un ancien ministre. Je m'étais même posé la question, essayant de voir à qui cela pouvait s'appliquer, évoquant un ou deux noms. Mais je n'avais rien de précis en l'esprit. [...] Pour notre couple commence alors la descente aux enfers. Rien n'arrête la calomnie. Le témoignage d'un repris de justice détenu à Fresnes ne suffit pas. Alors, pour prouver les prétendus dévergondages de Mme Pompidou, on évoque des photographies[1]. »

L'affaire s'emballe. La presse rappelle que les Pompidou possèdent une maison de campagne à Orvilliers, à quelques kilomètres de la décharge où a été trouvé le cadavre de Markovic... Que les Pompidou, en rupture totale avec l'époque et leurs prédécesseurs à Matignon, fréquentent le show-biz, dont Alain Delon. Qu'ils séjournent sur la Côte d'Azur, ce qui insupporte le général de Gaulle. Que Pompidou possède une Porsche blanche. « Pompidou, il bouffait ses ronds mais il n'était pas riche, il vivait juste bien, explique l'écrivain et ancien éditeur Denis Tillinac. Leur maison de Cajarc, ils l'ont rénovée pièce par pièce, au rythme d'une chambre par an[2]. » Pour ses adversaires de tout poil, l'affaire est providentielle : un avocat gaulliste, Me Lemarchand, qui s'est rendu tristement célèbre dans l'affaire Ben Barka, attaque Pompidou. Un autre avocat proche du leader de la gauche François Mitterrand, un certain Roland Dumas, s'est rué à Belgrade pour devenir l'avocat de la famille Markovic. François Mitterrand aurait, dit-on, toutes les peines du monde à le calmer... Jamais deux sans trois : Me Jacques Isorni, ancien défenseur passionné de Pétain et de Brasillach, entrera plus tard dans la danse. Sans compter des membres des services secrets, le SDECE, à qui Pompidou déplaît.

1. *Ibid.*
2. Entretien avec l'auteur.

Il faut contre-attaquer, et vite. Pompidou déjeune avec des dizaines de journalistes. Il refait surface, réapparaît dans les dîners en ville où l'on ne parle pourtant que de l'affaire, fréquente à nouveau ce beau monde intellectuel, argenté et mondain, les Françoise Sagan, Jacques Chazot, Annabelle et Bernard Buffet… Ces vedettes que lui a présentées le banquier Guy de Rothschild, dont il a été le directeur général de la banque. « Nous prîmes la décision de tenir tête, écrira-t-il plus tard. Nous recommençâmes à sortir, à inviter. Nous n'hésitions pas à soulever nous-mêmes le sujet. Cela nous permettait de mesurer l'étendue des dégâts, et aussi de faire le partage entre nos vrais amis… » À vrai dire, leurs amis se font rares à l'époque. Une voix s'élève discrètement pour les soutenir, celle d'Yvonne de Gaulle qui assure Claude Pompidou de sa sympathie et de son indignation. À la maison, le week-end de la Toussaint, Yvonne de Gaulle s'interroge à voix haute : « Comment peut-on accuser une femme pareillement ? Je connais trop Claude. C'est une brave femme, parfaitement honnête, une personne charitable. Ne peut-on arrêter toutes ces rumeurs mensongères ? La dernière fois que j'ai vu ce pauvre Pompidou, c'était à la Fondation. Il a demandé à entrer par la petite porte. Je l'ai trouvé fatigué, soucieux. Tout cela est ignoble, scandaleux. » Mais son époux se contente d'un haussement d'épaules : « Je ne vais tout de même pas aller à la télévision pour déclarer : "L'affaire Pompidou est un scandale !" » Puis : « L'Intérieur et la Justice s'en occupent, on découvrira bientôt l'inanité de ces ragots. Il est évident que si le président de la République paraît donner la moindre attention à cette histoire sordide, ça lui donnera quelque importance[1]. » De Gaulle tente toutefois un geste d'apaisement, invitant les Pompidou à dîner avec l'Élysée. Mais, pour éviter de parler de ce qui fâche, il convie

1. Alain Frerejean, *C'était Georges Pompidou*, Fayard, 2011.

également Michel Debré et son épouse. « Debré m'a raconté ce dîner de réconciliation, confie Michèle Cotta. Pompidou lui a dit avoir fort mal pris de ne pas être invité seul avec son épouse et d'avoir du coup été empêché d'évoquer l'affaire Markovic[1]. »

« Les Pompidou aiment trop sortir » Charles de Gaulle

Mais pendant ce temps, les ennemis des Pompidou continuent de parler. De nouvelles photos circulent dont celles de deux femmes nues sous des manteaux de fourrure. La blonde serait-elle Mme Pompidou ? En réalité une prostituée niçoise. Des magazines américains promettent de mirobolantes primes à qui leur procurera la « vraie » photo.

Il y a quelques mois, Pompidou était encore Premier ministre. Dans moins d'un an, il sera président de la République. L'homme compte encore quelques appuis solides dont il va user pour percer le mystère de la machination visant son épouse. Une question le hante : qui se cache derrière l'affaire Markovic ? Pompidou est convaincu que ce complot vise à l'empêcher d'accéder à la présidence de la République. À tout maître tout honneur, faut-il soupçonner de Gaulle lui-même ? « En 1965, Pompidou s'était aussi préparé au cas où de Gaulle n'irait pas. Cela avait beaucoup déplu à certains, analyse la journaliste Christine Clerc. De Gaulle lui a aussi reproché sa gestion de mai 1968. Il y avait beaucoup de ressentiment de la part de De Gaulle à l'égard de Pompidou. Il est pourtant tout à fait inenvisageable qu'il soit derrière un quelconque complot contre lui. Souvenez-vous qu'en 1965, il n'a pas voulu se servir de la photo de Mitterrand serrant la main de Pétain à Vichy, alors qu'il aurait été en

1. Entretien avec l'auteur.

mesure de le faire[1]. » En 1965, lors de la campagne présidentielle, de Gaulle refuse en effet d'utiliser contre Mitterrand cette photo datant d'octobre 1942. Tillinac : « Il ne voulait pas user de telles méthodes. Qui plus est, il ne l'a pas voulu en pensant aux conséquences à venir si d'aventure, un jour, Mitterrand devait être élu président. Vu le nombre de fonctionnaires concernés par Vichy, il aurait ouvert la boîte de Pandore. Et quoi ? Déclenché dix ans de guerre civile ? »

S'il n'est pas derrière l'affaire Markovic, l'homme du 18 juin n'en sort pas grandi. Au mieux a-t-il laissé dire et faire. Dans *De Gaulle, mon père*, Philippe de Gaulle cite cette phrase assassine du Général à l'égard de son ancien fidèle : « À trop vouloir dîner en ville dans le Tout-Paris comme aiment à le faire les Pompidou, à y fréquenter trop de monde et de demi-monde, il ne faut pas s'étonner d'y rencontrer tout et n'importe qui. Les Pompidou aiment trop sortir. Il leur manque, derrière eux, une génération de mondanités, de contacts avec la vie extérieure. Claude est un peu comme une collégienne, une étudiante. Elle s'est lancée dans le milieu artiste sans se rendre compte que les gens cherchaient son contact parce qu'elle était la femme du Premier ministre[2]… »

Pompidou paye-t-il deux crimes de lèse-majesté commis l'année précédente ? Il n'a guère apprécié le « Vive le Québec libre ! » lancé par de Gaulle à Montréal le 24 juillet 1967 ; pas plus que la très malheureuse déclaration en conférence de presse le 27 novembre sur « les Juifs, jusqu'alors dispersés, mais qui étaient restés ce qu'ils avaient été de tout temps, c'est-à-dire un peuple d'élite, sûr de lui-même et dominateur… » Il l'a fait savoir. Dans sa biographie de De Gaulle, Alain Peyrefitte cite Pompidou : « Les formules du Général sur le peuple juif et sur le Québec libre, ces drames en série, c'était si facile à éviter ! Puisqu'il écrit tous ses textes, il avait

1. *Ibid.*
2. Philippe de Gaulle, *De Gaulle mon père*, Plon, 2004, tome II.

dû écrire ceux du Québec. Il aurait bien pu me les faire lire. J'aurais pointé mon doigt dessus et il n'aurait pu qu'accepter ma mise en garde. Mais il est comme un enfant qui joue avec des allumettes en se cachant des adultes. »

Interrogé dans la biographie de Frédéric Abadie et Jean-Pierre Corcelette consacrée à Pompidou[1], Alain Delon, au cœur de l'affaire, se montre sévère à son égard, bien que grand admirateur du Général : « Je pense que dans cette affaire, le général de Gaulle n'a pas été – il a été ce qu'il a voulu, ce qu'il a choisi – très bien. [...] Dès l'instant où le président de la République se lave les mains et dit : "Je ne veux rien savoir", c'est terminé. À partir de ce moment la tête de Pompidou a chancelé. »

De Gaulle et Pompidou, la rupture

D'autres acteurs de l'époque sont tout aussi sévères, tel Maurice Faure, futur ministre de François Mitterrand, député du Lot pendant trente-deux ans : « Je ne pense pas que cela vienne de De Gaulle lui-même mais cela ne m'étonnerait pas qu'il ait juste dit : "Tenez-moi en dehors de tout ça." Par conséquent, il aurait pu l'arrêter s'il l'avait voulu. Il ne l'a pas fait[2]... » Anne-Marie Dupuy, directrice de cabinet de Pompidou à Matignon puis à l'Élysée à partir de 1969, se montre plus critique encore : « Le Général dans le coup ? Si vous me demandez mon opinion personnelle, mais elle est horrible vis-à-vis des gaullistes et de De Gaulle, ce n'est pas exclu. Cela m'a effleurée. Il y avait des gens très proches de De Gaulle. En tout cas, j'irais jusque-là[3]... »

1. Frédéric Abadie, Jean-Pierre Corcelette, *Georges Pompidou*, Nouveau Monde poche, 2014.
2. *Ibid.*
3. *Idem.*

À l'inverse, de Gaulle a toujours trouvé quelques défenseurs comme Jacques Chirac, pourtant fidèle de Pompidou : « Le Général n'est pour rien dans cette affaire Markovic. Il y a des gens qui ont dit que certains proches du Général avaient trempé directement ou indirectement dans cette affaire, ce qui n'est pas douteux. Mais le Général[1]... » Ou le futur mentor de Chirac, Marie-France Garaud : « Le Général avait probablement pensé que Georges Pompidou avait un peu trop de goût pour la vie mondaine. Il s'est peut-être dit au début "ça lui servira de leçon, ça lui apprendra à voir des acteurs de cinéma", mais à mon avis pas plus que cela[2]. »

Reçu à l'Élysée le 8 novembre, Pompidou s'en explique en tête à tête avec le président. « Mon Général, vous savez pourquoi j'ai demandé à vous voir. J'ai trois choses à vous dire. Je connais assez ma femme pour estimer impensable qu'elle se trouve mêlée si peu que ce soit à cette affaire. On cherchera peut-être à me mettre dans le coup, mais nulle part, on ne me trouvera. Je ne vous mets pas en cause, mais je n'en dirais pas autant de tous vos ministres. Ni place Vendôme chez M. Capitant, ni à Matignon chez M. Couve de Murville, ni à l'Élysée, il n'y a eu la moindre réaction d'homme d'honneur. » De Gaulle écoute et proteste mollement :

— Pompidou, la presse est basse, moi, je n'ai jamais cru à tout cela. J'ai demandé qu'on vous prévienne...

— Je ne mets, bien sûr, pas en doute votre attitude personnelle, mon Général.

— Vous savez, vous pouvez me téléphoner quand vous voudrez[3].

Pompidou ressort meurtri du bureau présidentiel. Il l'écrira plus tard : « Quand on pense que mon nom, celui de ma femme, ont été cités simplement parce qu'un détenu, un type

1. *Idem.*
2. « Ce soir ou jamais », France 3, 12 avril 2011.
3. Max Gallo, *De Gaulle, la statue du commandeur*, Pocket, 2000.

tout ce qu'il y a de plus suspect, a prétendu avoir fait une partouze avec ma femme ! Ce n'est pas imaginable, c'est scandaleux ! Et cela suffit au juge d'instruction pour s'accrocher à son témoignage et le consigner. Il y a eu une faute contre l'amitié. Ce qu'il fallait, immédiatement, c'était me prévenir et balayer l'affaire en disant : "Qu'est-ce que c'est que cette histoire ?" Au contraire, on a dit : "Ah ! Mme Pompidou est imprudente. Bien sûr, c'est une brave femme, mais elle est imprudente. Ainsi, de proche en proche, on a permis à la chose de se développer[1]." » Interrogé en 1973 par Georges Suffert pour *Le Point*, il enfoncera le clou : « Que le général de Gaulle ait pu croire, ne fût-ce qu'une minute, à ces calomnies, cela, je ne l'ai pas supporté. J'en ai été stupéfié, désorienté. » Suffert : « Est-il possible que le Général n'ait rien su ? » Réponse accablante du président de la République : « Absolument exclu. Sur une affaire aussi grave, il est évident qu'il a été tenu informé jour après jour. » Entre de Gaulle et Pompidou, c'est la fin d'une histoire d'amitié, de respect mutuel, de confiance.

« De Gaulle avait pourtant beaucoup insisté pour le nommer aux Finances en 1961. "Si vous continuez de refuser, vous le regretterez toute votre vie", disait-il à Pompidou », se remémore Édouard Balladur, qui connaîtra plus tard sa propre rupture avec Jacques Chirac, son ami de trente ans. « Quand Pompidou entrait dans son bureau, de Gaulle s'apaisait. Il s'est cru préféré, il en fut meurtri sur le plan affectif. Selon moi, il se voyait en disciple privilégié du président mais a découvert que quand l'intérêt de l'État était en jeu, ce n'était pas le cas. Ce qui n'est pas très agréable. Quand on se croit aimé, cela fait beaucoup de peine de découvrir le contraire. Il en a toujours voulu à de Gaulle[2]. »

1. Alain Frerejean, *C'était Georges Pompidou, op. cit.*
2. Entretien avec l'auteur.

Dans ses *Cahiers secrets de la Vᵉ République*[1], Michèle Cotta revient sur les vives tensions ayant opposé les deux hommes au sujet de mai 1968. Donnant la parole à l'ancien ministre de l'Intérieur Raymond Marcellin, la journaliste écrit : « Il est incontestable selon Marcellin que le Général a rendu Pompidou responsable de la défaillance du maintien de l'ordre en Mai. [...] "De Gaulle me l'a dit en ces termes après la reprise de l'Odéon par Maurice Grimaud : 'C'est un incapable, il ne faut pas lui rendre compte.' D'ailleurs, au premier Conseil des ministres qui s'est tenu après son départ, le Général a exprimé une très forte animosité envers Pompidou. Là-dessus est arrivée l'affaire Markovic..." »

Mais plus encore qu'au général de Gaulle, c'est à son successeur à Matignon, Maurice Couve de Murville, que Pompidou en voudra jusqu'à la fin de ses jours. Couve, qui a « oublié » de le prévenir de la rumeur et dont il dira : « Il suffit de le regarder, il a des mains d'étrangleur. »

Christine Clerc : « Pompidou détestait Couve de Murville, on déteste toujours en politique celui qui vous succède. » Comme disait Clemenceau, « en politique on succède à des imbéciles et on est remplacé par des incapables ». Mais il est certain que, comme le reconnaît Christine Clerc, « Couve lui a caché des choses dans le cadre de cette affaire tellement moche et salissante[2]. » Il faut reconnaître que Pompidou dérange une bonne partie des gaullistes. Et ce depuis longtemps : depuis que le Général a nommé Premier ministre en avril 1962 ce haut responsable de la banque Rothschild, qui n'a pas résisté durant l'Occupation allemande. Pourtant, Pompidou, à la différence de Couve de Murville, n'a pas été haut fonctionnaire sous Vichy avant d'entrer dans la Résistance. Il n'a pas été promu directeur des finances extérieures et des changes à l'automne 1940, ni servi le général Giraud

1. Michèle Cotta, *Cahiers secrets de la Vᵉ République, op. cit.*
2. Entretien avec l'auteur.

avant de rallier de Gaulle fin 1943. D'autres lui reprochent de n'avoir jamais été ni maire ni député. D'autres encore d'avoir durement nettoyé la police après l'affaire Ben Barka, l'enlèvement suivi de la disparition jamais élucidée, à Paris, en 1965, du principal opposant au roi du Maroc Hassan II, et d'y avoir suscité des inimitiés solides. Jean-Marcel Jeanneney, qui succéda en décembre 1968 à la Justice à René Capitant, victime d'un infarctus, confiait que « Pompidou a toujours pensé, ce qui n'était peut-être pas faux, que c'était une vengeance d'une partie de la police, des sanctions qu'il avait prises et de la réorganisation qu'il avait faite après l'affaire Ben Barka. C'est très possible[1]... » Cette thèse est aussi défendue par l'ancienne conseillère de Jacques Chirac Marie-France Garaud, qui y voit, « au début du moins, des mains policières issues de l'affaire Ben Barka. Mais pas celles de Capitant, qui est le seul à avoir été correct[2] ».

Un certain Monsieur Marchiani...

Sur le banc des possibles conspirateurs, on trouve enfin deux autres catégories de suspects : des politiques et des barbouzes. Des barbouzes d'abord. Élu président de la République en juin 1969, Pompidou règle ses comptes avec les réseaux parallèles, en mettant à la tête du SDECE (Service de documentation extérieure et de contre-espionnage) Alexandre de Marenches, alias « Porthos » ou « le Patricien » qui inflige aux services secrets français l'une des pires purges de leur histoire. Édouard Balladur : « Pompidou était persuadé que des éléments du SDECE étaient mêlés à cette affaire[3]. »

1. Frédéric Abadie et Jean-Pierre Corcelette, *Georges Pompidou, op. cit.*
2. « Ce soir ou jamais », France 3, 2011.
3. Entretien avec l'auteur.

Parmi les noms d'agents souvent cités dans le dossier Markovic revient celui de Jean-Charles Marchiani, alors jeune officier, contraint à la démission lors de l'intronisation de Marenches. Ce même Marchiani qui, des années après avoir été viré de la « Piscine » (le siège du SDECE) sera intronisé chargé de mission auprès de Charles Pasqua, ministre de l'Intérieur en 1988, contribuera à la libération des otages français au Liban, puis sera nommé préfet du Var avant d'être mis en cause dans différentes affaires, dont l'Angolagate. Cancès : « Certains ont accusé Jean-Charles Marchiani, et l'accusent encore, d'avoir été le *deus ex machina* du volet "compromission de Pompidou" de l'affaire Markovic. Mais il s'en est toujours défendu et rien n'a été démontré. Je le connais, nous avons déjeuné plusieurs fois ensemble lorsque je suis parvenu au sommet de la pyramide du 36. Ces repas, pris avec une bande de copains plutôt joyeuse, ne m'ont pas permis de me faire une idée sur le personnage[1]. » C'est du moins ce que Cancès écrivait en 2014 dans son livre. Mais lors de notre entretien au printemps 2015, l'ancien flic se montre beaucoup plus circonspect. Il reste qu'aucune charge n'a jamais été démontrée contre Jean-Charles Marchiani, lequel a toujours protesté de son innocence. Patron de la DST, les services de contre-espionnage, de 1967 à 1972, le préfet Jean Rochet estimera que « le silence observé à l'égard du futur président de la République, le montage photographique répandu dans Paris, les difficultés pour éclaircir la genèse de cette affaire, tout démontre que l'on se trouvait en présence d'une conjonction très inquiétante et d'un véritable réseau de complicités, situées au ministère de l'Intérieur, à la Justice, au SDECE et au sein d'un clan gaulliste[2]. » Pompidou accusera ainsi un ancien secrétaire général de la police au ministère de l'Intérieur d'avoir colporté des ragots auprès des journalistes.

---

1. Claude Cancès, *La Brigade mondaine, op. cit.*
2. Jean-Noël Kapferer, *Rumeurs : le plus vieux média du monde, op. cit.*

Le complot des gaullistes de gauche

Contre Pompidou, enfin, des hommes politiques. Des ministres, des députés, des hommes de l'ombre... De ceux qui lui reprochent d'avoir cédé « devant les gauchos et les cocos » en mai 1968, ou, au contraire, d'avoir droitisé le mouvement gaulliste. C'est Michel Jobert, son ancien directeur de cabinet à Matignon, son futur secrétaire général de l'Élysée, qui va remonter jusqu'à un petit groupe de « gaullistes de gauche », issus pour la plupart des courants socialistes ou radicaux, qui reprochent à Pompidou son conservatisme, sa droitisation. Figurent parmi eux de farouches adversaires de l'ancien Premier ministre, notamment le ministre de la Justice, René Capitant, informé dès le départ de l'affaire et Louis Vallon, député UDR de Paris. Une hypothèse que confirme, quarante-sept ans plus tard, Pierre Mazeaud, alors député des Hauts-de-Seine, farouche gaulliste et pompidolien : « Pompidou était un homme de cœur, qui, la chose peut paraître très étonnante aujourd'hui, aimait sa femme. Il est certain que de Gaulle a été agacé par certains comportements des Pompidou, il n'aimait pas les "écarts", l'été à Saint-Tropez au lieu d'aller en Bretagne. On peut comprendre pourquoi, ça ne se faisait pas à l'époque et il n'avait pas à s'expliquer, le père de Gaulle. Mais l'affaire Markovic ne vient pas de De Gaulle, plutôt des gaullistes de gauche je dirais, Vallon et d'autres[1]. »

Au-delà de la rumeur, « une des plus dures que l'on puisse imaginer et qui faillit dégoûter Georges Pompidou de toute ambition politique », témoigne l'ancien journaliste politique Albert du Roy[2], demeure le mystère de l'affaire criminelle en elle-même. Qui a tué Markovic ? Le 25 janvier 1969, Michèle Cotta écrit : « Pendant ce temps l'affaire Markovic continue. Je n'en tiens pas la chronique quotidienne : toujours est-il

1. Entretien avec l'auteur.
2. *Ibid.*

qu'Alain Delon et neuf personnes sont en garde à vue aujourd'hui[1]. » Puis le 16 avril 1969, l'inspecteur Cancès et une dizaine de ses collègues débarquent chez un certain François Marcantoni, à Goussainville, à 18 kilomètres de la décharge où Markovic a été retrouvé. Marcantoni a acheté un de ces fameux matelas Treca dont la housse a servi à dissimuler le corps de Markovic. C'est un voyou connu de la police, un truand corse qui fréquente Alain Delon… et Markovic, avec qui il aurait eu certains comptes à régler, à la dure… Est-il l'assassin de Markovic ? Dans une interview accordée en 2009 à *Corse-Matin*, le vieil homme, décédé l'année suivante, affirmait : « Je ne l'ai pas tué et j'ai donné au juge le nom de celui que je soupçonnais, un Corse qui se faisait appeler François dont la bande avait un litige à propos d'un trafic de cocaïne avec le clan des Yougos auquel Markovic appartenait. »

Question du journaliste, Jean-Marc Raffaelli :

« Mais il y a cette lettre adressée à son frère où il dit : "Si je suis assassiné, ce sera la faute de Delon et de Marcantoni"… »

Réponse de Marcantoni :

« Markovic a emporté ses secrets dans la tombe. J'aimerais qu'il soit Lazare pour lui dire : "Lève-toi, parle, et ne m'emmerde plus !"

— À l'époque, c'était une affaire d'État. Aujourd'hui encore, vous diriez que la classe politique est pire que le Milieu ?

— Je souscris au mot d'Édouard Herriot : "La politique, c'est comme l'andouillette, ça doit sentir un peu la merde mais pas trop." Georges Pompidou avait dit à mon avocat : "Si Marcantoni avait été un salaud, je n'aurais pas été président." Il a ajouté qu'un jour, il me renverrait l'ascenseur. Je l'attends encore…

— Quelles relations entretenez-vous avec Alain Delon ?

1. Michèle Cotta, *Cahiers secrets de la Ve République*, *op. cit.*

— Excellentes, il me téléphone souvent, parfois, on déjeune. »

Au sujet de l'affaire Markovic, Marcantoni répétait souvent cette phrase devenue célèbre : « Nous ne sommes que trois à savoir la vérité : Delon, moi et Dieu, or ce dernier ne balance jamais. » Quant à Alain Delon, il a toujours déclaré être étranger à cette affaire et aucune charge n'a jamais été retenue contre lui. Au printemps 1969, à quelques semaines de l'élection présidentielle, la rumeur, qui s'était atténuée, reprend. Le 28 avril, désavoué la veille par 52,41 % des électeurs à l'occasion du référendum portant sur le transfert de certains pouvoirs aux régions et la transformation du Sénat, Charles de Gaulle a démissionné. L'élection de son successeur se déroulera le 1er juin. Dès le mois de janvier, Pompidou avait fait savoir qu'il se présenterait en cas de désistement de De Gaulle, au risque de fâcher encore davantage l'homme du 18 juin et de briser un tabou, l'après-de Gaulle. Le 17 janvier 1969, depuis Rome, Pompidou avait osé déclarer : « Si le général de Gaulle venait à se retirer, je me porterais candidat à sa succession. » Quinze jours plus tôt, le 3 janvier, il écrivait au président : « Que dire de la campagne menée contre moi à travers ma femme ? [...] Comment fut-il possible que des hommes qui ont été ministres à mes côtés, qui connaissent mon ménage depuis des années et des années, aient pu réagir aussi faiblement, aussi honteusement, en présence de calomnies scandaleuses exprimées par des indicateurs de police de bas étage, évidemment inspirés[1] ? »

La revanche est un plat qui se mange chaud.

L'heure de la revanche va sonner pour Pompidou. Il obtient le ralliement des gaullistes de gauche et même, suprême délice, le retrait de la vie politique de leur chef,

1. Christine Clerc, *Tigres et Tigresses*, Plon, 2006.

René Capitant. Mais jusqu'au bout, ses ennemis voudront lui faire la peau. Parmi eux, l'avocat de Marcantoni, Jacques Isorni, qui défendit à la Libération le maréchal Pétain et Robert Brasillach. Isorni : « La défense va veiller à ce que François Marcantoni ne soit pas le bouc émissaire dans un règlement de comptes entre hommes politiques[1]. » Le 16 mai, à deux semaines du premier tour de la présidentielle, il fait savoir qu'il a renouvelé la demande d'audition des époux Pompidou, demande que refusera le juge d'instruction, mais qui provoquera un regain d'intérêt de la part des journaux. Des tracts et des montages photographiques font à nouveau leur apparition. Alors étudiant, Jean-Marie Colombani, qui dirigea *Le Monde* avant de créer le magazine slate.fr, se souvient d'avoir trouvé, dans les boîtes aux lettres de son foyer d'étudiants, « des tracts anonymes représentant Mme Pompidou dans une posture fâcheuse. C'était évidemment encore un montage grossier[2]. » La campagne présidentielle s'achève, le premier tour approche. Épuisé, Pompidou souffre déjà de la maladie de Waldenström[3] qui l'emportera cinq ans plus tard. À deux jours du premier tour de l'élection présidentielle, il retrouve Pierre Mazeaud. « Pompidou m'avait fait le plaisir de terminer sa campagne présidentielle par Clamart, dont j'étais le député, raconte l'ancien secrétaire d'État et président du Conseil constitutionnel. Nous étions trois dans la voiture, nous deux et un militant qui nous conduisait à travers les Hauts-de-Seine. On fait un crochet par Antony, pour boire un verre de pinard et manger un morceau. Puis on remonte dans la voiture. Là, à un moment, je vois des larmes couler de ses yeux : "Ah, mon p'tit Mazeaud, c'est trop dur !" J'ai cru qu'il parlait de la campagne, de la fatigue, je lui ai dit :

1. *Le Monde*, 7 mai 1969.
2. Entretien avec l'auteur.
3. Un cancer hématologique rare, qui ne touche que 180 à 300 personnes par an en France et dont l'origine demeure inconnue.

“Si vous voulez, n’y allez pas, reposez-vous, j’irai parler seul aux militants.” Pas du tout ; il faisait référence aux photos. Qu’on l’attaque lui, il s’en foutait, c’était un très grand monsieur, au-dessus de ce genre de mesquineries. Mais qu’on s’en prenne à sa femme… Il pleurait, il m’a pris la main. Je n’ai rien dit, il a juste dit : “Ce qu’ils font est ignoble, je n’aurais jamais imaginé que l’on s’en prendrait de cette façon à ma vie privée.” Puis nous nous sommes garés, il est allé saluer le maire et pendant ce temps, les flics des RG m’ont montré des photos… » De nouveaux photomontages représentant Mme Pompidou, à qui l’on prête aussi désormais des relations homosexuelles… Plus tard Pompidou révélera que s’il avait dû, lors d’un dîner parisien en 1969, quitter la table à plusieurs reprises, « c’est parce que [s]a femme était au bord du suicide ». Claude Pompidou avait reçu plusieurs lettres anonymes truffées d’insultes ordurières. « Rarement ai-je été aussi près du désespoir », écrira-t-il en 1973 dans *Pour rétablir une vérité*, son livre publié *post-mortem* en 1982.

Georges Pompidou est élu président de la République le 15 juin 1969, écrasant Alain Poher (58,21 % contre 41,79 %) au second tour. Moins de cinq ans plus tard, il mourra, sans avoir jamais ôté de son veston un petit porte-cartes en cuir noir dans lequel il avait noté à la main sur un bristol les noms des principaux auteurs de la machination. Édouard Balladur se souvient « avoir vu ce fameux carnet, il me l’a montré mais il ne m’a pas proposé d’en lire le contenu ». Les très proches de Pompidou, tout en jurant ne pas avoir lu la liste noire, sont tous à peu près d’accord sur la dizaine de noms que Pompidou a écrits : des policiers dont Aubert, l’ancien secrétaire général de la police ; plusieurs responsables de la préfecture ; des hauts fonctionnaires ; des membres des services secrets ; des journalistes. Mais pas de personnalités politiques. D’après Mazeaud, « ceux-là, il n’avait pas besoin d’écrire leurs noms pour s’en souvenir ». Qui sont-ils ? Couve de Murville, dont Claude Pompidou ne serrera plus jamais la main et dont son mari dit : « Je le tuerai de mes propres mains[1] » ; Capitant ; Vallon ; Joël Le Theule... Ce dernier, ministre des DOM-TOM puis secrétaire d'État chargé de l'Information, qui mourra en 1980 dans les bras de son attaché parlementaire François Fillon, a laissé France Inter annoncer la convocation des Pompidou par les avocats de Marcantoni. Ce qui lui vaudra une colère mémorable de Jacques Chirac et la détestation *ad vitam aeternam* de Pompidou et de Chirac.

Pompidou emporte la liste noire dans la tombe le 2 avril 1974. Deux ans plus tard, le 18 avril 1976, la chambre d'accusation rend un arrêt de non-lieu en faveur de François Marcantoni. Personne n'a jamais su qui avait assassiné Stevan Markovic ni pourquoi. Cité dans le documentaire réalisé en 2001 par Catherine Erhel et Reynold Ismard, Claude Bardon, commissaire principal de la PJ de Versailles, reconnaît : « On l'a ratée, cette affaire. Prise normalement, il n'y a pas d'affaire. Markovic et les politiques dévoyés ne s'en servent pas pour faire du mal au couple Pompidou. »

En 1997, dans son livre *L'Élan du cœur*, Claude Pompidou écrira : « Je connus l'expérience de la mauvaise foi, de la méchanceté et même de la calomnie, avec une double impression d'injustice et d'impuissance. Répondre, rectifier, était tentant et conforme à mon caractère plutôt instinctif, mais indigne de la position que j'occupais. Je ne crois pas avoir jamais nourri de sentiments de rancune ou de haine mais il m'est parfois arrivé d'être révoltée[2]. »

Près de cinquante ans ont passé, et certains gaullistes irréductibles continuent d'accuser les Pompidou malgré l'évidence et de croire à cette « calomnie infâme qui touchait ce

1. Patrice Duhamel et Jacques Santamaria, *L'Élysée : coulisses et secrets d'un palais*, Plon, 2012.
2. Claude Pompidou, *L'Élan du cœur. Propos et Souvenirs*, Plon, 1997.

qu'il avait de plus cher » (selon les mots de Pompidou). Il y a peu de temps encore, la journaliste Christine Clerc s'est entendue reprocher de la part d'un ancien collaborateur de De Gaulle à l'Élysée, qui fut ambassadeur de France et enseigna à l'ÉNA à un certain François Hollande (dont il disait qu'il était son élève le plus intelligent), de ne pas avoir cru à l'affaire Markovic : « Vous avez tous été trop gentils avec les Pompidou ! Tout de même, ces gens étaient des partouzards[1] ! »

1. Entretien entre Michèle Cotta et l'auteur.

II

LES ANNÉES POMPIDOU

2

Silence, le roi se meurt
La maladie du président

Il est 22 h 15 ce 2 avril 1974. Comme tous les mardis soir, les spectateurs de la deuxième chaîne couleur ORTF, qui s'appellera l'année suivante Antenne 2, regardent « Les dossiers de l'écran », présentés par Joseph Pasteur. Je vous parle d'un temps que les moins de 20 ans ne peuvent pas connaître, celui où la télévision publique programmait un long-métrage de 190 minutes… Le film diffusé ce soir-là est *L'Homme de Kiev*, de John Frankenheimer, avec Alan Bates et Dirk Bogarde. Il est encore loin d'être terminé quand une phrase s'inscrit soudain en bas des écrans de télévision en noir et blanc : « Le président de la République est mort. » Puis le film s'interrompt et le journaliste Philippe Harrouard apparaît à l'image, la mine grave, assis derrière un bureau, fixant l'écran, l'air un peu hagard. Son intervention va durer 23 secondes, durant lesquelles il penchera son regard à six reprises vers la feuille de papier posée sur son bureau : « Nous interrompons ce film. Le président de la République est mort. Un communiqué du secrétariat général de la République vient de signaler que M. Georges Pompidou était décédé à 21 heures ce soir. Ce communiqué est signé du Dr Vignaloud, le médecin de M. Pompidou. »

Pompidou est mort ! À ce jour, il demeure le seul président de la Ve République décédé durant son mandat. La France est frappée de stupeur. Bien sûr, la rumeur de sa maladie courait depuis plusieurs mois, depuis que son visage et son corps avaient tellement enflé sous l'effet de la cortisone. Mais officiellement, le président de la République souffrait de grippes à répétition. Un mensonge au sommet de l'État qui suscita nombre de manipulations, de secrets, d'arrangements avec la vérité. De rumeurs aussi. Mais à une époque où les réseaux sociaux n'existaient pas et où les chaînes de télévision, toutes deux publiques, étaient étroitement contrôlées par le pouvoir, impossible pour le commun des mortels de se douter de la mort du président trois ans avant la fin de son mandat. Dans son brillant essai *Rumeurs, le plus vieux média du monde*, l'universitaire Jean-Noël Kapferer écrivait de façon prémonitoire en 1987 : « De leur vivant, on a dit de François Mitterrand et de Georges Pompidou qu'ils étaient gravement malades. Il se trouve que, avec le recul du temps, ces bruits étaient fondés pour Georges Pompidou. Mais on n'en eut la confirmation officielle que plus tard. Donc, au moment où les bruits circulaient, les processus de diffusion et de croyance étaient les mêmes pour chacun des présidents. On ne saurait faire dépendre la définition de la rumeur du verdict ultérieur des confirmations officielles. Dire que seul le cas de François Mitterrand mérite le label de rumeur, c'est s'exposer au risque de devoir changer de label si dans vingt ans les archives dévoilent que F. Mitterrand avait bien un cancer en 1981, contrairement à ce que disaient les communiqués officiels[1]. » Il ne faudra pas attendre vingt ans et l'ouverture des archives mais simplement constater la dégradation de l'état de santé du président socialiste au tout début des années 1990 pour connaître la vérité. Mitterrand souffrait bien d'un cancer lorsqu'il s'est présenté en mai 1981. La rumeur de sa maladie avait même couru dès 1972[2], en plein mandat de Georges Pompidou. En

1. Jean-Noël Kapferer, *Rumeurs, le plus vieux média du monde, op. cit.*, p. 24.
2. Lire le chapitre 6 : « Le cancer du président : “Je suis foutu !” ».

date du 16 novembre, Michèle Cotta écrit : « Déjeuner hier ou avant-hier avec François Mitterrand chez Marc Ullmann, journaliste à *L'Express*. Mitterrand est très affecté par une information ridicule de *Minute* sur son état de santé[1]. » La journaliste s'en souvient : « En 1972, tout le monde racontait que Mitterrand était malade. Une saloperie de la droite[2]... » Alors imaginaire et totalement infondée, la rumeur, prémonitoire, ressurgira en 1981. Mais sa rémission miraculeuse autorisera Mitterrand à se croire guéri et donc à se taire. Comment juger pareille attitude ? Inutile d'informer la population de son état de santé en état d'amélioration (vision bienveillante des choses) ? Ou volonté de cacher la vérité en attendant d'y être contraint par l'aggravation du cancer (vision plus critique) ?

Ce mardi 2 avril 1974, Pierre Géraud s'est remis à fumer. Responsable d'édition sur la deuxième chaîne, il se trouve chez lui, en début de soirée, quand il allume la radio et s'inquiète de n'entendre que des morceaux de musique classique. « Intrigué, j'appelle au bureau, raconte celui qui deviendra bien plus tard le patron des éditions du week-end de France 2. Je tombe sur l'assistante du patron, Jacques Alexandre, qui me dit : "Viens vite, il te cherche partout. Pompidou est mort !" Nous, journalistes, savions que Pompidou était gravement malade, nous voyions bien à quel point il avait changé physiquement mais de là à penser qu'il était mourant[3]... » Dès son arrivée rue Cognacq-Jay, Pierre Géraud grimpe à toute vitesse tout en haut de l'immeuble, là où se trouve alors la Cinémathèque. « J'ai demandé aux cinémathécaires que je connaissais bien si nous avions un film prêt à être diffusé sur la vie de Pompidou. Nous avons ouvert les grandes armoires métalliques où se trouvaient les bandes classées par ordre alphabétique et, effectivement, à la lettre P, nous avons trouvé bien des célébrités de

1. Michèle Cotta, *Cahiers secrets de la Ve République*, *op. cit.*, tome I.
2. Entretien avec l'auteur.
3. *Ibid.*

l'époque mais rien sur Pompidou, ou plutôt une multitude de petites choses mais rien de diffusable. »

Peu de temps auparavant, Pierre Géraud avait suggéré, dans le cadre d'une réunion, que la rédaction prépare une nécrologie du président, exercice macabre mais connu de tous les journalistes dès qu'il s'agit d'une personnalité dont la santé semble chancelante ou l'âge avancé. Qui plus est du président de la République, que l'on sait malade. « On m'a répondu : “Non, ce n'est pas une bonne idée. Tu sais, c'est compliqué, cela va se savoir, ça va fuiter et alimenter les rumeurs dégueulasses qui circulent sur lui et son état de santé…” »

Panique au siège de la deuxième chaîne. Le journaliste vedette de l'époque, Léon Zitrone, joint chez lui, a été prié de venir le plus vite possible animer une soirée exceptionnelle d'hommage et de commentaires avec Michel Kops, alors chef du service des informations générales, producteur et présentateur de l'émission « Au-delà des faits ». Ce dernier est obligé de le reconnaître : « Pour le moment, nous ne connaissons pas les raisons du décès du président de la République. » Les images qui suivent ces propos, et qui illustreront la soirée, tiennent davantage du diaporama que d'une vraie soirée de télévision. Ce n'est que le lendemain, se souvient aujourd'hui Pierre Géraud, que la chaîne a été en mesure de diffuser un vrai documentaire sur la vie du président de la République. « Comme un voyage officiel au Japon était prévu, la NHK était venue nous rendre visite et avait demandé des images pour réaliser un portrait de Pompidou. Nous avons immédiatement appelé le bureau de la chaîne à Paris mais ils nous ont dit que leur équipe était déjà en route pour Tokyo. Du coup, nous avons fait atterrir leur avion à Athènes, me semble-t-il. Leurs bobines ont été aussitôt mises dans un Athènes-Paris et nous avons pu les diffuser dès l'atterrissage de l'appareil[1]. »

---

1. *Ibid.*

Patrice Duhamel censuré

Bien sûr, Léon Zitrone, lors de l'émission spéciale du 2 avril 1974, peut faire remonter « les premières inquiétudes à décembre 1972 quand, grippé, le président Pompidou écourta sa présence à la traditionnelle fête de l'arbre de Noël de l'Élysée ». Mais qui l'avait su à l'époque ? En réalité, les cinq années du mandat de Georges Pompidou auront été cinq années d'une lutte ô combien courageuse contre une maladie implacable, celle de Waldenström, une forme rare de cancer du sang, qui allait l'emporter à 62 ans. Mais aussi de rumeurs et de mensonges sur l'état de santé du président.

Éclairante et géniale chroniqueuse au quotidien de la Ve République dans ses *Cahiers secrets*[1], Michèle Cotta n'évoque pour la première fois la maladie du président qu'en juin 1973 : « 1er juin, un choc pour les Français : l'image de Georges Pompidou descendant de son avion à Reykjavik où il est allé rencontrer Richard Nixon restera gravée dans le souvenir des téléspectateurs. Les journalistes le voient débarquer le visage boursouflé, un chapeau vissé sur la tête, enveloppé dans un lourd manteau sombre. Les yeux brillants de fièvre et marchant lourdement. Ils n'en doutent plus : le président est malade. Il est désormais impossible, quelles que soient les réticences à en parler, de ne pas se poser le problème de la succession[2]. »

C'est en Islande que naissent effectivement les inquiétudes et les bruits sur l'état de santé du président. Des fantaisies, des « racontars » selon l'Élysée qui passera son temps, nous le verrons, à prétexter jusqu'à l'issue fatale des grippes à répétition, voire des crises d'hémorroïdes pour mieux dissimuler la vérité aux yeux des Français et cacher que le président se meurt.

1. Michèle Cotta, *Cahiers secrets de la Ve République*, *op. cit.*, tomes I à IV.

2. *Ibid.*, tome I, p. 420.

Le 31 mai 1973, un tout jeune journaliste âgé de 27 ans se trouve au pied de la Caravelle présidentielle qui vient d'atterrir à Reykjavik pour un sommet économique franco-américain entre Pompidou et Nixon. Ce jeune reporter, qui ne se doute pas qu'il deviendra un jour directeur général de France Télévisions, se nomme Patrice Duhamel : « Je suis sur le tarmac de l'aéroport avec, à côté de moi, mon confrère de la télévision américaine CBS. Nous voyons Pompidou descendre très péniblement de l'avion, saluer les officiels. Nous l'ignorons bien sûr mais plus tard, Giscard d'Estaing, qui voyageait avec lui, dira : "J'ai vu le visage de la mort quand il s'est endormi." Mon collègue américain se penche vers moi et me demande :

— Qu'est-ce qu'il a, votre président ?

— Il est grippé depuis plusieurs semaines.

— Eh bien, toi aussi tu souffres d'une maladie grave, tu es aveugle ! Tu ne vois pas qu'il est en train de mourir, ton président[1] ? »

Véridique, la scène a été immortalisée dans le téléfilm *Mort d'un président*, réalisé en 2011 par Pierre Aknine, dans lequel Jean-François Balmer incarne un Pompidou saisissant de vérité.

De retour à son hôtel, Duhamel reçoit un coup de fil de Paris. « Un avion va te ramener à Paris, un Mystère 20, tu dois être à l'aéroport dans vingt minutes. Tu ramènes les images du président que tu as tournées ce matin. On ne peut pas te dire pourquoi… À Villacoublay, tu auras une escorte, des motards, tu viens directement à la rédaction… » Duhamel embarque à bord du bien nommé Mystère. Arrivé rue Cognacq-Jay, il s'entend demander : « Tu peux garder un secret d'État ? » Il répond bien sûr par l'affirmative. « Je me souviens alors que mon interlocuteur a fermé la porte capitonnée et l'a verrouillée de l'intérieur. Il m'a dit : "Je vais être très clair et très simple : tous les gros plans sur le président, vous les coupez. C'est un ordre.

1. Entretien avec l'auteur.

Vous traitez le sujet de façon à ce que le président apparaisse en pleine forme. Il a eu une mauvaise grippe, dans quinze jours il sera rétabli. On a des instructions de l'Élysée : aucun gros plan du président. Tu comprends ? Tu assumes ?" J'ai eu tort, j'ai dit oui alors que je n'aurais pas dû obtempérer mais c'est ainsi, j'ai dit oui. Et je suis reparti en Islande[1]. »

Certains observateurs attentifs, tels que Michèle Cotta, découvriront pourtant, sur les quelques images diffusées, ce que Valéry Giscard d'Estaing, appela « le visage de la mort ». Mais l'immense majorité des Français sera maintenue dans le mensonge d'État, la censure laissant la rumeur sur l'état de santé de Pompidou croître aussi doucement que sûrement. Sans pour autant s'approcher de la tragique réalité, Léon Zitrone ne ment pas lorsqu'il débute la soirée exceptionnelle qu'il anime par ces mots : « Ce qui s'est passé aujourd'hui, nul ne s'y attendait, nous pas plus que les autres. » Même si *France-Soir*, dans son édition spéciale du jeudi 4 avril, écrira que « l'état de santé du président de la République constituait un des problèmes les plus importants de la vie politique française ». Dans son éditorial intitulé « Le courage et le devoir », Henri Amouroux, directeur du quotidien qui vend encore 800 000 exemplaires par jour, écrit que « cette longue maladie, personne ne pouvait savoir qu'elle était une longue agonie. Personne, à l'exception peut-être du président de la République, enfermé dans son courage comme dans une forteresse assiégée. »

Malade avant même d'être élu

À douze ans d'intervalle, le parallèle avec l'accession au pouvoir de François Mitterrand, encore une fois, est frappant. Élu président le 20 juin 1969, le nouveau chef de l'État

1. *Ibid.*

apprend, probablement quelques mois après sa prise de fonctions, qu'il est atteint d'une affection voisine d'un cancer du sang. Le savait-il bien avant cela ? Probablement. Dès le mois de mai 1968, alors qu'il était Premier ministre du général de Gaulle, Georges Pompidou avait déjà dû suivre un traitement de vitamines et de corticoïdes et avait subi des examens médicaux dont les résultats n'étaient pas bons. Selon l'éminent Pr Jean Bernard, cité dans le tome II des *Cahiers secrets de la Ve République* de Michèle Cotta, « Georges Pompidou savait qu'il était atteint de cette maladie depuis 1968 ».

Jusqu'au bout, le président va pourtant choisir de ne rien dire de son cancer. L'Élysée ne fera aucune déclaration officielle avant le communiqué du secrétariat général de la présidence, dirigé par Édouard Balladur qui, le 2 avril 1974 à 22 h 05, annonce le décès. Avant ce jour, Georges Pompidou ne souffre que d'épuisantes « grippes à rechutes ». Les rumeurs, pour très longtemps cantonnées aux seuls milieux politiques et journalistiques, ont pourtant débuté dès sa participation furtive à l'arbre de Noël de l'Élysée en décembre 1972. Quelques jours plus tard, le 3 janvier 1973, c'est assis qu'il reçoit les vœux de la presse. Un mois plus tard, il ne peut présider le Conseil des ministres. La grippe, toujours cette fichue grippe à répétition. Et l'humour noir d'un homme qui se sait pourtant condamné, mais déclare lors d'un dîner le 11 février 1974, moins de deux mois avant de mourir : « Selon une coutume auvergnate, je lève mon verre à ma propre santé étant donné que j'ai été profondément touché de l'intérêt qu'en ont manifesté certains[1]. » Édouard Balladur, secrétaire général de l'Élysée, se souvient qu'au prononcé de la plaisanterie présidentielle, l'assistance se déride, même si le cœur n'y est pas et que nul n'est dupe : « L'atmosphère se détend, on rit fort, un peu trop fort[2]. »

1. Cité par Éric Roussel, *Georges Pompidou*, J.-C. Lattès, 2004.
2. Entretien avec l'auteur.

Albert du Roy, futur journaliste vedette avec Alain Duhamel et François-Henri de Virieu de l'émission culte « L'heure de vérité », est alors un tout jeune journaliste : « Les communiqués médicaux, qui évoquaient toujours une petite grippe ou un lumbago, rien de bien méchant, ne sont alors jamais remis en cause. À vrai dire, personne n'y songe. La rumeur d'une maladie grave du chef de l'État a beau grandir, aucun journaliste n'écrit sur le sujet. » Aucun jusqu'à Philippe Grumbach, directeur de *L'Express*, qui, constatant l'état de santé du président à Reykjavik, pressent que le silence qu'observe la totalité de la presse, y compris *L'Express*, pourtant hostile à Pompidou, n'est plus tenable : « À cette époque, il fallait attendre que la réalité s'expose à la face de tous pour que l'on soit obligé d'en parler. La presse était respectueuse de la légitimité politique, et surtout présidentielle, ce qui n'est évidemment plus du tout le cas aujourd'hui[1]. »

Mis à part quelques journalistes bien informés, qui mesure la gravité de la situation durant les derniers dix-huit mois de la vie de Georges Pompidou ? Pompidou lui-même, bien sûr. Interrogé par *L'Express*, son second Premier ministre, Pierre Messmer, dira : « Non pas guérir, mais tenir, tel était son but[2]. » Son fils Alain, médecin, qui l'assistera tout au long de ses années de président malade ; le Pr Jean Vignalou, médecin personnel du président, qui lui recommande très tôt un traitement lourd devant l'empêcher d'exercer ses fonctions pendant plusieurs semaines, ce que Pompidou, qui lui imposera le silence, refusera de faire…

Les services secrets américains ne sont pas dupes. En témoignent les échanges de notes entre Paris et Washington et les bruits qui circulent à la Maison-Blanche. Le 28 mars 1973, l'ambassadeur américain à Paris envoie au président Nixon

1. Entretien avec l'auteur.
2. Christophe Barbier, entretien avec Pierre Messmer : « Pompidou m'a dit… », *L'Express*, 29 mars 2004.

un télégramme intitulé : *President Pompidou's Health* (« La santé du président Pompidou »). Le 6 juin, un mémorandum du secrétaire d'État William Rogers à Nixon est titré : *Pompidou's Condition and the French Succession* (« L'état de santé de Pompidou et la succession en France »). Deux mois plus tard, le 5 septembre, le secrétaire d'État à la Défense James Schlesinger lance « Pompidou se meurt » lors d'une réunion au Pentagone[1].

Jour après jour, Michèle Cotta va rendre compte de la lente agonie du président. « 5 juin, inquiétude sur la santé du président accrue par le communiqué tombé aujourd'hui de l'Élysée : le président ne participera pas aux deux *garden parties* organisées chaque année par les présidents de l'Assemblée nationale et du Sénat. Ils annoncent également qu'il réduira toutes ses activités de représentation. Le problème, c'est que nous ne savons pas qu'en conclure. Malade sûrement mais de quoi ? Au point de ne pas pouvoir assister ne serait-ce que deux minutes à une réception au Sénat et sur la pelouse de l'hôtel de Lassay ? Au point de démissionner dès l'année prochaine ? [...] Aujourd'hui partout autour de lui, chacun, Marchetti, Lecat, Chirac nous affirme le contraire[2]. »

Au début de septembre 1973, Georges Pompidou part en voyage officiel en Chine. Sans aucun doute attirés par les rumeurs autour de son état de santé, les envoyés spéciaux des médias français sont plus nombreux que jamais. Parmi eux, Michèle Cotta : « J'ai été envoyée par *L'Express* en reportage uniquement pour épier l'état de santé de Pompidou et rendre compte à quel point il était malade », se souvient-elle aujourd'hui[3]. « Des gens qui spéculent sur sa résistance mettent

1. Vincent Nouzille, *Des secrets si bien gardés*, Fayard, 2009, tome I, p. 450.

2. *Ibid.*

3. Entretien avec l'auteur.

en doute ses capacités physiques, s'attendent à le voir trébucher plus qu'ils ne se préoccupent des relations entre la Chine et l'Europe, entre la Chine et la France, écrit-elle dans ses *Cahiers*. [...] Le Pompidou que nous voyons ce matin est un Pompidou épuisé, rouge, défiguré, qui en a marre d'être l'objet d'une inlassable curiosité de la part des journalistes. À un moment donné, je me place devant lui à quelques mètres au bas d'un des 10 000 escaliers de la Cité interdite pour le regarder descendre. Il m'aperçoit depuis le haut des marches. Surprend mon regard attentif. Et soupire, exaspéré. Ce doit être un calvaire pour lui que de se savoir sans cesse épié, de lire l'interrogation dans les yeux des journalistes qui le dévisagent : est-il malade et de quoi ? Il reste que, lorsqu'il soupire, je me sens minable. Je ne suis pas fière de moi même si je fais mon métier[1]. »

« Oh mon p'tit Mazeaud, vous me faites mal ! »

En janvier 1974, nouveaux signes d'épuisement du président qui n'arrive presque plus à marcher. Il est d'une humeur de chien, à bout de forces, tenu à flot par les corticoïdes. Michèle Cotta écrit : « Mystère le plus total, l'Élysée ne communique pas, sauf pour indiquer, le 12 février, que "le président de la République souffre d'une infection grippale avec fièvre variant entre 38 et 39°. Il devra garder la chambre durant quelques jours." » À Paris, même les ministres ne sont pas avertis de la gravité de la situation. Les conseillers se voilent la face ou mentent, selon que l'on est indulgent ou réaliste à leur égard : au célèbre journaliste de l'AFP Jean Mauriac, Hubert Germain, le ministre des Relations avec le Parlement, affirme : « M. Pompidou a demandé que l'on

1. Michèle Cotta, *Cahiers secrets de la Ve République*, tome 1, p. 428.

s'arrange pour ne pas prendre de photos de lui de face et de bas en haut. Mais il y a des faits qui montrent qu'il ne peut pas être vraiment malade : son aspect au Conseil des ministres, joyeux, rieur, ironique, plaisantin ; son appétit à table. Il ne se prive de rien, il se ressert au premier plat, il boit, il fume un gros cigare l'air épanoui. Alors ? Un homme vraiment malade présenterait-il ce visage[1] ? » Son ministre des Finances – puis successeur à l'Élysée – Valéry Giscard d'Estaing assure n'avoir remarqué la gravité de la maladie présidentielle que dans l'avion qui emmène les deux hommes au sommet américain de Reykjavik, le 31 mai.

Selon le futur président, ce n'est qu'à la fin mars 1974, à quelques jours de sa mort, que Georges Pompidou commente sa fatigue à l'issue d'un Conseil des ministres plus expéditif que de coutume. Le dernier, celui du 27 mars 1974. « Messieurs les ministres, je vous demande aujourd'hui de ne pas attendre que je sois levé, et de bien vouloir partir les premiers. Je suis fatigué, à cause du traitement médical que je subis. Certains me voient déjà mort ! Ils vont être déçus. Mais ce traitement est très fatigant[2]. » Les jours qui suivent, Georges Pompidou continue de prétendre à Giscard qu'il ne s'agit que d'une « mauvaise grippe qui a fait des complications » : « Ce qui me fatigue, ce n'est pas la maladie, mais le traitement[3]. » Le journaliste de l'AFP Jean Mauriac a lui aussi conté le dernier Conseil des ministres présidé par Pompidou, ce qui lui vaudra d'en venir presque aux mains avec Chirac, les deux hommes se traitant mutuellement, devant témoins, de « menteur » ! D'un côté, le journaliste qui n'épargne aucun détail de l'agonie du président et de sa souffrance ; de l'autre

1. J.-L. Barré et Jean Mauriac, *L'Après-de Gaulle : notes confidentielles*, Fayard, 2006.

2. Nicole Gauthier, « Pompidou : cinq ans de "grippes à rechutes" », *Libération*, 17 janvier 1996.

3. Valéry Giscard d'Estaing, *Le Pouvoir et la Vie*, Lgf, 2004, tome I.

le ministre qui nie la réalité et veut en asséner une bien plus rassurante.

Le chef de l'État se fit alors critique à l'égard de la presse : « Je ne lis plus la presse et je m'en trouve bien. Et je vous recommande d'en faire autant. On peut tout savoir sans lire les journaux, sans écouter la radio, sans voir la télévision. Faites donc comme moi[1]... » Le président justifie comme il le peut les derniers voyages officiels annulés. S'arrête. Silence. Et prononce ces tout derniers mots : « Dans trois mois, ça devrait aller mieux et cela en embêtera plus d'un. Tout ça finira bien. Enfin, on verra bien[2]... » Cinq jours plus tard, il était mort. Secrétaire d'État auprès du ministre de l'Éducation nationale, chargé de la Jeunesse et des Sports, le toujours fringant Pierre Mazeaud, 87 ans désormais, se souvient du dernier Conseil des ministres : « Comme j'avais été victime d'une rupture du tendon d'Achille, les huissiers me mettaient un petit tabouret avec un coussin. Je n'avais en effet pas le droit de poser mon pied par terre, en plus j'avais eu les doigts de pied gelés en Himalaya... D'habitude Pompidou s'en allait en serrant la main de tout le monde puis partait ; cette fois-ci non, il s'est levé, il était vraiment épuisé, il n'a serré la main que des trois types qui se trouvaient à sa gauche, je ne sais plus qui, Georges Gorce et moi. J'ai voulu me lever pour le saluer mais avec mon pied prisonnier du coussin, je me suis appuyé sur sa main. Il a dit : "Oh mon p'tit Mazeaud, vous me faites mal !" Il a franchi la porte et je ne l'ai plus jamais revu. Comment imaginer qu'il était en train de mourir[3] ? »

Nous sommes le 27 mars 1974, jour du dernier Conseil des ministres de Georges Pompidou. Autour de la table siègent deux de ses successeurs : le suivant (Valéry Giscard d'Estaing),

1. « Le dernier Conseil des ministres de Georges Pompidou », *Jeune Afrique*, 2007.

2. *Mort d'un président*, téléfilm de Pierre Aknine, France 3, 2011.

3. Entretien avec l'auteur.

un plus lointain (Jacques Chirac). Un troisième, François Mitterrand – dont Pompidou disait : « Si je m'en vais, je ferai cadeau de la France à Mitterrand, cet aventurier » – confiera après l'annonce du décès du président, qui le surprend totalement tandis qu'il dîne chez Lipp : « On a beaucoup et partout discuté de son acharnement à exercer ses fonctions jusqu'au bout. Le courage était-il de partir, était-il de rester ? Je ne tranche pas. Je crois comprendre qu'il y avait de la fierté dans cette façon d'afficher sa décrépitude[1]. »

Trois hommes en revanche se retrouvent depuis de longs mois à partager ce lourd secret et à contenir les rumeurs. Ils sont tous trois au cœur du pouvoir. Premier d'entre eux, Pierre Messmer, nommé Premier ministre le 5 juillet 1972 : « À mon arrivée à Matignon, je lui demande, selon la tradition, une photo personnelle de lui, dédicacée. Quand je reçois le cliché, pris quelque temps plus tôt, et que je le compare avec l'homme qui est en face de moi chaque mercredi au Conseil, je me dis qu'il est malade. Trois ou quatre mois plus tard, il me confie : "Je souffre d'une maladie rare et bien compliquée." [...] Mais je n'ai jamais parlé de la santé du président. Même *off the record*, j'aurais soutenu qu'il n'y avait pas de problème. S'il avait perdu sa lucidité, je l'aurais vu tout de suite et l'aurais dit. Cela n'est arrivé qu'à la toute fin, à partir du vendredi 29 mars[2]. » Le second se nomme Pierre Juillet, l'alter ego de Marie-France Garaud, très influent conseiller du président et soucieux de placer pour l'avenir son poulain, un jeune ministre aussi ambitieux que prometteur nommé Jacques Chirac. Le troisième n'est autre qu'Édouard Balladur, secrétaire général de la présidence à partir d'avril 1973. À son sujet, les avis sont partagés. « Balladur a un peu tiré la couverture à lui en se présentant comme l'homme qui a tenu le pays à bout de bras durant les derniers mois

1. Éric Roussel, *Georges Pompidou, op. cit.*
2. *Ibid.*

de vie de Georges Pompidou, estime un journaliste en vue à l'époque. Ce sont surtout Juillet et Garaud qui gouvernaient et passaient des coups de fil à longueur de journée. Plus leur poulain, Jacques Chirac, nommé ministre de l'Intérieur en février 1974[1]. » Une appréciation sévère que ne partage pas Michèle Cotta : « Balladur a pris des décisions importantes qui ne relevaient pas de lui alors qu'il était bien seul. Tandis que régnait une atmosphère de mort sur l'Élysée durant les dernières semaines, il s'est montré courageux et muet. Avant de confier, après la mort de Pompidou, avoir l'impression de sortir d'un cauchemar[2]. »

Le long martyre du président

Aimable et courtois, l'ancien Premier ministre de François Mitterrand nous reçoit dans son très bel appartement du XVIe arrondissement de Paris. Une plongée dans le beau Paris bourgeois, de superbes fauteuils et meubles d'époque, le café chaud servi par son employée de maison. Plus proche collaborateur de Pompidou, Édouard Balladur s'est vu confier par celui-ci son testament et eut à rédiger et signer les fameux communiqués de santé mensongers sur l'état de santé du président de la République. « La rumeur sur la santé du chef de l'État est un grand classique sous la Ve République. Quand de Gaulle a été opéré à 73 ans, on a dit qu'il avait un cancer. Le Dr Steg, qui soigna bien plus tard François Mitterrand, m'avait dit : “Vous savez, Mitterrand, c'est un cas. Il m'avait demandé en 1981 : ‘Vous croyez que je pourrai finir mon premier septennat ?’ Je lui ai répondu ‘Oui’ mais je n'en croyais pas un mot. Et finalement...” Georges Pompidou savait-il à quel point il était malade ? Je l'ignore. Ce que je sais c'est

1. Entretien avec l'auteur.
2. *Ibid.*

que l'on a dit de moi que j'avais caché la réalité de son état de santé. Alors que j'ai insisté à de nombreuses reprises pour publier des communiqués médicaux[1]. »

C'est en avril 1973 qu'Édouard Balladur succède à Michel Jobert au secrétariat général de la présidence de la République. Les images d'archives le montrent suivant de très près le chef de l'État marchant si péniblement à Reykjavik, puis lors de tous ses déplacements, notamment en Chine puis en Russie (il fait annuler le dîner officiel avec Leonid Brejnev à Pitsounda, au bord de la mer Noire, où Pompidou manque de mourir en mars 1974). Déplacements au cours desquels la vision d'un président souffrant visiblement le martyre ne fera qu'alimenter encore et encore les rumeurs. De ces derniers mois, Édouard Balladur a tiré un beau livre, un témoignage poignant écrit à la première personne[2]. « Depuis quelques mois, l'état de santé de Georges Pompidou alimentait toutes les conversations, écrit-il. Il devint bientôt le sujet dominant de la vie politique. Il était revenu, fin août 1972, fatigué de ses vacances. Que s'était-il passé, que lui avait-on dit ? C'est en tout cas en ce mois d'août qu'il a rédigé ses dernières volontés et son testament, dont il me confia la garde en janvier 1974. » Ce même mois de janvier, le 24, le président est victime d'un malaise lors d'un déplacement à Poitiers, arrivant à peine à monter des escaliers. Balladur : « Les images, les photos qui le montrent ont été, comme prévisible, dépourvues de complaisance. Le lendemain, *L'Aurore*, *Le Monde*, pratiquement toute la presse a repris sa campagne sur l'état de santé du président. » Il publie le 7 février un premier communiqué : « Le secrétariat général de la présidence de la République communique : Le président de la République souffre d'une infection grippale avec fièvre variant entre 38 et 39°. Il devra garder la chambre durant quelques jours. Professeur Jean Vignalou. »

1. *Ibid.*
2. Édouard Balladur, *La Tragédie du pouvoir, le courage de Georges Pompidou*, Fayard, 2013.

Tous les rendez-vous sont décommandés. Sans se douter de l'imminence de la mort, plus grand monde ne croit à la grippe. Pierre Viansson-Ponté écrit alors dans *Le Monde* un article qui fera date, intitulé « Rumeurs » : « Tous scrutent à la télévision et dans la presse les traits de M. Pompidou. Et ils en parlent. Ils ne parlent même que de cela. Pas seulement les notables, les citoyens politisés, mais l'homme de la rue[1]. »

Un vent de panique souffle désormais sur la vie politique française. Les communistes harcèlent Mitterrand : le président est-il malade ? « C'est la question, disent-ils au leader socialiste, que posent les gens dès qu'un homme politique parisien débarque en province. » « Le monde politique est en plein courant d'air », écrit avec justesse Viansson-Ponté. Pompidou va-t-il mourir ? Pompidou va-t-il imposer le quinquennat et se l'appliquer à lui-même ? A-t-il songé à congédier Messmer et nommer Chirac Premier ministre, Chirac le protégé du très (trop) insistant Pierre Juillet et de Marie-France Garaud ? Dans son livre, Édouard Balladur en profite pour dessiner un portrait au vitriol de celui qu'il combattit en 1995 lors d'un des plus violents combats politiques de la Ve République[2]. Nous sommes en février 1974. Suite à l'affaire des écoutes du *Canard enchaîné*[3], Chirac est devenu ministre de l'Intérieur, à la place de Raymond Marcellin. Un bruit court à Paris, Chirac a failli être nommé Premier ministre. En réalité,

1. Pierre Viansson-Ponté, « Rumeurs », *Le Monde*, 8 février 1974.

2. Lire le chapitre 9 : « 1993-1995, la guerre des droites : "Ce fut un déchaînement" ».

3. Le soir du 3 décembre 1973, Escaro, un dessinateur du *Canard enchaîné*, passe devant les nouveaux locaux de l'hebdomadaire et y aperçoit de la lumière. Sur place, deux « plombiers » en pleins travaux… En réalité des agents de la DST occupés à installer des micros dans les bureaux afin d'identifier les personnes communiquant des informations sensibles au journal. Malgré des preuves irréfutables, la DST nie les faits et le procès donnera raison à l'administration française. L'affaire sera alors surnommée le *Watergaffe*.

Pompidou n'y a jamais songé et s'est même fait prier pour le nommer place Beauvau. Balladur : « Je me rappelais que [Georges Pompidou] m'avait dit, en janvier, à son propos : "On cherche à me persuader de le choisir comme Premier ministre. Il n'en est pas question : il est trop impulsif. Je lui dirais qu'un arbre du parc fait trop d'ombre dans mon bureau que, le lendemain, je le retrouverais abattu[1]." » Chirac, qui déborde d'ambition, a en effet confié lors d'une interview qu'il vise le poste de secrétaire général de l'Élysée. Celui qu'occupe précisément Édouard Balladur ! « Lorsqu'il était, selon son habitude, venu me voir avant le Conseil des ministres qui avait suivi, je lui avais dit : "Si vous souhaitez occuper ma place, prenez donc le temps de m'en informer le premier." Remarque qu'il avait accueillie avec un sourire contraint. [...] Que de contradictions dans son esprit, pour moi indéchiffrable ! Travailleur, appliqué, mais sans imagination, faisant aisément siennes les idées des autres, venues d'ici ou de là, et en changeant tout aussitôt quand il l'estimait utile, il n'était pas encombré par les convictions [...] sa faiblesse c'est d'être trop cynique, trop tourné sur lui-même, de n'avoir pas de convictions stables auxquelles se rattacher, ni une claire vision de l'avenir [...] d'avoir grand mal à s'élever au-dessus de l'intérêt électoral à court terme, lui qui, se voulant le chef de file de la droite, prit tour à tour parti contre Chaban-Delmas pour faire élire président de la République Giscard d'Estaing, puis contre Giscard d'Estaing pour faire élire Mitterrand, enfin contre Sarkozy dans son affrontement avec Hollande, comme si rien d'autre ne lui importait que lui-même, sa frénésie de pouvoir et ses rancunes[2]. »

Le 4 mars, moins d'un mois avant sa mort, Pompidou se confie à Balladur : « Je continue à souffrir. Mais il paraît

1. Édouard Balladur, *La Tragédie du pouvoir, le courage de Georges Pompidou*, *op. cit.*

2. *Ibid.*, p. 167-169.

qu'une opération ne servirait à rien. Savez-vous ce que m'a dit le médecin, une fois qu'il m'a eu examiné ? "En tout cas, je vous rassure : ce n'est pas cancéreux." J'avoue que je n'y avais pas pensé. On me dit que cela va être progressif, les soins, qu'il faut patienter. Mais c'est fort désagréable. Quand je souffre, je ne peux penser à rien d'autre, j'enverrais tout promener[1]. » Pierre Juillet se plaint de ne plus voir le président. Estime qu'il a « quelque chose dans le sang, à coup sûr, et sans doute depuis plusieurs années. Il paraît que cela peut durer fort longtemps. » Réponse de Balladur : « À le voir tel qu'il est, j'en serais fort surpris. » Le 14 mars, le président est dans l'incapacité de recevoir François-Xavier Ortoli, venu à l'Élysée. Balladur fait pourtant dire au service de presse que c'est bien le président en personne qui a reçu Ortoli. Sa présence au dîner diplomatique du 21 mars est annulée. Le communiqué de Balladur évoque « une lésion bénigne d'origine vasculaire située dans la région ano-rectale et hyperalgique, par intermittence ». Des hémorroïdes en somme. Dans la nuit du 1er au 2 avril, les Prs Bernard, Bastin et Vignalou préparent un projet de communiqué annonçant la mort du président de la République mais Georges Pompidou ne décède que le 2 en début de soirée : « Il était atteint de la maladie de Waldenström (une "macroglobulinémie") et, après qu'il l'eut longtemps bien supportée, elle s'est récemment compliquée d'accidents infectieux. » C'est ainsi que Balladur, assure-t-il aujourd'hui, a appris la nature de la maladie qui va emporter le président. Le 2 avril, il rédige un ultime communiqué à 18 h 16 : « En raison de son état de santé, le président de la République a annulé ses déplacements pour les jours qui viennent. Le président de la République a demandé au Premier ministre [...] de présider le prochain Conseil des ministres dont il a approuvé l'ordre du jour et qui se tiendra à l'Élysée

1. *Ibid.*

le mercredi 3 avril 1974. » À 20 heures, Édouard Balladur est appelé au domicile du Pr Jean Bernard où les médecins qui suivaient le président lui annoncent son décès.

Édouard Balladur raconte alors une scène extravagante. Le soir même de la mort de Pompidou, Pierre Juillet se rue quai de Béthune, au domicile du président, à la recherche d'un éventuel testament politique dans lequel le défunt aurait adoubé, pour sa succession, non pas Jacques Chaban-Delmas mais bien son Premier ministre, Pierre Messmer. « Dans la relation qu'il m'en fait, sans le dire vraiment, il souhaite manifestement donner à entendre qu'il aurait vu Pompidou, écrit Balladur. Il n'insiste pas, moi non plus[1]. » Peu après, ils sont trois dans le bureau présidentiel au palais de l'Élysée : Balladur, Juillet et Alain Pompidou. Devant le fils du président, Balladur ouvre l'enveloppe qui lui a été confiée au début du mois de janvier. Elle contient le testament, les dernières volontés et quelques documents à remettre aux proches. « Je remets à Alain Pompidou les diverses lettres qu'il destinait à sa femme et à son fils. Pour ce qui est de son testament, Juillet lui demande de l'ouvrir devant nous ; il le fait, le parcourt, nous dit qu'il ne contient rien de politique. Juillet lui demande de le lire à haute voix. Je proteste. Alain Pompidou commence à le faire ; je l'interromps et lui demande de ne pas continuer. Le testament, comme son codicille, avait un objet purement familial et privé. »

Marie-France Garaud garde un autre souvenir de la scène, à laquelle elle n'a cependant pas assisté : Juillet, qui avait en sa possession la clé du coffre, a dû faire appeler Alexandre de Marenches, le patron des services secrets puisque la combinaison du coffre présidentiel avait été récemment changée. Et a attendu l'arrivée d'Alain Pompidou pour procéder à son ouverture…[2]

1. *Ibid.*
2. « Ce soir ou jamais », France 3, 2011.

Cinq ans plus tard, en janvier 1979, Michèle Cotta rencontre le Pr Jean Bernard à France Inter. L'éminent médecin lui confie alors ce qu'il sait de la maladie qui a emporté le président. « Pompidou était frappé depuis 1968 par la maladie de Waldenström. Lorsqu'il s'est présenté en 1969, il se savait très probablement atteint. Sans doute, n'aurait-il pas été président de la République, eût-il pu se soigner davantage, ou mieux. Un an avant sa mort à peu près, Jean Bernard a eu une conversation avec lui : il pensait que le président devait se soigner, passer la main. Pompidou lui aurait dit qu'il était d'accord, et puis il n'en a rien fait, naturellement ! Il s'agit donc d'une maladie du sang. Il me dit que, dans le dernier communiqué qui annonçait la mort de Georges Pompidou, c'est Mme Pompidou elle-même qui avait tenu à ce que soit enlevée la mention de "maladie de Waldenström[1]". » Jusque dans l'ultime communiqué, les Pompidou, (par souci de discrétion ? du qu'en-dira-t-on ? par pudeur ?) se sont arrangés avec la vérité. Jusqu'au dernier souffle d'un président dont la rumeur sur la maladie disait hélas vrai. Ultime ironie de l'Histoire, Pierre Messmer racontera plus tard comment Mitterrand (qui, tout comme Giscard et Chaban, n'a jamais demandé à Pompidou de démissionner) « commit, ensuite, l'imprudence de dire que le président aurait dû donner des informations publiques sur sa santé et que lui, s'il était élu, il le ferait. En pratiquant ainsi en 1981, avec son cancer, il aurait été obligé de démissionner au bout de six mois. Il a préféré le mensonge[2] »…

1. Michèle Cotta, *Cahiers secrets de la Vᵉ République*, *op. cit.*, tome II, p. 198-199.

2. « Pompidou m'a dit », par Christophe Barbier, *L'Express* du 29 mars 2004.

3

Tous contre « Charmant-Delmas »

Quand Giscard et Chirac s'allient, pour l'unique fois, contre Chaban

Tout lui réussissait. Une destinée bordée de victoires et de conquêtes, une route toute tracée vers les sommets, comprenez le sommet de l'État. Du palais Rohan, sis place Pey-Berland, sublime siège de l'hôtel de ville de Bordeaux jusqu'à un autre palais, celui de l'Élysée, 55 rue du Faubourg-Saint-Honoré, Paris VIIIe, il n'y avait qu'un pas à franchir. D'un palais à l'autre, « Charmant-Delmas » comme le surnommait *Le Canard enchaîné* se voyait déjà en haut de l'affiche. Général de brigade en 1944, maire de Bordeaux depuis 1947, président de l'Assemblée nationale de 1958 à 1969, Premier ministre de Georges Pompidou durant trois ans et quinze jours, jusqu'à son remplacement en juillet 1972 par Pierre Messmer…

Et pourtant, Jacques Chaban-Delmas ne sera jamais président de la République. Son rêve sera brisé non pas par une mais par deux, puis trois rumeurs. Et, fait unique dans l'histoire de la Ve, par l'union de deux ennemis pourtant irréconciliables qui ne finiront jamais de se détester, Jacques Chirac et Valéry Giscard d'Estaing.

En ce début d'avril 1974, Georges Pompidou n'est pas encore enterré que tous, à gauche comme à droite, se disputent déjà sa succession. Les couteaux sont affûtés et la lutte promet d'être sanglante. D'autant que le temps presse : le premier tour de la présidentielle a été fixé au dimanche 5 mai, dans à peine un mois. Qui d'autre que Chaban, le chouchou des sondages, peut succéder à Georges Pompidou, si ce n'est le leader historique de la gauche, François Mitterrand ? Pierre Messmer ? Sommé de se décider par les conseillers de l'ombre Pierre Juillet et Marie-France Garaud, le Premier ministre hésite, malgré l'appui que lui apporte le ministre de l'Intérieur, Jacques Chirac. Chaban en est persuadé : Messmer (à qui il ose dire : « Pierre, tu n'es pas électoral[1] ! ») ou pas, son heure de gloire est arrivée. Un nouveau défi que ce sportif de très haut niveau, licencié au Club athlétique Bordeaux-Bègles-Gironde au poste d'ailier gauche, sélectionné au sein du XV de France contre l'équipe du British Empire Service (à Richmond, juin 1945) et 16e de finaliste en double mixte à Roland-Garros en 1956, n'envisage même pas de perdre. Et pourtant, c'est au sein de sa propre équipe que le beau Chaban, dont le rôle sera incarné par Alain Delon dans *Paris brûle-t-il*[2] *?*, va trouver ses pires ennemis. Et ses exécuteurs.

Acte I scène 1. Chaban a tué sa femme

Chaban-Delmas, à force d'être populaire, verra s'unir contre lui une armée d'ennemis. Pour commencer, son successeur à Matignon, Pierre Messmer, qui disait de lui : « Chaban ne connaissait pas les affaires de l'État : c'était un homme de contacts, de politique, pas de dossiers, et Pompidou le faisait sécher sur de nombreux sujets[3]. » Ou encore : « Valéry Giscard d'Estaing et Jacques Chaban-Delmas ont utilisé la faiblesse de Georges Pompidou due à sa maladie pour faire

1. Patrick Girard, *Chirac, les combats d'une vie*, Archipel, 2011.
2. Un film de René Clément sorti en 1966 et qui traite notamment du rôle de la Résistance française lors de la Libération de Paris.
3. Christophe Barbier, *op. cit.*

avancer leurs idées. Chaban, qui n'a jamais digéré d'avoir été débarqué, a été un peu limite, influençant la presse[1]. » Messmer finira pourtant par se rallier à Chaban, comme la majorité des barons gaullistes aux yeux desquels le maire de Bordeaux est l'héritier naturel de Pompidou. Ce n'est pas l'avis de Valéry Giscard d'Estaing et Jacques Chirac, auxquels il faut ajouter le duo infernal des éminences grises du second, Pierre Juillet et Marie-France Garaud.

À travers les âges, la calomnie en politique s'appuie, comme on l'a vu, sur deux axes : le sexe et l'argent. Plus un troisième, plus rare, plus radical aussi : la mort mystérieuse. L'accident trop vrai pour l'être vraiment ; le suicide trop limpide pour ne pas être un assassinat camouflé. Ainsi naîtra la rumeur du meurtre de Pierre Bérégovoy, le 1er mai 1993 à Nevers, par un mystérieux et grotesque commando d'hommes-grenouilles ayant remonté discrètement le canal du Nivernais pour abattre l'ancien Premier ministre de François Mitterrand, camoufler cet assassinat en suicide et replonger sans un bruit dans les eaux du canal[2]... Chaban verra quant à lui fleurir les coups bas et insinuations concernant la mort accidentelle de sa deuxième femme.

Le 12 août 1970, l'épouse de Chaban depuis 1947, Marie-Antoinette Îon, petite blonde aux yeux verts d'origine roumaine qu'il a rencontrée durant la guerre à Londres, meurt dans un accident automobile. Les circonstances mêmes du drame ainsi que l'empressement de Chaban-Delmas à se remarier un an seulement après l'accident vont très vite inspirer les mauvaises langues. Des rumeurs sinistres circulent sur les conditions dans lesquelles Marie-Antoinette s'est tuée à bord de sa DS en heurtant un platane sur la route d'Urrugne, au Pays basque. On insinue que Chaban, Premier ministre de l'époque, aurait « arrangé » l'accident... De fait,

1. *Ibid.*
2. Lire le chapitre 9 : « 1993-1995, la guerre des droites : "Ce fut un déchaînement" ».

le parquet de Bayonne ouvre une enquête sur les causes du décès. Seule l'épouse du Premier ministre trouve la mort. « Les deux autres passagers de la voiture, le chauffeur et une infirmière, ne délivrent pas les mêmes versions[1], racontent les journalistes Christophe Dubois et Christophe Deloire. De ces ambiguïtés, les adversaires de Chaban-Delmas font leur miel[2]. »

Les investigations ne donneront rien et Chaban ne sera jamais suspecté de quoi que ce soit. Mais ses ennemis, à droite notamment, ne désarment pas. La rumeur est comme un oignon que l'on épluche : des couches, des couches, des sous-couches… Et toujours la même antienne : « Il n'y a pas de fumée sans feu. »

Chaban n'a pas tué son épouse mais en homme à femmes qu'il est, il a toujours eu coutume de dire : « Je n'ai jamais fait de mal à personne sauf à quelques maris. » À l'automne 1971, il en est déjà à trois mariages. Ce qui, pour un seul et même homme, dans la France post-gaulliste et pompidolienne, fait plutôt mauvais genre. D'autant que les époux Chaban-Delmas faisaient maison à part depuis des années et que le Premier ministre entretenait déjà une liaison avec Micheline, la femme qu'il épousera un an après la mort de Marie-Antoinette. Ce que son collaborateur d'alors, Jacques Delors, confirmera en 2006 aux auteurs du livre *Sexus politicus* : « En 1969, Chaban entre à Matignon. Son épouse reste à Bordeaux, et à Paris, il vit avec Micheline, ce que personne n'ignore[3]… » Il se dit aussi que cette liaison aurait plongé son épouse dans un état de dépression nerveuse avancé… Et comme Jacques Chaban-Delmas se remarie dès le 24 septembre 1971, ses ennemis s'en donnent à cœur joie.

1. Non sur la réalité de l'accident mais sur la cause de l'accident en lui-même.

2. Christophe Dubois et Christophe Deloire, *Sexus politicus*, Albin Michel, 2006.

3. *Ibid.*

Mais qui sont-ils au juste ? « Cette fois le coup vient de pompidoliens qui se sont déjà signalés par leur acharnement contre lui, écrit le journaliste Stéphane Denis dans son livre *Rumeur, Sexe et Affaires d'État*[1]. Ils y ajoutent un document sur ses relations avec un avocat, Me Michard-Pellissier, qu'il a nommé au Conseil constitutionnel. Il ne se trouvera qu'un journal d'extrême droite pour suivre. » Pour Jacques Foccart, le père de la « Françafrique » qui le conseille, ce sont « des amis de Giscard, derrière lesquels on n'a pas de peine à imaginer son lieutenant, Michel Poniatowski[2] », qu'il faut accuser. Une hypothèse qui semble des plus plausibles et que validait à demi-mot François Mitterrand (lequel ne détestait pas les rumeurs…) en 1974 en confiant à l'un de ses amis : « Pourtant, de Giscard, de Chaban et de moi, seul le second rentre chez lui tous les soirs pour retrouver sa femme[3]. »

Acte I scène 2. Chaban ne paye pas d'impôts

Arrêtons-nous maintenant sur la fin de l'année 1971. Au mois de novembre, *Le Canard enchaîné* publie un avertissement de la trésorerie du XVIe arrondissement de Paris adressé à Jacques Chaban-Delmas, alors Premier ministre. L'hebdomadaire révèle le montant de son impôt sur le revenu : 16 806 francs seulement, pour un revenu imposable de 72 400 francs ! La polémique rebondit de manière spectaculaire, le 19 janvier 1972, quand *Le Canard* dévoile que Chaban n'a pas payé d'impôts de 1966 à 1969. Fâcheux pour un homme fortuné et fort bien rémunéré, Premier ministre et maire de Bordeaux. Qui est derrière les révélations du *Canard* ? L'ancien secrétaire d'État à l'Économie et aux

1. Stéphane Denis, *Rumeurs, Sexe et Affaires d'État*, Grasset, 2012.
2. Christophe Dubois et Christophe Deloire, *Sexus politicus*, *op. cit.*
3. *Ibid.*

Finances et à ce titre en charge des impôts, un certain Jacques Chirac ? L'actuel ministre des Finances, Valéry Giscard d'Estaing ? Un troisième larron ? Certes, le Premier ministre n'est pas en tort, puisqu'il bénéficie de l'« avoir fiscal », une mesure datant de 1965. Mais l'oubli de Chaban fait mauvais genre. « Ce qui ressort de cette affaire est plus grave et moins piquant que ne le serait une étourderie de M. Chaban-Delmas, écrit Françoise Giroud dans *L'Express*, c'est l'iniquité fondamentale d'un système fiscal qui privilégie la fortune[1]. » Mais le coup est rude et la publication de la feuille d'impôts du Premier ministre se révèle humiliante et assassine. Le bras droit de Giscard, Michel Poniatowski, son futur ministre de l'Intérieur, homme de l'ombre par essence, amateur de coups tordus et de cabinets noirs, invente la fameuse formule « les copains et les coquins » pour dénoncer certains gaullistes suspectés d'affairisme. Chargé des basses œuvres auprès de VGE, soucieux de cogner fort durant la campagne présidentielle de 1974, le futur ministre de l'Intérieur est-il à l'origine de cette fuite dans la presse, terrible pour Chaban ? Sans doute. Même si Jean Serisé, 95 ans, fidèle d'entre les fidèles de Giscard, son ancien directeur de cabinet aux Finances en 1964, futur conseiller politique à l'Élysée, a une autre vision de l'affaire : « C'est un fonctionnaire du service des impôts qui a vu passer le document et est allé directement le porter au *Canard enchaîné*. Pour moi, cela n'a jamais fait l'ombre d'un doute mais je pense que Chaban n'a jamais cru à cette version des faits[2]… »

Et Paris bruisse de rumeurs autour de Chaban, qui aurait aussi trempé dans le rachat de plusieurs sociétés de presse par Hachette sans en déclarer les sommes, forcément coquettes, qu'il en a tirées. Et aurait ensuite lâché les deux

1. Cité dans l'article de Clémence Pène, « Un Premier ministre non imposable », *L'Express*, 26 juillet 2007.
2. Entretien avec l'auteur.

frères Édouard et Georges Dega, ses anciens collaborateurs poursuivis pour fraude fiscale et corruption passive de fonctionnaires. En avril 1974, *Le Nouvel Observateur* évoque « l'écœurement » de l'administration des finances : en clair, Giscard, qui se pose en parangon de la vertu fiscale, n'est certainement pas étranger à ces révélations. Perfide, le ministre des Finances va attendre un peu (janvier 1972) pour sembler prendre enfin la défense du chef du gouvernement en prononçant cette phrase, modèle d'ambiguïté : « Le montant des impôts sur le revenu que M. Chaban-Delmas a supporté de 1967 à 1970 s'élève à 75 892 francs. » Mais que signifie ce terme de « supporté » ? Supporter n'est pas payer, soulignent les journaux... Cruel éditorial de Jean-François Revel dans *L'Express* en février 1972 : « Comme si la Révolution française n'avait jamais eu lieu et n'avait jamais établi le principe de l'égalité devant l'impôt, il est avéré qu'un homme notoirement en possession d'une grosse fortune paie moins d'impôts que, par exemple, un cadre supérieur sans fortune percevant un salaire élevé. [...] Heureusement, une des formes modernes de la démocratie en France semble être, avec les scandales financiers, la publication par la presse de documents confidentiels. Aucun exposé scientifique sur l'iniquité fiscale française n'a jamais eu l'impact de cette fulgurante leçon de choses : la publication de la feuille d'impôt du Premier ministre et d'un certain nombre de pièces annexes[1]. »

Acte I scène 3 : Chaban ne respecte pas les morts

Pour Chaban-Delmas, cette troisième rumeur sera celle de trop. Une rumeur aux allures de piège tendu par les maîtres en la matière que sont les Giscard, Chirac, Garaud et Juillet.

1. Jean-François Revel, *L'Express*, 7 février 1972.

Jean-Pierre Raffarin, alors militant des jeunes giscardiens, se souvient : « On n'épargne personne dans les campagnes présidentielles, elles sont même le lieu de la violence suprême puisqu'elles incarnent l'élection suprême. En 1974, on a retrouvé trois blocs : les fidèles de Chaban ; les pro-Giscard ; et ceux qui ne voulaient pas que Mitterrand l'emporte et sont passés massivement de Chaban à Giscard quand ce dernier est apparu dans les sondages comme le mieux placé pour l'éviter[1]. » Parmi eux, Jacques Chirac qui fait part de ses réserves dès la mort de Georges Pompidou. « Ce n'est pas la victoire de Chaban que je crains, mais sa défaite, laquelle me paraît inéluctable face au candidat socialiste François Mitterrand », écrira-t-il dans ses Mémoires en 2009[2]. Chirac va faire de Chaban la première des innombrables victimes dont s'ornera sa carrière politique – suivront Giscard, Balladur, Léotard… Le premier d'une longue liste de trahisons également. Raffarin : « Je ne ressens pas du tout à cette époque l'attitude de Chirac comme une trahison de Chaban. Je vois un choix d'avenir. Il ne sera pas durable. Ce qui était pour moi de la clairvoyance en 1974 deviendra évidemment de la trahison en 1981[3]. »

Résumons les forces en présence à droite à la mort du président Pompidou d'une expression empruntée au grand journaliste de l'AFP Jean Mauriac : « Un psychodrame de jalousies et d'ambitions querelleuses. » Il y a Valéry Giscard d'Estaing (ministre des Finances), dont Mitterrand confie à Michèle Cotta : « C'est le meilleur, il les battra tous » ; l'actuel Premier ministre, Pierre Messmer, et l'ancien, Jacques Chaban-Delmas, tous surveillés de près par Jacques Chirac. Les rumeurs enflent : le 17 décembre 1973, *Le Point* avait titré à la une « Messmer doit partir ». Qui se cachait alors

1. Entretien avec l'auteur.
2. Jacques Chirac, *Mémoires, Chaque pas doit être un but*, Nil, 2009.
3. Entretien avec l'auteur.

derrière ce titre provocateur ? Chaban, qui compte plusieurs amis dans l'état-major du groupe Hachette, alors propriétaire de l'hebdomadaire ?

Mais Pierre Messmer, qui hésite, n'a guère envie de se présenter à l'élection présidentielle, malgré les pressions qu'exercent sur lui Pierre Juillet et Marie-France Garaud qui ne veulent ni de Giscard, ni (encore moins) de Chaban. Ce dernier a osé leur tenir tête du temps où il dirigeait le gouvernement, ils auront sa peau. Or le temps presse : un mois seulement avant le premier tour du 5 mai 1974. « Ça dézingue à tout-va à la mort de Pompidou, se souvient l'écrivain et éditeur Denis Tillinac, grand ami de Jacques Chirac. Il ne fallait pas se faire prendre de vitesse. Bon, Chirac n'aimait pas Chaban, dont Marie-France Garaud et Pierre Juillet se méfiaient beaucoup. Son projet de "nouvelle société", ses collaborateurs Simon Nora, Jacques Delors, la nomination de Pierre Desgraupes à la tête de l'ORTF en 1969, ça n'était pas vraiment leur tasse de thé... Les gaullistes ont poussé Pierre Messmer à se présenter mais celui-ci, après une nuit de réflexion, chose rare dans l'histoire, a décliné la proposition, ne s'estimant pas à la hauteur[1]. » Inspirant peut-être, à vingt ans d'écart, son ancien protégé Jacques Delors, devenu entre-temps président de la Commission européenne et qui représentait le seul espoir pour la gauche de conserver l'Élysée en 1995. Messmer *out*, pas d'autre solution que Giscard pour le clan des chiraquiens, persuadé que Chaban sera battu par Mitterrand. Avec ses airs de beau gosse, de tennisman, prêt à une ouverture politique à gauche qui leur paraît bien hasardeuse, « un velléitaire », disent-ils. Le deal est donc le suivant : à Giscard le palais de l'Élysée ; à Chirac, alors ministre de l'Intérieur, l'hôtel Matignon. Pierre Messmer : « Chirac était avant tout d'une fidélité politique et intellectuelle totale

1. *Ibid.*

à l'égard de Pompidou. S'il a pris parti pour Giscard en 1974, c'est en mémoire de Pompidou plus que par manœuvre politique. Il était contre Chaban, pas pour Giscard[1]. »

Mais avant d'installer Giscard sur le trône élyséen, encore faut-il discréditer durablement Chaban-Delmas… S'y emploient les jeunes giscardiens. Mais entrent surtout une nouvelle fois en scène les duettistes, les « diaboliques » Pierre Juillet-Marie-France Garaud qui vont faire croire que Giscard est sur le point de se présenter. De son côté, Hector Rolland, député-maire de Moulins dans l'Allier, proclame que Messmer, finalement, se déclarera candidat ce jeudi 4 à 18 heures. Les deux rumeurs sont lancées et mettent le feu aux poudres… Elles parviennent aussitôt aux oreilles des proches de Chaban, notamment de Michel Debré et Jacques Foccart. Tous paniquent, pressent Chaban de se déclarer le premier, lui, le favori des sondages, lui, l'héritier naturel de De Gaulle et Pompidou. Chaban, sous pression, commet alors l'erreur de sa vie : par le biais d'une bien froide dépêche AFP (erreur que commettra également des années plus tard Lionel Jospin en 2002), il se déclare candidat à l'élection présidentielle le 4 avril 1974 à 16 h 09. Exactement neuf minutes après le début, et non la fin, de l'éloge funèbre du président décédé prononcé au même moment à l'Assemblée nationale. Nous ne sommes que deux jours après la disparition du chef de l'État et deux jours avant ses obsèques, prévues dans l'intimité à Orvilliers, dans les Yvelines. Pierre Mazeaud, secrétaire d'État aux Sports et député des Hauts-de-Seine, soutient alors Chaban par fidélité aux idéaux gaullistes. Mais il est consterné : « Je l'ai soutenu sans vraiment penser qu'il y arriverait. Mais j'ai été fidèle. Ceci dit, il a vraiment fait le con, en faisant savoir via l'AFP depuis l'Assemblée nationale qu'il était candidat alors même que nous allions entrer en séance

1. Christophe Barbier, « Pompidou m'a dit », *L'Express*, 29 mars 2004.

plénière pour y observer une minute de silence. Un geste d'une maladresse sans nom. Il s'est fait piéger, certes, mais c'est tant pis pour sa gueule. Il s'est aussi mal comporté[1]... » Résumée en un langage plus châtié et policé par Édouard Balladur, l'idée demeure la même : « Cela fut jugé précipité et lui porta tort[2]. »

Le piège tendu par le duo Chirac-Giscard s'est refermé sur Chaban. Bien des Français sont outrés, ses adversaires de droite et de gauche feignent tous l'indignation. Prudemment, Giscard, qui balance : « Chez moi, en Auvergne, on ne chante pas quand on veille un homme », attend le 8 avril pour se déclarer depuis Chamalières. Ainsi commence son discours, un missile en plein cœur pour Chaban-Delmas : « Il y a moins d'une semaine disparaissait Georges Pompidou, je pense que ceux qui s'inspirent de sa mémoire devraient s'associer au deuil... » Puis : « J'étais prêt à m'effacer devant M. Messmer, il pourra le confirmer, je le dis depuis des années. » Sous-entendu, moi, je suis loyal... Puis la formule choc qui restera célèbre : « Comment conduirai-je cette campagne ? Je voudrais regarder la France au fond des yeux... »

Acte II scène finale : l'assassinat politique de Chaban

Ne reste plus qu'à rédiger le dernier acte de la tragédie de Jacques Chaban-Delmas, qui, pour le coup, ne relève pas de la rumeur mais de la trahison toute simple. Chirac, qui l'avait assuré de son soutien, fort de l'appui d'un groupe de 43 UDR, 39 parlementaires et 4 ministres gaullistes dont lui-même, rallie Giscard en échange de Matignon. Mazeaud : « La fidélité à mes idées m'a conduit à ne pas suivre Chirac

1. Entretien avec l'auteur.
2. Édouard Balladur, *La Tragédie du pouvoir, le courage de Georges Pompidou*, *op. cit.*

et les 43. Chirac m'en a voulu mais pas longtemps[1]... » Le 13 avril, Chirac appuie le candidat des Républicains indépendants, Valéry Giscard d'Estaing, qui l'a reçu officiellement. Auteur d'une campagne présidentielle totalement ratée, surtout comparée à l'étonnante agilité avec laquelle Giscard a su apprivoiser la télévision, le nouveau média dominant, Chaban voit sa popularité et ses intentions de vote fondre comme neige au soleil. D'autant que ressurgissent soudain des tracts revenant sur les conditions soi-disant troubles de la mort de sa deuxième femme. Certains sont d'une violence inouïe, titrés « Chaban assassin » ! Juste avant le premier tour, Françoise Giroud publie un article terrible dans *L'Express*, cruellement intitulé : « On ne tire pas sur une ambulance ». Le réquisitoire débute ainsi : « Dans tous les sports, il y a les joueurs de première catégorie. Et puis les autres. L'ennui, pour M. Chaban-Delmas, c'est qu'il ne joue pas dans sa catégorie. De sorte qu'il semble de jour en jour plus égaré dans une partie qui n'est pas la sienne. Alors que MM. Giscard d'Estaing et Mitterrand provoquent des mouvements intenses d'admiration ou d'hostilité, parfois d'admiration et d'hostilité mêlées, on a envie de demander, sans acrimonie, à M. Chaban-Delmas : "Et vous, qu'est-ce que vous faites au juste dans cette affaire ?" Il encombre. Ce n'est pas sa faute, il encombre[2]. » Puis Giroud d'imaginer Mitterrand élu président lui confiant une ambassade. « Voilà. Il faut lui donner une ambassade. Il sera parfait. L'Élysée ? Mais en voilà assez à ce sujet. Si M. Chaban-Delmas retrouve soudain la faveur du sort, il sera bien temps d'en parler sérieusement. En attendant, on ne tire pas sur une ambulance. » Notons au passage que Françoise Giroud, après avoir assassiné brillamment Chaban-Delmas, votera aux deux tours de la présidentielle

1. Entretien avec l'auteur.
2. Françoise Giroud, « On ne tire pas sur une ambulance », *L'Express*, 24 avril 1974.

pour son ami François Mitterrand avant d'entrer, Giscard élu président, au gouvernement comme secrétaire d'État à la Condition féminine...

Au soir du premier tour, avec ses 15,1 % de suffrages, Chaban le naïf, ou le trop sûr de lui, ou les deux, n'arrive qu'en troisième position, très loin derrière Valéry Giscard d'Estaing qui obtient 32,6 %[1]. Contraint de le faire, et loyal envers son camp, il apporte son soutien à Giscard contre François Mitterrand. De sa défaite naîtra le cruel néologisme « se faire chabaniser », en clair voir sa popularité s'écrouler en peu de temps au profit d'un adversaire de son propre camp. Un syndrome dont seront victimes plus tard Michel Rocard, Raymond Barre et Édouard Balladur et que Nicolas Sarkozy rêve de voir frapper le populaire Alain Juppé à l'approche des primaires de l'automne 2016. Quand on l'interroge d'ailleurs sur les méthodes utilisées contre lui par les chiraquiens lors de la terrible bataille interne de 1994-1995, Édouard Balladur tient justement à relativiser : « On me dit souvent que le duel de 1995 a été la plus violente de toutes les batailles mais d'autres l'ont été tout autant, plus encore peut-être. Comme celle entre Chaban, Giscard et Chirac en 1974 puis entre Raymond Barre et Jacques Chirac en 1988. En ce qui me concerne, à la différence de Raymond Barre, personne n'a dit de ma femme qu'elle était un agent soviétique. Et personne ne m'a accusé d'avoir voulu tuer mon épouse comme cela l'a été pour Chaban[2]. »

Chirac... « Le bulldozer » comme le surnommait Pompidou. « Un bandit de grand chemin qui ne croit à rien » pour Chaban[3]. Dans ses Mémoires, *Le Pouvoir et la Vie*[4], Valéry

1. François Mitterrand arrivera en tête de ce premier tour avec 43,25 % des suffrages.
2. Entretien avec l'auteur.
3. « Chaban : "Chirac ne croit à rien" », *Jeune Afrique*, 2 avril 2007.
4. Valéry Giscard d'Estaing, *op. cit.*

Giscard d'Estaing contera la scène suivante, digne d'un film noir. Nous sommes en 1980, Giscard, toujours président de la République raccompagne Chaban, redevenu président de l'Assemblée nationale depuis 1978, sur le perron de l'Élysée : « Chaban commence à s'éloigner. Puis, après quelques pas, il se retourne d'un mouvement brusque et revient vers moi, le visage transfiguré. Il esquisse un geste, en levant le bras, et, en me disant seulement "Et pour Jacques Chirac !", il achève son geste qui est celui d'un bras levé et d'un poing serré qui s'abattrait en tenant un poignard. »

III

LES ANNÉES GISCARD

4

Valéry Folamour
Où est passé le président ?

La scène est racontée par Michel Denisot dans son livre de souvenirs publié en octobre 2014[1]. Nous sommes en novembre 2011. Alors en charge du *Grand Journal* de Canal+, Denisot et son équipe s'apprêtent à recevoir Valéry Giscard d'Estaing. « Il vient d'arriver au *Grand Journal*, élégant et souriant. À l'heure, voire peut-être un peu en avance, comme souvent. Sans même avoir ôté son pardessus, il demande : “Où est la jeune fille de la météo ?” » La « fille de la météo », c'est la sublime Louise Bourgoin, de cinquante-cinq ans sa cadette. Le temps ne faisant rien à l'affaire, Valéry Giscard d'Estaing ne se prive pas de l'approcher et de l'inviter à dîner. Denisot reprend : « Tout à l'heure, il proposera à Louise Bourgoin [...] de la raccompagner et, entre le XVe et chez elle, de s'arrêter dîner, écrit Denisot. Elle déclinera. » Plus tard, Giscard récidivera avec Pauline Lefèvre, elle aussi née en 1981, l'année de sa défaite face à François Mitterrand, elle aussi miss Météo de Canal+ et comédienne. « Il essuiera le même refus[2]. »

Retournons quelques décennies en arrière, bien avant la naissance de ces deux demoiselles convoitées, en vain, par le troisième président de la Ve République. Vainqueur brillant mais

1. Michel Denisot, *Brèves de vie*, Fayard, 2014.
2. *Ibid.*

de justesse (50,81 % des voix) le 19 mai 1974 face à François Mitterrand, Valéry Giscard d'Estaing est un jeune président (48 ans) comparé à ses deux prédécesseurs, Charles de Gaulle et Georges Pompidou. Sa belle et fringante allure a fait des merveilles lors de la campagne présidentielle, la première au cours de laquelle la télévision a joué un rôle décisif. Giscard plaît et il le sait... De ce goût pour la séduction, de ce désir de mêler pouvoir et charme, de profiter autant que possible de cet aphrodisiaque puissant qu'est le pouvoir, ceux qui l'ont précédé à l'Élysée n'en savaient rien, ou du moins n'en ont nullement fait usage. Aucune rumeur sur la moindre infidélité de Georges Pompidou à l'égard de son épouse adorée, tant meurtrie par l'affaire Markovic. De son côté, le général de Gaulle a bien été l'objet d'une petite rumeur : « Une fois marié et chef de l'État, on lui a prêté d'autres amours, écrit Christine Clerc dans *Tout est fichu*[1]. Lors d'un dimanche à Louveciennes chez Hélène et Pierre Lazareff, patrons de *Elle* et de *France Soir*, raconta un jour l'académicien Félicien Marceau, le grand jeu était de trouver une maîtresse au Général. Quelqu'un lança le nom de Simone Valère, l'actrice qu'il était allé applaudir au théâtre Renaud-Barrault dans *Le Soulier de satin* de Paul Claudel. La rumeur fit le tour de Paris ! » Mais rien de tout cela n'était vrai. Un jeu mondain, des bruits, du vent.

Avec Giscard, les choses sont radicalement différentes. Un vrai séducteur s'empare du pouvoir, premier d'une lignée à ce jour ininterrompue : Giscard, Mitterrand, Chirac, Sarkozy, Hollande. Bruno Jeudy, rédacteur en chef du service Politique de *Paris-Match*, explique sans détour que « les politiques aiment bien dégager d'eux une image de séducteur, de tombeur. Ils peuvent aussi laisser dire ce qui se raconte sur eux, ça peut les arranger en un sens. Ainsi Giscard laissait beaucoup dire, cette image de monarque séducteur ne lui déplaisait pas du tout. Mais c'est tout

1. Christine Clerc, *Tout est fichu*, Albin Michel, 2014.

de même jouer avec le feu[1]. » La rumeur va en effet s'en donner à cœur joie. D'autant que, comme le confie aujourd'hui un fidèle de l'ancien président, « il ne fut pas exemplaire, c'est le moins que l'on puisse dire. Mais est-ce si grave que cela ? Moi qui ne crois pas en la pureté de l'âme humaine, j'estime que non[2]. »

Une femme assise au bureau présidentiel

Plus tard, les choses prendront une tournure bien plus dramatique et lourde de conséquences pour VGE : l'assassinat jamais élucidé en 1976 du prince Jean de Broglie, en charge des finances de sa campagne présidentielle de 1974 ; le suicide, toujours contesté aujourd'hui par sa famille, du ministre du Travail Robert Boulin en 1979 ; la fameuse « affaire des diamants » l'année précédente ; les bruits répandus par les mitterrandistes et surtout les chiraquiens lors de la campagne présidentielle de 1981[3]. Pour l'heure, les rumeurs concernant Giscard se limitent à sa vie, à son train de vie, à ses infidélités supposées, à son goût réel et revendiqué pour les belles femmes. Tout ceci n'est pas négligeable mais porte moins à conséquence que ce qui suivra.

Giscard n'est pas encore installé à l'Élysée que surgit la première d'une longue série de rumeurs concernant sa vie personnelle. Nous verrons que celles-ci, fondées ou non, reposeront sur deux axes majeurs : le sexe et sa pratique de la chasse. Nous sommes le 19 mai 1974, au soir de sa très courte victoire sur Mitterrand. Parti loin derrière Chaban-Delmas, Giscard l'a écrasé. C'est seul que Giscard regarde tomber à la télévision les résultats de l'élection présidentielle, sous l'œil du cinéaste et photographe Raymond Depardon

1. Entretien avec l'auteur.
2. *Ibid.*
3. Lire le chapitre 5 : « Le chemin de croix de VGE ».

qui réalise son documentaire *Une partie de campagne* dont Giscard interdira la diffusion jusqu'en 2002. Ce soir de mai 1974, Michèle Cotta est, évidemment, de permanence à la rédaction de *L'Express*. « Le jour de l'élection de Giscard, j'ai reçu anonymement tout un tas de photos. Sur l'une d'entre elles, on le voyait au ministère des Finances mais on voyait surtout, très curieusement assise sur son fauteuil, derrière son bureau de ministre, une jeune photographe. J'en ai parlé à ma patronne, Françoise Giroud, qui m'a dit : "On n'a pas le temps, on ne publie pas, on verra ça demain !" Et puis on n'a rien vu[1]. » Les photos avaient sans doute été prises quelques jours avant l'intronisation à l'Élysée, pour quelques-unes d'entre elles, dont celle avec la jeune femme, assise, avec une pointe de provocation, derrière le bureau estampillé Riesener, par le nouveau président lui-même ! La photo ne sera jamais publiée. En ce temps-là, les secrets étaient bien gardés. Autres temps, autres mœurs. En ces temps anciens, le président pouvait très bien quitter le palais de l'Élysée pour un rendez-vous galant sans craindre de voir sa photo en couverture de *Closer*. La photo tombe ainsi aux oubliettes tandis que Françoise Giroud intègre le gouvernement comme ministre chargée de la Condition féminine…

Très grand nom de la photographie de reportage et de mode, cette photographe fait partie de la longue liste des maîtresses réelles ou supposées de VGE, « Il Casanova » comme le surnommait le quotidien italien *Il Corriere della sera*, qui énumérait en 1995 les surnoms prêtés lors de son septennat au président (« Valy la nuit », « l'hirondelle du Faubourg », « Valoche »), et écrivait : « Un président noctambule et imprévisible. Son Premier ministre Jacques Chirac désespérait souvent de ne pouvoir le joindre en cas d'urgence, comme cette nuit de septembre 1974 quand des terroristes

1. Entretien avec l'auteur.

prirent en otage l'ambassadeur de France à La Haye. Où était le président ? À Marly ? À Chambord ? Au Trianon de Versailles ? Personne n'osera dire qui se trouvait ce soir-là dans les bras du chef de l'État français[1]. »

En réalité, les on-dit sur Giscard ont commencé avant même son élection. Dès le début de 1974, la rumeur d'un divorce d'avec Anne-Aymone court Paris. Le grand public ne le saura que trente ans plus tard. Comme une journaliste de *Madame Figaro* évoquait devant elle le fameux bouquet d'anémones (qui sonnent comme son prénom) offert pour ses 19 ans par son prétendant, elle éclata : « Tout ça, c'est pour la galerie ! Il ne s'est jamais préoccupé de quelqu'un d'autre que de lui-même ! Pas un geste, pas un mot qui ne soit calculé ! C'est toujours “moi, moi, moi !”[2] » Certains dirigeants socialistes sont même tentés d'en faire une arme électorale mais François Mitterrand s'y oppose. Par bienséance ? Ou parce que le leader socialiste n'ignore pas que Giscard sait tout de sa liaison avec une Auvergnate comme lui, nommée Anne Pingeot, et qu'il le lui a même signifié en direct à la télévision, droit dans les yeux, lors du débat d'entre-deux-tours devant des millions de téléspectateurs bien incapables de saisir l'allusion pourtant très appuyée[3] ?

Les aventures de Giscard étaient donc connues bien avant son arrivée à l'Élysée. Y compris du général de Gaulle, qui s'irritait parfois de ne pouvoir joindre son ministre des Finances. « C'est Michel Poniatowski qui sert alors de paratonnerre, écrit Georges Valance dans son livre *VGE une vie*[4]. Michel qui veille également à ce que son ami ne s'égare pas trop. Lors de la campagne présidentielle de 1974, il confia à Roger Chinaud : “Je ne peux pas le laisser tout seul un soir.” » Dans un

1. Munzi Ulderico, « Valery, il Casanova », *Corriere della sera*, 26 février 1995.
2. Christine Clerc, *Tigres et Tigresses*, *op. cit.*
3. Lire le chapitre 8 : « Vichy : “Cachez ce passé que je ne saurais voir” ».
4. George Valance, *VGE, une vie*, Flammarion, 2011.

flash-back, Valance raconte aussi comment, en 1966, quand les Républicains indépendants installèrent leur siège boulevard Saint-Germain, Giscard songea à prendre une chambre à l'année à l'hôtel de la rue des Saints-Pères toute proche. Mais Poniatowski s'y refusa et préféra faire aménager à l'attention de VGE un studio à l'étage des locaux du parti. La concierge de l'immeuble était chargée d'approvisionner le réfrigérateur.

« Inévitablement, les rumeurs enflent, des noms circulent, des indiscrétions sont commises, reprend le biographe de Giscard. On parle de l'actrice Cathy Rosier, de la danseuse Lisette Malidor, de Mireille Darc, de Marie Laforêt et plus tard de Catherine Schneider, la cousine d'Anne-Aymone. Le microcosme parisien est si peu discret qu'on s'y répète les surnoms donnés par leurs maîtresses à leurs illustres amants : "Atchoum" pour Giscard, "Cocominute" pour Chirac... D'après l'une de ses conquêtes, Giscard aime faire une cour très sentimentale, "promettant volontiers un amour éternel". Pierre-Christian Taittinger, qui l'a connu sous la IVe République, raconte : "Il avait toujours des amours compliquées. Je me rappelle cette jeune Belge qu'il allait voir secrètement. Il l'avait séduite par la musique. C'était son grand numéro de séduction. Il se mettait au piano et jouait de la musique romantique, du Chopin, du Liszt..." Bien entendu, ces aventures sentimentales ne feront que se multiplier sous la présidence, le pouvoir constituant de toute évidence un puissant aphrodisiaque[1] ».

L'affaire du laitier

Jamais Giscard ne se souciera trop de tous ces ragots. Ni la presse people ni les réseaux sociaux n'existent et les rumeurs se limitent alors à quelques centaines de personnes. Certes,

1. *Ibid.*

VGE a quelque peu libéralisé les médias publics, autorisé qu'un ton plus libre s'exprime sur les plateaux des chaînes de télévision mais de là à imaginer qu'une d'entre elles évoque le libertinage du chef de l'État… Sur ce point, le président peut dormir tranquille. Même l'affaire du laitier ne le fragilise pas, alors qu'elle marque pourtant les premiers mois de son septennat. Le 2 octobre 1974, *Le Canard enchaîné*, sous le titre délicieux « Valéry Folamour », drôlissime hommage au film *Docteur Folamour* de Stanley Kubrick, révèle que police et pompiers ont été dépêchés récemment, au petit matin, sur les lieux d'un accident (à deux pas de l'Élysée) où VGE, en galante compagnie, avait percuté la camionnette d'un laitier. Giscard circulait, assure l'hebdomadaire, au volant d'une Maserati, en compagnie du propriétaire du bolide, le réalisateur Roger Vadim, et de la cinquième épouse de celui-ci, la riche héritière Catherine Schneider, amour de jeunesse du président récemment élu. Le laitier aurait giflé le président au cours d'une altercation… « À la maison, ça a jeté un froid », se souvient Valérie-Anne, la fille aînée des Giscard, qui avait alors 21 ans et terminait Sciences Po[1]. Mais, dans toute la France, cela fait rire : le président réformateur, que l'on a connu en ministre des Finances très professoral, serait donc un coureur de jupons comme les autres ? Christine Clerc : « On le décrivait comme un quadra séduisant, déjà menacé par une calvitie qui le chagrine beaucoup, mais grand, souple, à l'allure quasi féline[2]. » À Georges Valance, Giscard confiera seulement : « Ce n'était pas le laitier mais bien l'heure du laitier. » En parlant de gifle, le bruit court alors que l'acteur Michel Piccoli aurait lui aussi giflé le président dans une soirée mondaine organisée en soutien à l'ethnologue Françoise Claustre alors retenue en otage au Tibesti (Tchad). Un geste démenti par l'acteur. Une gifle,

---

1. Christine Clerc, « Valéry Giscard d'Estaing, Narcisse au bal des actrices », *Le Parisien Magazine*, 25 juillet 2014.
2. *Ibid.*

deux gifles, comme pour déjà mieux souligner auprès de ses adversaires le côté monarque de VGE, qu'on ne cogne pas ni n'insulte, mais que l'on gifle, tel un noble outragé. Albert du Roy a une autre analyse : « Du temps de Giscard la fonction présidentielle va perdre de son aura. Le respect ne sera plus jamais le même. Il sera même remis en cause dès le début de son septennat quand est lancée la première rumeur par *Le Canard enchaîné* de "l'affaire du laitier" dont on ne saura jamais si elle était vraie ou fausse. On n'a jamais su non plus ce qu'il en était des nombreuses liaisons prêtées à VGE. Dans les dîners en ville, les journalistes en parlaient mais seulement entre eux. Aucun article ne paraissait sur le sujet[1]. »

Combien sont-elles à avoir été citées, au gré des nombreuses rumeurs qui courent Paris, comme amantes régulières ou d'un soir du président ? Et lesquelles l'ont vraiment été ? L'actrice Mireille Darc ? Michèle Cotta l'évoque dans ses *Cahiers secrets de la Ve République* : « 10 janvier 1975 : Mireille Darc raconterait dans les milieux du cinéma et de la télé que Giscard a eu avec elle un accident sur les boulevards extérieurs aux alentours de minuit. Il se serait évaporé, la laissant seule, avant que les flics arrivent. Comment le croire[2] ? »

Catherine Bokassa, l'épouse de l'empereur de Centrafrique ? Catherine Schneider, cousine de l'épouse du président ? L'actrice et chanteuse Marie Laforêt ? Même Brigitte Bardot est citée. Un après-midi de 1980, l'actrice est venue plaider à l'Élysée la cause de son amie Christina von Opel, condamnée à dix ans de prison pour trafic de drogue. Christine Clerc raconte la scène avec drôlerie : « Giscard l'interrompt : "Comment va votre cœur, chère Brigitte ?" "Il va mal, Valéry, et c'est pourquoi je suis ici." Alors, raconte l'actrice, le président se met à lui caresser la cuisse… […] Avec la passion de la chasse, qui le conduit souvent en Afrique, les goûts du pré-

1. Entretien avec l'auteur.
2. Michèle Cotta, *op. cit.*, tome I, p. 591.

sident deviennent plus exotiques : il tombe sous le charme de la belle impératrice de Centrafrique, Catherine, épouse Bokassa. Longtemps après s'être vengé en faisant éclater l'affaire des diamants, le dictateur centrafricain le confirmera au journaliste Nicolas Poincaré : "Giscard m'a piqué ma femme[1] !" »

Giscard sort quand il veut avec qui il veut, sans prévenir : une simple lettre, déposée sur la cheminée de son bureau, indique le plus souvent où trouver, en cas d'urgence, le dépositaire du code de la force nucléaire française. Parfois, les situations s'avèrent difficiles à gérer. Le nom de Giscard est cité dans une affaire impliquant une certaine Virginie. Les flics de la Mondaine auraient même découvert des photos compromettantes sur lesquelles on voit Giscard et cette femme. Les images ne seront jamais publiées et auraient rejoint le fameux « Trésor » de la Mondaine.

Autre affaire, bien plus gênante, celle des liens entre VGE et Catherine Virgitti, « bras droit » de la célèbre Mme Claude, la plus fameuse proxénète parisienne, à la tête d'un réseau de call-girls très en vogue alors dans la classe politique. En perquisitionnant le coffre-fort de la mère maquerelle à la banque Rothschild, les policiers découvrent en 1977 deux photos en noir et blanc de Virgitti en compagnie de Giscard, photos prises du temps où il était ministre des Finances de Pompidou. Giscard pose en tenue de chasseur. Virgitti : « C'était lors d'un voyage avec des amis communs au Kenya. Giscard et moi n'étions pas du tout dans le cadre d'une relation commerciale. Il n'était pas client et n'était d'ailleurs pas du tout un consommateur de prostituées[2]. » L'ancien mannequin soutient qu'un grand nom du Parti socialiste, qu'elle ne nomme pas, lui aurait offert un pont d'or pour lui racheter

1. Christine Clerc, « Valéry Giscard d'Estaing, Narcisse au bal des actrices », *Le Parisien magazine*, 25 juillet 2014.

2. Christophe Dubois et Christophe Deloire, *Sexus politicus*, *op. cit.*

ces deux images, une offre qu'elle refusa. Reste que les photos ne sont pas saisies par les policiers et n'ont pas figuré dans le dossier. En charge de l'enquête sur les réseaux de call-girls, l'ancien juge d'instruction Jean-Louis Bruguière raconte : « Ces clichés étaient totalement étrangers à l'affaire de proxénétisme. Leur exploitation ne pouvait être que politique : il n'en était évidemment pas question. Le patron de la Mondaine a alors suivi mes instructions à la lettre et n'a pas saisi ces images[1]. » Catherine Virgitti est libérée au bout de deux mois de détention préventive mais en 1980, trois ans plus tard, elle est de nouveau interpellée, son réseau ayant refait surface. Les policiers fouillent cette fois-ci l'appartement de sa mère, à Toulon, après avoir appris que les originaux des photos du safari avec Giscard y ont été cachés. Mais quand ils arrivent sur place, « il n'y avait plus de photos, se souvient le juge Bruguière. La cave était vide. Elle avait été "nettoyée" comme on dit dans les services spéciaux. Dans mon souvenir, aucune information judiciaire n'a été ouverte suite à cette intrusion, puisqu'il était évident qu'il ne s'agissait pas de cambrioleurs… » Dans son livre publié en 2009[2], l'ancien magistrat ajoutait : « Je pense qu'aujourd'hui les noms des personnes, des clients et même du président, seraient rendus publics. Il y aurait des fuites. » Prémonitoire quand on repense aux photos publiées en janvier 2014 par *Closer*…

Giscard fantasme Lady Di

Avec l'âge, la sensualité de VGE s'exprime sans complexe. Regardant sa ministre des Universités Alice Saunier-Séïté, s'exprimer à une tribune, il l'imagine, rapporte-t-il dans ses

1. Entretien avec l'auteur.
2. Jean-Louis Bruguière, *Ce que je n'ai pas pu dire : entretiens avec Jean-Marie Pontaut*, Robert Laffont, 2009.

Mémoires, faisant l'amour. « Son corps est musclé, avec des mouvements d'une aisance féline, et des jambes qui me paraissent bronzées. Une pensée bizarre me traverse l'esprit : quand elle faisait l'amour, elle devait y mettre la même véhémence[1]. » Enfin, il y a Diana, la plus belle et sexy des princesses qui, bien que (ou plutôt parce que ?) mariée puis divorcée de l'héritier de la Couronne britannique, émoustille l'ancien président plus que toute autre. Vingt-huit ans après son départ de l'Élysée, l'octogénaire Giscard publie un roman, *La Princesse et le Président*[2], dans lequel il conte l'idylle entre la princesse Diana et un président de la République qui lui ressemble à s'y méprendre – à la différence près qu'il est veuf… Enfin débarrassé de cette encombrante et pourtant fort conciliante épouse qu'il a tant trompée depuis leur mariage il y a cinquante-sept ans ! Dans ce livre, il s'imagine en Jacques-Henri Lambertye, président français, amant de la « princesse de Cardiff »… Le président est veuf, la princesse inconsolable : « Une dizaine de jours avant mon mariage, mon futur mari est venu me dire qu'il avait une maîtresse et qu'il était décidé à poursuivre ses relations avec elle après notre mariage. » Jacques-Henri et Patricia vont s'aimer dans moult palais nationaux ou royaux, notamment au château de Rambouillet. « Le *Morning Telegraph* a un titre de première page que je traduis : "La princesse de Cardiff a passé la nuit dans le château du président français." » Comme l'écrit Étienne de Montety dans *Le Figaro* lorsque paraît le roman : « Reste une question : jusqu'où un roman peut-il aller dans le mélange entre imagination et réalité ? Quelle part la mémoire et le rêve peuvent-ils prendre à son élaboration ? Fiction totale, songe d'écrivain, histoire vraie ? Seul l'auteur a la clé de cette énigme qui est, elle, à la racine de

1. Valéry Giscard d'Estaing, *Le Pouvoir et la Vie*, *op. cit.*
2. Valéry Giscard d'Estaing, *La Princesse et le Président*, Éditions de Fallois, 2009.

toute littérature. » Devant l'émoi provoqué en Grande-Bretagne et l'ironie grinçante dont feront preuve les commentateurs anglais, Giscard le romancier sera obligé de se défendre : « J'ai inventé les faits, mais pas les lieux ni les décors, que j'essaie de peindre avec une écriture très visuelle[1]. »

D'une chasse à l'autre

Giscard eut trois grandes passions dans sa vie : la politique, les femmes et la chasse. Son goût immodéré pour la chasse va donner lieu à de très nombreuses rumeurs qui lui resteront longtemps collées aux mocassins. Compagnon de longue date de Valéry Giscard d'Estaing, ancien trésorier de l'UDF, Georges de La Loyère est actuellement membre du Conseil économique et social, vice-président de la Délégation pour les Affaires européennes et secrétaire général de l'Institut pour la démocratie en Europe, présidé par l'ancien président de la République. « Les gens ont beaucoup glosé sur son goût pour la chasse, on ne pouvait pas les empêcher de médire. Également sur son attrait pour les mondanités. Disons que nous connaissons ses travers, une forme d'obsession aristocratique dont il parle volontiers et même plaisante. Il en est tout à fait conscient mais c'est comme ça, il aime ça[2]. »

Giscard n'a pas toujours su chasser. Dans son livre *Un si jeune président*[3], Jean Bothorel raconte son apprentissage durant les sept années au ministère des Finances rue de Rivoli. « Mon goût de la chasse n'a à l'origine aucun rapport avec la politique. J'ai commencé à chasser à Authon dans la propriété de campagne de ma belle-famille, le château de l'Étoile. Un très bel endroit, bien tenu, avec un grand parc,

1. *Le Point*, 24 septembre 2009.
2. Entretien avec l'auteur.
3. Jean Bothorel, *Un si jeune président*, Grasset, 1995.

des allées ratissées, des arbres superbes où la mère d'Anne-Aymone vivait la vie d'avant-guerre. Il y avait une petite chasse, un garde, des chiens, etc. On chassait tranquillement, de façon classique. Dans mon milieu familial il n'y avait pas de chasseurs. D'ailleurs, il n'y a pas, ou peu, de gibiers en Auvergne. » Giscard explique qu'au début des années soixante, la chasse est venue combler son « immense besoin d'évasion ». « J'avais une existence dévorante, dévoreuse et ma défense c'était l'évasion. Or, quand vous chassez, vous ne pensez à rien d'autre. Vous baignez dans un environnement qui n'appartient qu'à vous et les gens que vous rencontrez veulent, comme vous, décrocher de leur quotidien fiévreux et encombrant. J'aime chasser. C'est devenu une véritable passion, quand j'ai commencé à fréquenter le merveilleux territoire de chasse de Jean de Beaumont en Alsace. »

Le 3 octobre 1980, une bombe explose devant la synagogue de la rue Copernic, dans le XVIe arrondissement de Paris. L'attentat, le premier visant la communauté juive en France depuis la Libération, fait quatre morts et 46 blessés. Raymond Barre, Premier ministre, prononce une phrase qui restera dans l'histoire : « Cet attentat odieux a voulu frapper les Israélites qui se rendaient à la synagogue, il a frappé des Français innocents qui traversaient la rue Copernic. » Avant de s'adresser avec dignité le 8 octobre à ses « compatriotes juifs ». Pour malheureuse que soit la première déclaration de Raymond Barre, elle ne doit pas faire oublier que ce soir dramatique d'octobre 1980, le président, lui, reste invisible et muet : il est à la chasse, justement chez son ami de Beaumont. Et encore absent le lendemain, lors de la cérémonie de la synagogue Copernic, à laquelle assistent François Mitterrand et Simone Veil. En résultera l'image d'un Giscard désinvolte, incapable de compassion, mettant cinq jours à réagir par l'intermédiaire d'un communiqué lors du Conseil des ministres alors qu'une manifestation a réuni 200 000 personnes à Paris. La chasse plus que tout ? Au risque d'y laisser sa popularité ? Mylène Descamps, son ancienne collaboratrice au service de presse de l'Élysée, devenue ensuite députée européenne et fondatrice, avec Anne Méaux, d'Image 7, la première agence de communication des politiques et des industriels en France : « Les gens n'ont pas cerné l'homme, notamment sa modernité. Car après tout, Giscard, c'est le vote à 18 ans, la loi Veil sur l'interruption volontaire de grossesse, la saisine du Conseil constitutionnel, le Parlement européen au suffrage universel, la libéralisation des médias... Les gens ne l'ont pas bien cerné mais il faut reconnaître que l'homme ne s'y est pas beaucoup prêté. Quant à la chasse... On ne pouvait rien faire contre la chasse. On pouvait lui dire que poser avec un lion mort n'était pas du meilleur effet, il s'en moquait[1]... »

À partir de 1966, VGE se met à chasser en Afrique avec son cousin François. « J'aime avant tout l'expédition. Je retrouve une vie d'aventures, celle que j'ai beaucoup aimée pendant la campagne d'Allemagne en 1945, assez risquée – bien sûr sans exagérer – dans un décor extraordinaire. Vous voyez la nature avant la naissance de l'homme, vous vivez les commencements du monde sans aucun des bruits de nos sociétés modernes[2]. »

Giscard ne s'en cache pas : parmi les plaisirs de la chasse en Afrique (et ailleurs) figure en bonne place l'absence de communication avec le monde extérieur. Passe encore pour un ministre des Finances des années soixante. Mais pour un président de la République de la fin des années soixante-dix... Ses conseillers s'en ouvrent discrètement, marchent sur des œufs. Mais il n'entend pas. Il refuse même de revenir sur ce qui fait son style, incapable de percevoir que l'opposition, une partie des médias et de l'opinion publique sont en train de l'enfermer dans un personnage monarchique, autocrate,

1. Entretien avec l'auteur.
2. Jean Bothorel, *Un si jeune président, op. cit.*

déconnecté des réalités quotidiennes que l'imitateur Thierry Le Luron raillera méchamment mais avec talent.

Le jeune polytechnicien brillant et charmeur devient un dandy, puis un monarque. « L'image du président, dit Bernard Rideau, responsable des analyses d'opinion à l'Élysée, restera positive jusqu'au printemps 1978 ; après cette date, les traits négatifs vont peu à peu s'imposer[1]. »

VGE fut le premier informé de ce retournement de tendance. Curieusement, il ne fit rien pour contrarier cette évolution. Pourquoi ? Il n'a pas d'explication convaincante à donner. « Je n'ai pas vu le jeu[2]. » Sa passion pour la chasse demeure intacte mais il la rend tout de même plus discrète. Il fait disparaître toute référence à son nom du Rowland Ward's, sorte de *Who's Who* des chasseurs sachant chasser. Plus discrète ? Vraiment ? Certains hommes politiques s'interrogent toujours publiquement sur les absences du président.

Pierre Mazeaud en sourit encore : « Un jour à l'Assemblée, je suis intervenu pour demander pourquoi le président était en Inde[3]... » Car le président s'absente encore très souvent. Dans son livre *Le Pouvoir et la Vie*, il énoncera les réserves dans lesquelles il a chassé tout au long du septennat, notamment au Gabon ou à la frontière de la Centrafrique et du Soudan. Un témoin de l'époque se souvient anonymement d'un autre voyage, en Pologne : « Ils avaient sorti un ours d'un zoo, la pauvre bête était complètement hagarde. Son conseiller Pierre Brossolette, dès décembre 1974, disait : "Il prend beaucoup trop de risques, il sort trop, il est très imprudent, ça pose de gros problèmes aux services de sécurité." Il devait dire vrai et a dû déranger puisqu'il a sauté deux ans après[4]. »

1. *Ibid.*
2. *Ibid.*
3. Entretien avec l'auteur.
4. *Ibid.*

L'image d'un président insouciant et chasseur ne quittera jamais vraiment Giscard. Invité à dîner chez le président du CNPF, son ancien ministre Jean-François Deniau rapportait ces propos cruels prononcés par François Ceyrac peu après la défaite de 1981 : « Giscard est politiquement mort. Même s'il ne veut pas l'admettre, c'est lui, personnellement, qui a été battu. Il ne s'en relèvera jamais[1]. » Ajoutant que tous ses anciens ministres l'avaient quitté et ne se privaient plus de lui conseiller publiquement de consacrer désormais tout son temps aux safaris en Afrique.

1. Jean-François Deniau, *Survivre*, Plon, 2006.

5

Le chemin de croix de VGE

Des diamants de Bokassa à la trahison de Chirac

C'est un homme d'expérience qui s'exprime depuis son superbe bureau du Sénat. Ancien Premier ministre de Jacques Chirac, celui que *Le Canard enchaîné* baptisa le « Phénix du Haut-Poitou » a derrière lui quarante ans de vie politique. D'abord aux côtés de Giscard, dont il fut un des fidèles et dévoués « jeunes giscardiens » puis de Jacques Chirac, depuis la terrible élection présidentielle de 1995 qui vit se déchirer les amis de trente ans, Chirac et Balladur[1].

De la politique en général, Raffarin estime qu'elle est « plus forte que l'amour et la haine » : « La politique à un haut niveau est la seule activité qui dépasse la haine et l'amour. Les plus belles amours déclarées, les plus grandes haines sont dépassées par la politique. D'où l'extrême violence qui peut s'exprimer en politique. L'élection présidentielle étant l'élection des élections, c'est à cette occasion que s'exprime la violence suprême. Vu les éléments de contexte propres à ce moment-là, je pense que la campagne présidentielle de 1981 a été la plus violente de toutes[2]. »

Violence de l'affrontement entre la droite, avec Giscard en candidat sortant et Chirac en outsider, et la gauche,

1. Lire le chapitre 9 : « La guerre des droites : "Ce fut un déchaînement" ».
2. Entretien avec l'auteur.

incarnée par François Mitterrand et Georges Marchais. Violence des idées, avec le programme commun prôné par Mitterrand, son alliance programmée avec les communistes en cas de victoire, le plan de nationalisations... Violence de la guerre entre le président de la République (Giscard) et son ancien Premier ministre et maire de Paris (Chirac), le premier accusant aujourd'hui encore le second de l'avoir fait battre. Rumeur ou fait historique ? Chars russes bientôt sur les Champs-Élysées en cas de victoire de la gauche ; Giscard dépressif chez le psychanalyste ; Mitterrand et sa double vie ; Mitterrand malade ; la retentissante affaire des diamants de Bokassa ; la trahison des chiraquiens : en matière de coups tordus et de rumeurs, difficile effectivement de faire mieux que la campagne présidentielle de 1981...

Rappelons l'état des forces en présence. À droite, le président de la République élu en 1974, Valéry Giscard d'Estaing, part favori (début janvier 1981, sa réélection ne fait guère de doute) mais pour l'heure, il n'est pas candidat. VGE ne se déclarera que très tard, en mars, ce qui, selon ses propres partisans, constitua une erreur majeure. À droite toujours, son meilleur ennemi et Premier ministre de 1974 à 1976, le maire de Paris Jacques Chirac. Des candidatures historico-gaullo-symboliques, celles de Marie-France Garaud et de l'ancien Premier ministre Michel Debré. Jean-Marie le Pen (0,74 % des suffrages en 1974) n'a pas obtenu cette fois-ci les 500 signatures nécessaires. À gauche, l'heure est au programme commun et à l'union, en vue du deuxième tour, entre François Mitterrand et Georges Marchais... Si ces deux-là sauront s'entendre pour finalement l'emporter (quatre ministres communistes intégreront le gouvernement de Pierre Mauroy après la victoire de mai 1981), à droite la guerre Giscard-Chirac sera l'une des plus violentes de la Ve République. Giscardien convaincu, Jean-Pierre Raffarin assistera à cette guerre fratricide et donc, comme toujours ou presque, suicidaire.

« 1981, c'est l'illustration d'une règle d'or, celle qui veut que le leadership ne se partage pas. Le pouvoir est souvent une aventure solitaire. Il était très difficile d'avoir deux personnalités d'allures voisines, de formations comparables, aux ambitions équivalentes, porteurs d'espoirs similaires[1]. » Giscard et Chirac se ressemblent trop pour s'assembler. Leur cohabitation au sommet de l'État n'a duré que deux ans et désormais, c'est un duel à mort qu'ils vont se livrer. « La démocratie, c'est l'expression de la violence de manière apaisée, reprend Raffarin. Le match entre eux deux s'est radicalisé à partir de 1976 pour atteindre son paroxysme en 1981. Chirac ayant, entre-temps, construit une opposition interne dans la majorité, sa "maison" comme on disait sous la monarchie contre celle du président. »

Au final, celui qui aura cogné le plus fort (Chirac) perdra et celui qui n'aura su répliquer (Giscard) aussi... Celui qui aura trahi et comploté (Chirac) devra attendre quatorze ans pour accéder à son tour à l'Élysée... avec l'aide de Giscard, contre un homme de droite, Édouard Balladur.

Mitterrand : « J'ai deux avocats : Badinter pour le droit, Dumas pour le tordu. »

L'automne 1979 restera dans les annales de la vie politique française. Le 30 octobre, le corps du ministre du Travail, Robert Boulin, est retrouvé dans un étang de la forêt de Rambouillet (Yvelines). L'enquête conduit au suicide : Boulin aurait été empêtré dans l'affaire de Ramatuelle, un scandale immobilier varois, et aurait laissé une lettre annonçant son intention d'en finir. Mais très vite, la version officielle ne convainc pas. Des bruits circulent. Les conditions de la découverte du corps, les 50 centimètres d'eau dans lesquels Boulin se serait noyé, Raymond Barre, Premier ministre qui dit avoir été prévenu six heures avant l'heure officielle du décès...

1. *Ibid.*

La première plainte de la famille Boulin, pour « homicide volontaire », qui remonte à 1983, se solde par un non-lieu, neuf ans plus tard. Les proches du ministre, notamment sa fille Fabienne, vont réclamer à deux reprises la réouverture du dossier. En vain. Même la Cour européenne des droits de l'homme (CEDH), saisie en 2010, déclare la requête irrecevable. En mai 2015, l'avocate Marie Dosé dépose une ultime plainte avec constitution de partie civile au parquet de Versailles, en se concentrant non plus sur la thèse de l'assassinat mais sur celle de l'enlèvement. Une stratégie judiciaire payante : trois mois plus tard, en septembre 2015, le parquet de Versailles décide l'ouverture d'une nouvelle information judiciaire pour « arrestation, enlèvement et séquestration suivis de mort ou assassinat ».

« Une décision rarissime qui doit énormément au travail de Benoît Collombat, 45 ans, journaliste au service Enquête et Investigation de Radio France et auteur du livre référence sur le sujet, *Un homme à abattre : Contre-enquête sur la mort de Robert Boulin*, paru en 2007 chez Fayard, écrit *Libération*. Depuis son premier reportage sur le sujet pour la matinale de France Inter, en 2002, Collombat n'a jamais cessé d'enquêter sur cette affaire maudite. "C'est la boîte noire de la Ve République, résume-t-il. Mais pendant longtemps, la dimension politique a pollué l'aspect judiciaire." Pendant treize ans, Benoît Collombat a accumulé des dizaines de témoignages remettant en cause la thèse[1]. »

En recueillant en 2013 le témoignage d'un homme affirmant avoir croisé la voiture de Robert Boulin une heure avant sa mort à Montfort-l'Amaury (Yvelines), « au niveau de la rue qui descend vers l'église », voiture dans laquelle se trouvaient deux autres personnes que Boulin, Benoît Collombat a permis de trouver l'élément autorisant la réouverture de

1. « L'enquête qui relance l'affaire Boulin », Emmanuel Fansten, 11 septembre 2015.

l'enquête. Qui avait intérêt à voir disparaître Robert Boulin ? Certains chiraquiens, qui redoutaient des révélations à venir sur des gros contrats africains sur fond de financement politique occulte ? Le SAC (Service d'action civique), le service d'ordre gaulliste à la réputation sulfureuse, qui s'illustrera tragiquement deux ans plus tard lors de la tuerie d'Auriol[1] ? Collombat a ainsi révélé le rôle d'un personnage trouble, ancien procureur général à Versailles, qui s'est rendu sur place cette nuit-là et a dessaisi les gendarmes au profit des policiers. Un magistrat très lié au SAC et qui a ordonné la première autopsie du corps de Boulin en demandant aux légistes de ne pas examiner son crâne...

Les diamants empoisonnés de Bokassa

L'autre fait marquant de l'automne 1979 concerne le président de la République. L'affaire dite « des diamants de Bokassa », un modèle du genre, va voir se liguer contre Giscard, à deux ans de la présidentielle, Jacques Chirac, François Mitterrand, Charles Pasqua, Roland Dumas, *Le Monde* et *Le Canard enchaîné*. Beaucoup pour un seul homme ! À quel point l'affaire des diamants a-t-elle contribué à la défaite de 1981 ? Impossible de le savoir mais son influence est évidente : tout Français en âge de voter en 1981 se souvient des affiches électorales du président dont les deux yeux étaient recouverts par des autocollants en forme de diamants. Le 9 octobre 1979, *Le Canard enchaîné* publie en couverture un article ravageur intitulé « Quand Giscard empochait les diamants de Bokassa ». Est reproduit en page 3 le fac-similé d'un bon de commande adressé six ans plus tôt au comptoir

1. Assassinat le 18 juillet 1981 de Jacques Massié, chef du SAC de Marseille et de toute sa famille par ses hommes qui le soupçonnent de vouloir les trahir au profit de la gauche.

national du diamant de Centrafrique et signé « général Jean-Bedel Bokassa » : « Veuillez remettre à Mme Dimitri, secrétaire de la présidence de la République, une plaquette de 30 carats environ destinée à M. Giscard d'Estaing, ministre des Finances de la République française. » Précisons que le document date de 1973, avant l'élection de VGE, petit détail que beaucoup vont oublier alors qu'il a son importance... Autre précision non négligeable : en cet automne 1979, Paris a déclenché l'opération militaire Barracuda qui vient de conduire à la destitution du tyran et président centrafricain. Faut-il voir dans les révélations du *Canard* une vengeance du « soudard », comme de Gaulle surnommait Bokassa ?

Qu'importe. Le document semble authentique. À un an et demi seulement de l'élection présidentielle, quelle aubaine pour tous ceux qui rêvent d'abattre VGE, à commencer par le directeur du *Monde*, Jacques Fauvet. Le 10 octobre 1979, le journal reprend le scoop du *Canard* sur deux pages. Curieusement, aucun article n'est signé à l'exception de l'éditorial du directeur intitulé « La vérité et l'honneur ». La veille au soir, Fauvet a dîné avec Giscard à l'ambassade du Portugal mais ne lui a pas touché un mot des articles à paraître. Le président évoquera « la morsure douloureuse dans le cœur » qui le saisira en découvrant la double page. « Je n'arrive pas à le croire ! [...] Qu'il attaque le président de la République, c'est son droit. Mais qu'il ne prenne même pas la peine de lui dire qu'il a reçu des informations, qu'il va les publier, et surtout qu'il reste devant vous, le visage souriant, sachant ce qu'il s'apprête à faire[1]. » Le journal aura l'honnêteté de reconnaître le malaise suscité à l'époque par la publication de ce dossier à charge, dans un bel article de Raphaëlle Bacqué publié le 25 juillet 2014 intitulé « Le jour où *Le Monde* choisit de torpiller Giscard ». Bacqué cite André Laurens, alors

1. Valéry Giscard d'Estaing, *Le Pouvoir et la Vie*, *op. cit.*

adjoint au service politique : « Certains jugeaient même l'affaire des diamants vénielle, et en tout cas le service politique n'admettait pas que cette chasse à l'homme contre Giscard soit sortie hors de son contrôle. » La journaliste rappelle aussi que Jacques Fauvet, le directeur du *Monde*, roulait pour Mitterrand. La preuve, cette scène incroyable : Jacques Fauvet et Raymond Barrillon, chef du service politique, s'étreignant et pleurant de joie le 10 mai 1981.

Ce que l'article de 2014 du *Monde* ne raconte pas, c'est cette scène, que nous ont rapportée plusieurs interlocuteurs. Un dîner réunissant en 1979 notamment François Mitterrand, Roland Dumas et Jacques Fauvet. À un moment, Fauvet, d'un ton solennel, lance à Mitterrand : « Je salue en vous le prochain président de la République. La semaine prochaine nous déclenchons une opération dont Giscard ne se relèvera pas ! » Ce qui fait dire aujourd'hui à un autre ancien directeur du *Monde*, Jean-Marie Colombani, que « les diamants de Bokassa furent un coup monté par Dumas et des chiraquiens. Dumas faisait vraiment partie d'un cabinet noir, chargé des basses œuvres[1]. » Rappelons que Roland Dumas, dont Mitterrand disait « J'ai deux avocats : Badinter pour le droit, Dumas pour le tordu », était l'avocat du *Canard enchaîné* et qu'il sera bientôt nommé ministre des Affaires étrangères et porte-parole du gouvernement.

Nous sommes une dizaine de jours avant la parution des deux articles du *Canard enchaîné* et du *Monde*. Petit homme incroyablement vif et bondissant pour son grand âge – aujourd'hui 95 ans –, Jean Serisé fait partie des fidèles d'entre les fidèles de Giscard depuis le ministère des Finances en 1964. Inventeur de la macroéconomie à la française, diplômé de la première promotion de l'ÉNA, principal conseiller politique du jeune président, Serisé fut d'abord frappé par « la précision de son esprit, sa mécanique intellectuelle,

1. Entretien avec l'auteur.

sa mémoire stupéfiante. Vous n'en avez pas idée. Il pouvait discourir quatre heures et demie sur l'économie sans la moindre note. Il débordait aussi d'imagination. » Au sujet de la fameuse affaire des diamants, en octobre 1979, Serisé est prévenu très tôt, avant même la parution du premier article, celui du *Canard.* « Je suis allé trouver le président, je lui ai expliqué, il m'a regardé dix secondes, une éternité chez lui. Il a juste dit : "Je ne sais pas ce que c'est, nous n'avons qu'à attendre." Du coup, je n'en ai parlé à personne. À l'Élysée, seuls lui et moi étions au courant. Le mercredi suivant, *Le Canard* a sorti l'affaire. Nous avons eu le journal la veille, je suis retourné voir le président avec, il a fait une sale tête, il y avait de quoi. Il a fait un violent effort de mémoire et effectivement, il s'est souvenu de ce cadeau fait par Bokassa du temps où il était ministre des Finances, six ans avant[1]. »

L'ancien ministre Jean-François Deniau a raconté la même scène à sa façon dans son livre *Survivre*[2] : « Quel est le plus sage et le mieux vu d'entre nous tous ? Jean Serisé. On pousse Jean Serisé avec un parapheur sous le bras dans le bureau du président. Les autres, collés à la porte, attendent. Ce n'est pas long. Serisé a à peine évoqué l'odieuse campagne. Le président s'est levé, l'a pris par les deux épaules et en le regardant dans les yeux lui a dit : "Jean, vous me prenez pour quelqu'un de malhonnête ?" La porte du bureau s'ouvre. Jean Serisé en sort. De grosses larmes lui coulent des yeux. »

« Giscard est conscient qu'il s'est très mal défendu »

L'affaire des diamants va alors totalement échapper à Giscard, qui va piteusement la gérer. Un cas d'école. Serisé : « On partait d'un fait qu'il n'a jamais contesté, il a bien reçu

1. *Ibid.*
2. Jean-François Deniau, *Survivre, op. cit.*

ces diamants, mais personne n'a dit de quoi il s'agissait exactement et de quelle période nous parlions. Ce qui pour Giscard changeait tout. Du temps où il les avait reçus, c'était une pratique courante. Des dizaines ou des centaines de petites boîtes ont été distribuées avec plus ou moins de diamants dedans en fonction de l'importance du visiteur. On a dit que le président s'était fait acheter, alors que Giscard avait chassé Bokassa du pouvoir ! Ceci étant dit, il est tout à fait conscient qu'il s'est très mal défendu[1]. »

Giscard ne mesure pas l'ampleur du cataclysme qui s'annonce. Il traite les révélations du *Canard* et du *Monde* « en les prenant de haut, par le mépris, d'un revers de la main », estime Albert du Roy : « Une erreur magistrale qu'il regrettera toute sa vie[2]. » Ils sont pourtant nombreux à l'alerter, ou du moins à tenter de le faire. Des conseillers bien sûr, à commencer par Jean Serisé ou encore Mylène Descamps : « Il aurait dû donner des explications tout de suite. Il ne fallait pas croire que les gens allaient oublier cette affaire d'ici à la présidentielle de 1981. Il aurait fallu “tordre le cou” à la rumeur et aux fausses informations, répéter, répéter, répéter que ce n'était pas le président de 1979 qui avait reçu des diamants mais le ministre de 1973 et que d'ailleurs, ces diamants, c'était trois fois rien[3]. Certes le président n'allait pas aller à la télévision comme aujourd'hui, à la moindre occasion et on ne communiquait pas pareillement, sa parole était beaucoup plus rare mais il s'est retrouvé seul. Il aurait fallu envoyer au front des proches qui comptaient, les présidents de groupes à l'Assemblée, au Sénat, des personnalités à l'intégrité incontestable, dire qu'on l'attaquait de toutes parts alors

1. Entretien avec l'auteur.
2. *Ibid.*
3. D'abord évalués à 1 million de francs par *Le Canard enchaîné*, les diamants seront vendus en 1981 pour la somme de 111 547 francs, répartis entre la Croix-Rouge centrafricaine et d'autres œuvres caritatives du pays.

qu'il n'avait rien fait de mal. Mais il ne l'a pas voulu et s'est donc retrouvé seul. Au final, on s'est retrouvé avec une affaire qui n'a pas été gérée du tout et avec un Thierry Le Luron imitant Giscard à la télévision avec son chien portant un collier de diamants autour du cou. Ce qui m'a personnellement mise très mal à l'aise[1]. »

En réalité, Giscard va se défendre. Mais mal et surtout trop tard. Or, comme l'écrit le chercheur Jean-Noël Kapferer : « L'attaque était sérieuse, incisive, précise, de nature à jeter le trouble dans une opinion publique pourtant très légitimiste. Le président, en ne réagissant pas tout de suite, a rendu ambiguë la situation, alors que les doutes non encore formés, encore tout hésitants, eussent volé en éclats après quelques mots précis et précoces. Or l'ambiguïté d'une situation est le trampoline des rumeurs, et la vitamine de leur persistance[2]. »

Certes, le 27 novembre 1979, dans un entretien télévisé, il s'explique, mais avec morgue : « Je ne vous cache pas qu'il est assez désobligeant pour moi de répondre à des questions de cette nature. À la question que vous m'avez posée sur la valeur de ce que j'aurais reçu comme ministre des Finances, j'oppose un démenti catégorique et, j'ajoute, méprisant. » Tout est dit… Lors de la campagne de l'élection présidentielle de 1981, au cours de laquelle, inévitablement, socialistes et chiraquiens vont donner une deuxième vie à l'affaire, Giscard déclare, le 10 mars, dans « Le Grand Débat » sur TF1 : « En fait, ce n'était pas du tout, comme on l'a dit, des diamants, c'est-à-dire de grosses pierres ayant une grande valeur et que l'on pouvait garder pour soi, auxquelles on pouvait donner je ne sais quelle destination. C'était plutôt des produits de la taillerie de Bangui qui sont plutôt utilisables sur un plan de décoration en bijouterie. »

1. Entretien avec l'auteur.
2. Jean-Noël Kapferer, *Rumeurs : le plus vieux média du monde*, *op. cit.*

Plus tard, les enquêtes de la DST puis du journaliste Pierre Péan dégonfleront grandement l'affaire à coups de révélations sur des faux documents et sur la vengeance perpétrée par Bokassa, déchu par Giscard, et qui plus est sans doute manipulé par des tenants du gaullisme fidèles à Chirac. Mais il sera trop tard, Giscard aura été battu. « Si un jour j'avais envie d'écrire sur un des temps forts du septennat, confessera Michel d'Ornano, l'un de ses plus fidèles soutiens, trois fois ministre, décédé en 1991, ce serait sur l'affaire des diamants. Ce fut un odieux montage. Pourquoi n'a-t-il pas réagi aussitôt et avec fermeté ? Je ne le comprendrai jamais. Chaque fois que nous avons évoqué cette affaire, surtout durant l'hiver 1979-1980, il m'a toujours opposé les mêmes arguments : "Les Français savent très bien que je suis un homme honnête et ils ne peuvent pas croire à de telles calomnies. À des attaques aussi basses, je me dois de répondre par le mépris du silence, un silence castillan." Et chaque fois je lui ai répété que je n'étais pas d'accord, que l'affaire avait un effet désastreux sur son image de président et qu'il devait s'expliquer avec une certaine solennité. Son cousin François, Michel Poniatowski, Christian Bonnet ministre de l'Intérieur, Roger Chinaud président du groupe UDF à l'Assemblée nationale ou ses plus proches collaborateurs à l'Élysée, tous nous lui faisions la même analyse. Il ne voulait rien entendre[1]. »

Le journaliste Patrice Duhamel se souvient d'en avoir parlé avec le président :

— Monsieur le président, c'est bien plus grave que vous ne le pensez.

— Mais non, cela n'intéresse personne, tout ceci se passe entre le Flore et les Deux Magots[2].

Georges de La Loyère, le secrétaire général de l'Institut pour la démocratie en Europe, présidé par l'ancien président

1. Jean Bothorel, *Un si jeune président, op. cit.*
2. Entretien avec l'auteur.

de la République, développe une autre explication, plus indulgente : « Le polytechnicien Giscard ne comprend pas l'art de la manipulation. Mitterrand était plus à l'aise mais il est vrai qu'il aimait cette littérature du XIXe qui justement se régale des luttes internes, des guerres de pouvoir, des histoires de familles cachées... Giscard ne comprenait rien à ce genre de pratiques. En même temps il est vrai qu'il est tellement difficile de se défendre contre la rumeur et la calomnie[1]. » À son conseiller Jean Riolacci, il confia, dès le jeudi 11 octobre 1979, deux jours après les révélations du *Canard* : « On me dit, et vous-même me dites de contre-attaquer. Non. On ne me fera pas faire ce qu'a fait Pompidou dans l'histoire Markovic qui était, elle aussi, un montage. » Éternel débat face à la rumeur que les politiques d'hier comme d'aujourd'hui n'ont toujours pas réglé : que faire face à la rumeur ? Attaquer ? Laisser dire ? Argumenter ? Espérer qu'elle s'éteigne vite et bien et compter sur l'intelligence, l'indifférence ou l'indulgence de l'opinion publique ? C'est ce dernier pari, risqué, que fera Giscard. Et qu'il perdra : « En me souvenant de cette période, je suis frappé par la maladresse que j'ai mise à me défendre[2]... »

Des diamants sur les yeux de Giscard posés par les chiraquiens ?

« Les batailles à droite sont particulièrement violentes, se souvient Jean-Pierre Raffarin. Mais en 1981 et 1988 elles le furent tout spécialement, notamment la première, une bataille acharnée où Chirac a souhaité la défaite de Giscard[3]. » Le maire de Paris n'a qu'une idée en tête : faire battre cet

1. *Ibid.*
2. Valéry Giscard d'Estaing, *Le Pouvoir et la Vie*, *op. cit.*
3. Entretien avec l'auteur.

homme dont il dira dans ses Mémoires, après avoir été lui aussi élu président : « J'ai très vite compris que, dans son échelle de valeurs, il y avait lui-même, tout en haut, puis plus rien, et enfin moi, très en dessous. Aujourd'hui, chaque fois que nous avons l'occasion de nous rencontrer, je lui dis : "Bonjour, Monsieur le président" et il me répond de même. Nous sommes désormais à égalité. » Chirac, aidé de Pasqua, son homme de l'ombre préféré à l'époque, celui chargé de toutes les basses œuvres, va pilonner le camp giscardien. Rumeurs, diront aujourd'hui encore certains des chiraquiens. Vraiment ? Énumérons-les…

Rumeur n° 1 : En octobre 1980, six mois avant l'élection présidentielle, Chirac et Mitterrand auraient dîné ensemble au domicile d'Édith Cresson, qui deviendra Premier ministre en 1992. L'idée aurait germé dans l'esprit de Jean de Lipkowski, grand résistant, gaulliste historique, ministre (durant huit mois) en 1976. Chirac a toujours démenti mais Giscard jure l'avoir appris de la bouche même de son successeur, en décembre 1995, quelques semaines avant sa mort. Au cours du dîner, Chirac aurait lancé : « Il faut nous débarrasser de Giscard. […] C'est un danger pour la France. »

Rumeur n° 2 : Début 1981, les chiraquiens font courir le bruit que Giscard est totalement dépressif et suivi par un psychanalyste, ce qui est faux. En réalité, ressurgit ici une vieille rumeur de 1977 que faisaient déjà courir les proches du patron du RPR, la *Lettre de la nation*, l'organe du mouvement gaulliste, s'en étant fait l'écho. *Le Point* écrit alors que le président « est ulcéré de voir *La Lettre de la nation* invoquer la "psychanalyse" pour expliquer certains propos de sa dernière émission télévisée. VGE y voit le signe d'une campagne injurieuse développée contre lui au sein du RPR. » Pour Chirac, recourir à un psychanalyste ou psychologue signifie être faible, fou ou tordu. En tout cas inapte à conduire les affaires de la France. Fidèle à son mutisme, Giscard ne dément pas le bruit. Mitterrand mène de son côté son enquête pour savoir qui s'occupe de sonder l'âme présidentielle, si d'aventure la rumeur dit vrai. Le nom du pédopsychiatre Serge Lebovici revient avec insistance mais l'intéressé conteste vivement.

Rumeur n° 3 : L'affaire des diamants de Bokassa, acte II. En 1981, l'affaire ressurgit à Anvers. Via un intermédiaire très douteux, une milliardaire célèbre censée être sur le point de les acheter. Le « scoop » ne doit pas sortir dans la presse française mais dans le *New York Herald Tribune*, *Die Welt* et *Corriere della sera*, moins suspects de vouloir abattre le président mais alimentés notamment par les chiraquiens. Face à ce futur Watergate à la française, Giscard serait obligé de se retirer. Mais quand les diamantaires d'Anvers découvrent la machination, ils préviennent personnellement le secrétaire général de l'Élysée Jean Wahl. La presse se rétracte. Le *New York Herald Tribune* aura l'honnêteté de publier un démenti reconnaissant qu'il a été et s'est trompé sous le titre « Un trucage qui a raté. »

Rumeur n° 4 : L'affaire des diamants, acte III. Directeur de campagne de Jacques Chirac, Charles Pasqua passe ses journées à déstabiliser Valéry Giscard d'Estaing. Pasqua qui disait au sujet du président-candidat : « Il peut encore rendre un service à la France, ne pas se représenter. » Chaque nuit, ses fidèles apposent sur les affiches du candidat Giscard, juste à la place des yeux, des autocollants en forme de diamants… Une idée dont la paternité reviendrait à Jean Narquin, grande figure du gaullisme sous la Ve République, député du Maine-et-Loire et père de Roselyne Bachelot. Laquelle raconte comment sa famille, outrée par la trahison de Chirac à l'égard de Chaban en 1974, s'est pourtant convertie, moins de trois ans plus tard, à une sorte de « chiracomania » au point d'engager, en 1981, une campagne non pas « pour » mais surtout « contre » Giscard. « Jean Narquin imagina de faire imprimer des diamants pour surcharger les yeux du président sur toutes ses affiches. L'idée fut trouvée géniale à la permanence de Chirac, rue de Tilsitt, et relayée dans toute la France. [...] Nous n'en étions pas à une vilenie près mais pour mon père, c'était aussi une juste vengeance du coup bas commis contre Chaban-Delmas en publiant sa feuille d'impôts, coup bas qu'il imputait à VGE[1]. »

La veille de notre entretien chez elle, en juin 2015, Roselyne Bachelot dînait chez Giscard qui, visiblement, n'avait pas lu son dernier livre dans lequel figure cette incroyable révélation. Sans quoi l'ancienne ministre de Chirac et de Sarkozy n'eût sans doute pas été conviée. Tous les giscardiens à qui nous avons appris la responsabilité de Narquin dans les autocollants en diamants en sont restés stupéfaits et ont eu beaucoup de mal à comprendre comment Roselyne Bachelot pouvait en tirer la moindre fierté. Car nous touchons ici à la trahison supposée de Chirac en 1981, rumeur non avérée pour quelques inconditionnels de l'ancien maire de Paris, fait historique pour tous les autres, à commencer par Giscard lui-même.

« Au terme de dix heures de discussion avec Marie-France Garaud en 1976, six mois avant sa démission, j'avais compris que Chirac allait partir et que le RPR misait sur la mort politique de Giscard, se souvient Jean Serisé. Il est vrai que Chirac ne pouvait pas faire autrement, cela relevait de la logique politique mais enfin Giscard a été d'une naïveté déconcertante en cherchant à retenir Chirac. Chirac s'en va, Giscard ne lui en veut pas ; Chirac prend la mairie de Paris, un coup de maître : Giscard ne lui en veut pas. La seule chose qui donne vraiment aujourd'hui encore à Giscard un teint jaune, c'est 1981. La trahison de Chirac, le dîner chez Édith Cresson. Pasqua m'a dit un soir : "En 1981, on en a beaucoup fait, peut-être un peu trop[2]." » Jean-Pierre Raffarin

1. Roselyne Bachelot, *La Petite Fille de la V*^e^, Flammarion, 2015, et entretien avec l'auteur.
2. Entretien avec l'auteur.

en garde un goût très amer et une rancœur éternelle à l'égard de Jacques Chirac, dont il devint pourtant le Premier ministre en 2002 : « L'appareil chiraquien a tout fait pour éviter la réélection de Giscard, notamment via l'affaire des diamants. Il fallait casser l'image du président le caricaturer, le faire passer pour quelqu'un d'avide et de futile, et le renvoyer ainsi à la caricature de la monarchie[1]. »

Rumeur n° 5 : Chirac fait voter Mitterrand. Là encore, les faits n'ont jamais été reconnus par le principal intéressé, mais nombreux sont les interlocuteurs qui nous ont confirmé ce qui se murmurait dès le printemps 1981. Pour être sûrs de tuer Giscard, Chirac et Pasqua vont tenter de convaincre leurs partisans de voter au deuxième tour de la présidentielle pour le candidat de la gauche, François Mitterrand. Pierre Mazeaud : « Pasqua a fait le nécessaire pour qu'une partie des chiraquiens votent Mitterrand au second tour[2]. » Charles Pasqua, terrible ministre de l'Intérieur de Jacques Chirac, décédé en juin 2015 et que François Mitterrand évoquait ainsi : « Ce diable de M. Pasqua ». De lui, juste après son décès, Mylène Descamps disait, au début de l'été 2015 : « Il nous en a fait des coups pendables mais qui faisaient en même temps bien rire. De tous ceux qui à droite ont fait battre Giscard, c'est le seul que j'aimais bien[3]. »

À l'époque, le père de Denis Tillinac était maire (RPR) en Corrèze : « Tous les élus chiraquiens de Corrèze, y compris mon père, ont été appelés et ont reçu la consigne de faire battre Giscard. Mon père les a envoyés promener[4]. » Giscard prétend avoir appelé personnellement au siège du RPR, se faisant passer pour un électeur de droite perdu à l'aube du

1. *Ibid.*
2. *Ibid.*
3. *Ibid.*
4. *Ibid.*

second tour. Le président jure s'être entendu dire de voter Mitterrand. Vrai ou faux ?

La plupart de ses partisans pensent qu'il a sans doute « fait appeler » un proche qui s'est effectivement entendu dire de voter PS. « Sa voix était tellement reconnaissable. Et puis ce n'était pas tellement son style de décrocher le téléphone, d'appeler et de se faire passer pour quelqu'un d'autre », sourit un de ses anciens collaborateurs. Reste que le RPR a bel et bien fait en sorte que le président du centre-droit perde. En 1981, l'ancien ministre de l'Intérieur Brice Hortefeux était déjà le bras droit de Nicolas Sarkozy, alors président du comité de soutien des jeunes à la candidature présidentielle de Jacques Chirac. Dans son immense bureau du siège des Républicains (ex-UMP), situé au dernier étage de l'immeuble, juste au-dessus de celui du président du mouvement, Hortefeux, qui estime que « la calomnie c'est comme la guêpe, il ne faut frapper que si vous êtes sûr de tuer », se souvient en riant : « En 1981, on photocopiait des articles de *L'Huma* au RPR pour mieux rédiger nos argumentaires anti-Giscard[1] ! » Au même moment, l'ancien ministre Philippe de Chartres, en guerre contre les giscardiens pour, notamment, une vieille histoire locale à Royan, envoie une lettre violemment anti-VGE « à tous les adhérents du RPR, précise Hortefeux. Comment a-t-il eu leurs coordonnées ? C'est que quelqu'un de haut placé les lui a données... Mais Giscard voulait tuer le RPR, il aurait dissous en cas de victoire et c'eût été la mort du mouvement gaulliste. Il était difficile de le laisser faire. Tout un pan du RPR n'a donc plus voulu de lui en 1981. »

Face à cette flopée d'attaques, les giscardiens n'ont pas su répondre. Jean-Pierre Raffarin : « On n'était pas équipé. » La Loyère : « Poniatowski ou d'Ornano, qui étaient des durs, voulaient qu'on cogne davantage mais c'était impensable. Le

1. *Ibid.*

président ne l'aurait jamais toléré. Mais dans l'amertume de la défaite de 1981, certains ont dit que nous n'avions pas été assez saignants. »

Chirac parie sur la fin de Mitterrand

Il faut enfin évoquer les rumeurs concernant non plus Giscard mais celui que tout le monde a oublié, et qui va pourtant l'emporter, François Mitterrand. Elles sont de plusieurs ordres : politique ; état de santé ; vie personnelle… Dès 1980 et début 1981, Chirac et Pasqua se répandent sur le fait que Mitterrand, élu au mois de mai 1981, ne restera pas bien longtemps au pouvoir. En somme, un mauvais moment à passer qui ne devrait pas s'étendre au-delà de 1983. D'où les messages passés aux militants RPR pour les persuader de voter à gauche au deuxième tour de la présidentielle : « Vous ferez d'une pierre deux coups, en vous débarrassant définitivement de Giscard et en permettant l'accession au pouvoir de Chirac au bout de deux petites années. L'alliance entre socialistes et communistes va s'écrouler, Mitterrand dissoudra et Chirac sera nommé à Matignon. » Raffarin : « Dans l'histoire ancienne on s'empoisonnait, on se battait en duel. Dans l'époque moderne, on porte atteinte à l'autre par des violences toujours aussi vives mais sous d'autres formes. Sauf que le pari de Chirac s'est avéré bien hasardeux et faire perdre son camp ne lui a permis d'accéder à l'Élysée que quatorze ans plus tard[1]. » L'Histoire montrera effectivement que Mitterrand fera preuve d'une bien plus grande habileté politique que son futur Premier ministre de cohabitation, qu'il écrasera lors de la présidentielle de 1988. Au printemps 1981 circule aussi pour la première fois avec insistance un bruit sur

1. *Ibid.*

la maladie et la double vie supposées de François Mitterrand, la maladie permettant aussi aux chiraquiens de parier sur la brièveté de « l'expérience socialiste » à venir. Deux rumeurs qui, nous le verrons[1], prendront davantage d'ampleur à l'automne. Michèle Cotta s'en souvient : « Dès l'automne 1981, Chirac disait : "Faut pas s'en faire, il a un cancer, ça ne va pas durer." J'avais déjà entendu parler une première fois de cette rumeur en 1973 mais je n'y avais pas prêté plus d'attention que cela et puis il n'aurait pas été convenable d'en parler. »

Mitterrand s'amusera des rumeurs sur son état de santé, mentant effrontément mais brillamment. Il s'amusera aussi de celles que font courir les giscardiens à l'approche de l'élection. Hubert Védrine, futur ministre des Affaires étrangères de François Mitterrand se souvient : « En mai 1981, par analogie avec Allende au Chili en 1973, des gens, au sein même du Parti socialiste, estimaient que l'armée allait refuser l'issue du vote ; c'était la crainte du coup d'État, une peur de l'armée véhiculée pour beaucoup par, il faut l'admettre, antimilitarisme. Dans le même temps, des giscardiens, à commencer par Michel Poniatowski, dressaient une comparaison avec le coup de Prague de 1948 et prédisaient l'entrée des chars soviétiques dans Paris puisque Mitterrand allait être rapidement, selon eux, entre les mains des communistes[2]. »

Aujourd'hui député (PS) des Hautes-Pyrénées, Jean Glavany fut nommé chef de cabinet du nouveau président élu en 1981. Dans son bureau de l'Assemblée nationale, où il nous a reçus, trône un grand portrait de Mitterrand : « Michel Poniatowski faisait effectivement courir le bruit qu'avec l'alliance socialistes-communistes, des chars russes allaient bientôt remonter les Champs-Élysées en cas de victoire de François Mitterrand. Vous voyez un peu le niveau de médiocrité dans lequel nous étions tombés... Mitterrand racontait

1. Lire les chapitres VI : « Le cancer du président » et VII : « Mazarine ».
2. Entretien avec l'auteur.

aussi souvent l'histoire (inventée, mais tellement juste) de la soupière. Une bonne famille bourgeoise de la Nièvre est à table, servie par une servante très modeste. Nous sommes en 1981, à quelques jours de la fin de la campagne présidentielle. Une discussion autour de la table s'engage au sujet de l'élection. La maîtresse de maison dit à un moment : "Je crois que je vais voter Mitterrand." La servante en lâche d'effroi la soupière : "Ils vont nous prendre notre retraite !" Pour vous dire à quel niveau se situait le niveau d'intox politicienne et quotidienne des giscardiens[1]... » Le garde des Sceaux Alain Peyreffite pronostique de son côté, si Mitterrand gagne, « soit le retour à la IVe République, soit le Front populaire conduisant à la démocratie populaire. »

À l'inverse de ces élucubrations, quand Jean Serisé informe ses contacts dans le monde de l'entreprise, de la banque, de la finance, des projets de nationalisations massives prévues par la gauche en cas de victoire, ses cris d'alarme se transforment en rumeurs : « Personne ne me croyait, ils disaient que ce ne serait pas possible. On a vu après l'élection de mai 1981 que cela était hélas tout à fait possible... » La réalité fut alors plus forte que toutes les rumeurs. Tout comme le pronostic de Chirac qui, jusqu'à la fin, aura répété : « Cela ne durera pas trois ans ! » Faux : pas trois ans mais quatorze.

1. *Ibid.*

IV

LES ANNÉES MITTERRAND

6

Le cancer du président
« Je suis foutu », novembre 1981

Avec François Mitterrand, la rumeur passe d'un monde à un autre. En la matière, ses prédécesseurs étaient des amateurs. Et ceux qui lui succéderont à l'Élysée ne lui arriveront pas à la cheville. Maladie, existence de Mazarine, liaison avec sa mère Anne Pingeot, liaisons prêtées avec des actrices, des chanteuses ou des journalistes, passé plus que trouble à Vichy, suicides de Pierre Bérégovoy et de François de Grossouvre, manœuvres lors de la campagne pour sa succession en 1995 lors de la guerre fratricide Chirac-Balladur : avec Mitterrand, la rumeur devient une façon d'exercer le pouvoir au plus haut sommet et durant quatorze ans, longévité inégalée – et inégalable, depuis le passage au quinquennat – d'un président sous la Ve République. Jusqu'à sa disparition, le 8 janvier 1996, avec la publication d'une photo de lui sur son lit de mort dans *Paris-Match* dont nul ne sait aujourd'hui encore, avec certitude, qui en est l'auteur.

La rumeur sur la maladie de François Mitterrand est vieille comme le monde, ou presque. Au point que certains s'y perdent quand on leur demande quand ils en ont été informés pour la première fois, y compris d'anciens Premiers ministres… En 1972, neuf ans avant son élection à la présidence de la République le 10 mai 1981, le leader socialiste se plaint des bruits qui circulent déjà sur son état de santé.

Michèle Cotta, le 16 novembre 1972, écrit : « Déjeuner hier ou avant-hier avec François Mitterrand chez Marc Ullmann, journaliste à *L'Express*. Mitterrand est très affecté par une information ridicule de *Minute* sur son état de santé[1]. » La journaliste s'en souvient : « En 1972, tout le monde racontait que Mitterrand était malade. Une saloperie de la droite[2]... » L'année suivante, il se voit encore soupçonné de cacher une maladie grave en août 1973 quand il s'absente de la séance plénière de l'Internationale socialiste à Stockholm. Albert du Roy s'en souvient : « Les plus anciennes rumeurs sur sa maladie remontent effectivement à cette époque. Elles ne reposent alors sur rien mais surviennent au moment où le futur président assoit son autorité sur l'ensemble de la gauche[3]. » Puis le bruit se remet à courir en 1975, puis encore en 1977.

Denis Tillinac date de 1976 les premiers échos qu'il reçoit de la maladie supposée du premier secrétaire du Parti socialiste : « Le Front national propageait le bruit de la rumeur de la maladie de Mitterrand. C'est d'ailleurs Jean-Marie Le Pen qui m'en a parlé le premier, c'était lors d'une législative partielle en novembre 1976 en Corrèze. Celle qui suit la démission de Chirac de Matignon et son retour à l'Assemblée nationale. À Ussel, il me dit peu ou prou : “Les communistes vont prendre le pouvoir avec une avant-garde d'un million de bougnoules ; Mitterrand est fini, il est malade, dans six mois il aura crevé.” Il faut se souvenir du traumatisme de la fin de règne de Georges Pompidou et de l'émoi provoqué par les non-dits du président, seulement trois ou quatre ans avant. Chirac a dix millions de défauts mais pas celui-là, il ne se sert pas de ce genre de procédés. Quand un ministre de la Culture a été accusé d'être parti

1. Michèle Cotta, *Cahiers secrets de la Ve République*, *op. cit.*, tome I.
2. Entretien avec l'auteur.
3. *Ibid.*

de la rue de Valois en emportant des vases et des tapis chez lui, Chirac a refusé de s'en servir politiquement. Il a juste dit : "Faites-le lui savoir, qu'il ramène tout ça et c'est bon[1]." »

Combien d'observateurs de la vie politique, comme on dit, ont alors deviné, pressenti, entendu parler de la maladie de François Mitterrand ? Tous ne sont pas aussi indulgents que Denis Tillinac à l'égard de Chirac, le grand adversaire de Mitterrand au cours des années 1980. Le futur directeur du *Monde*, Jean-Marie Colombani, fait partie de ceux qui, dès 1981, ont ouï dire que le président nouvellement élu était souffrant. « En 1981, j'ai entendu parler de la rumeur sur l'état de santé de Mitterrand mais je ne l'ai pas prise au sérieux. Je l'ai mise sur le compte de la théorie de la parenthèse développée par Jacques Chirac, qui répétait partout que "l'expérience socialiste" ne durerait pas : Mitterrand étant à la fois malade et assuré d'être battu aux prochaines législatives, puisque contraint tôt ou tard de dissoudre l'Assemblée et donc de perdre sa majorité absolue de 1981 et de cohabiter avec Chirac comme Premier ministre. Il y a cru pendant trois ans je dirais, jusqu'à l'été 1984. » Chirac, en septembre 1981, cité par Michèle Cotta : « Ce sera bientôt l'inflation à 20 points, le chômage, les communistes le lâcheront, ils quitteront le gouvernement. Vous verrez, cette expérience ne durera pas longtemps : à ce rythme, pas plus de deux ans. » Rappelons que c'est en 1984 puis en 1986 que la prédiction de Chirac se réalisera pour partie : les communistes quitteront bien le gouvernement et Mitterrand sera effectivement obligé de cohabiter deux ans plus tard aux côtés de Chirac… pour mieux l'humilier en 1988 lors de l'élection présidentielle. Cotta, encore : « Les chiraquiens et les giscardiens veulent se persuader que la présence des socialistes au pouvoir ne tiendra pas, que Mitterrand n'ira même pas au bout de son septennat.

1. *Ibid.*

C'est dès le mois de juin Jacques Delors qui est obligé de monter au créneau et de faire savoir que le président est bien là pour sept ans (au moins). Mais la droite dit être entrée en "résistance"... Chirac lui-même fait courir le bruit que Mitterrand lui a assuré ne pas se représenter en 1988. » De l'art de prendre ses désirs pour la réalité, un grand classique en politique...

« Chirac disait partout : "Faut pas s'en faire, il a un cancer." »

Les giscardiens ont eux aussi, évidemment, entendu parler de la maladie de Mitterrand. Parfois d'une manière peu claire qui provoque une certaine confusion. Jean-Pierre Raffarin se souvient que le bruit courait que « Mitterrand se rendait souvent en Auvergne, pour se faire soigner discrètement[1]. » En réalité, il s'y rendait pour y retrouver Anne Pingeot, la mère de Mazarine... Giscard refuse cependant de répandre la rumeur sur le cancer de son vieil ennemi, encore moins de s'en servir en 1981 lors de la campagne, pas plus que des bruits qui circulent autour de la double vie du candidat socialiste. Certains durs autour du président, Michel Poniatowski notamment, recommandent de cogner fort, mais Giscard et d'autres s'y refusent. Georges de La Loyère : « Chirac disait partout "Faut pas s'en faire, il a un cancer, ça ne va pas durer." Nous en avions entendu parler dès 1974 mais nous n'y avons pas prêté plus attention que cela. Sans compter qu'il n'aurait pas été convenable d'en parler[2]. » Chirac, encore et toujours, cette fois-ci dans la bouche de Jean-Louis Bianco, futur secrétaire général de la présidence de la République à partir de 1982 : « Les rumeurs sur la maladie de Mitterrand

1. *Ibid.*
2. *Ibid.*

ont été attribuées à la droite dès l'automne 1981. Comme pour les chars soviétiques qui devaient remonter les Champs-Élysées en cas de victoire de la gauche ou le pronostic de Chirac sur "l'expérience socialiste qui ne durera pas deux ans." On nous prenait aussi pour des rustres. Ce qui a permis à Louis Mermaz d'expliquer qu'à gauche, on sait aussi bien qu'à droite "se servir des couverts à poisson[1]". »

Tous les lundis matin, Mitterrand part jouer au golf et se porte comme un charme. En vérité, le président ne sait pas encore qu'il est malade. Il se moque en septembre 1981 de la rumeur grandissante, affirmant : « Il paraît qu'il y a beaucoup de chefs d'État malades et j'ai l'impression que beaucoup voudraient m'ajouter à la liste. Mais je reconnais qu'il m'arrive d'éternuer. » Albert du Roy : « La maladie de Mitterrand a été connue ou du moins des rumeurs insistantes ont couru sur le sujet dès 1981. Mais je l'ai entendu de mes oreilles en plaisanter et dire : "Des cancers, on m'en prête cinq ou six[2]." »

Que s'est-il passé ensuite ? Hubert Védrine : « C'est au retour du sommet de Cancún, en octobre 1981, que le diagnostic du cancer a été réalisé, chose que j'apprendrai des années plus tard. » Mitterrand se plaint d'avoir très mal au dos et à une jambe. De retour du Mexique, il est conduit secrètement, début novembre, sous le nom d'emprunt d'Albert Blot, à l'hôpital militaire du Val-de-Grâce. Le diagnostic tombe : cancer de la prostate, le même qui avait tué son père. Mitterrand est soigné par son médecin personnel, le Dr Gubler, qui se rendra célèbre en publiant peu après la mort du président un livre, *Le Grand Secret*[3]. « Une affaire gravissime que cet ouvrage puisqu'il brisait le secret médical », estime Albert du Roy. Le 16 novembre, Gubler propose au

1. *Ibid.*
2. *Ibid.*
3. Claude Gubler, Michel Gonod, *Le Grand Secret*, Plon, 1996.

président de consulter l'un des meilleurs urologues de Paris, le Pr Steg, qui se rend dans les appartements privés de l'Élysée. Le diagnostic tombe :

— Steg : Mon devoir est de ne pas vous cacher la vérité. Vous avez un cancer de la prostate qui est diffusé dans vos os et cette diffusion est importante.

— Mitterrand : Je suis foutu.

— Steg : On ne peut pas dire ça, voyons ! On ne peut jamais dire qu'on est foutu.

— Mitterrand : Arrêtez vos salades, Je suis foutu.

Puis Mitterrand se tait. Ses médecins lui donnent entre trois mois et trois ans au mieux à vivre. Il en parle à Anne Pingeot, sa compagne secrète, la mère de Mazarine, le soir même, « entre trois mois et deux ans », lui dit-il.

Combien sont-ils à savoir ?

Que faire ? Démissionner ? Hors de question ! Dire la vérité ? Exclu. Mitterrand est alors un président extrêmement populaire (60 % d'opinions favorables en décembre 1981). Sa décision est prise : il mentira aux Français. A-t-il le choix ? À l'automne 1981, les bruits sont devenus hors de contrôle. Plus possible de les canaliser, d'autant que *Paris-Match* a révélé l'hospitalisation du président, sous ce titre : « Ce jour-là, à 9 heures 15, François Mitterrand entrait au Val-de-Grâce… » Le président est scandalisé. Comment une telle fuite a-t-elle pu survenir alors que l'hôpital militaire est censé si bien protéger l'identité de ses patients ? Mitterrand n'y retournera plus, préférant des consultations et des soins à Cochin ou à l'Élysée. On apprendra plus tard que c'est une infirmière trop bavarde qui alertera un photographe de *Paris-Match*. Courant novembre, tous les hommes politiques en parlent. Difficile de croire les proches de Mitterrand qui jurent aujourd'hui encore ne pas en avoir entendu parler.

L'ancien ministre de De Gaulle, Michel Debré, raconte alors comment Giscard et Chirac spéculent sur la gravité de la maladie du président et la suite des événements : l'un imagine prendre sa revanche après avoir été battu d'un million de voix en mai ; l'autre de laver l'humiliation de son élimination dès le premier tour.

Pierre Mauroy, nommé Premier ministre en mai 1981, reconnaîtra bien des années plus tard avoir été informé dès 1980 de la maladie dont souffrait François Mitterrand. Dans une interview diffusée en 2012 par Europe 1, l'ancien maire de Lille, interrogé par Jean-Pierre Elkabbach qui lui demande si Mitterrand l'avait informé de son état de santé, répond d'une voix affaiblie : « Oui, aussitôt, en 1980. Il m'a dit : "Tenez, venez dans ma chambre." Et je vois des fioles de toutes sortes. Il me dit : "Voilà, j'ai un cancer de la prostate. Mais je vais en sortir." Et nous avons été au combat politique. » Mais Mauroy, décédé en juin 2013, ne se trompe-t-il pas au cours de cette interview accordée quelques mois seulement avant sa mort ? Puisque, nous l'avons vu, c'est à l'automne 1981 que le cancer de Mitterrand est diagnostiqué. Combien sont-ils en réalité à le savoir à l'automne 1981 ? À savoir que le président souffre et ment, comme sept ans plus tôt au sujet de Georges Pompidou ? Pour Hubert Védrine, « au départ, je pense qu'il n'y avait peut-être que quatre ou cinq personnes qui étaient au courant, parmi lesquelles Anne Pingeot et Pierre Mauroy… Mais pas moi. » À ces deux noms ajoutons ceux de Jacques Attali, d'André Rousselet, plus tard de Pierre Bérégovoy. Attali, dans ses Mémoires, raconte qu'en décembre 1981, « le président [lui] dit qu'il a un cancer et qu'il est condamné. Quelques jours plus tard il se reprend : "Les médecins sont des imbéciles, ils se sont trompés je n'ai pas le cancer." » Ils sont donc une petite dizaine à le savoir avec certitude.

Les proches de Mitterrand, tels que Pierre Mauroy, confirment alors à voix basse que le président est malade mais ne disent pas de quoi. Les journalistes qui rencontrent le chef de l'État, pour peu qu'ils le voient dans un mauvais jour, ressortent de l'Élysée frappés de stupeur. « 20 novembre 1981, écrit Michèle Cotta. Aujourd'hui, journée dont je me souviendrai je pense, toute ma vie. Drame subi, inimaginable, inconnu de tous ! Lorsque je pénètre dans le bureau de Mitterrand, il m'apparaît livide, figé en lui-même. À trois reprises, dans la conversation, il me parle de maladie. "Kreisky (le chancelier autrichien) me dit-il la première fois, est malade, maintenant." Il s'arrête, me regarde de ses yeux que je trouve en cet instant étrangement pâles. Il ajoute avec un sourire acide : "Moi aussi." Puis il me dit qu'il a mal au dos, qu'il souffre le martyre depuis plusieurs mois. [...] En remontant dans ma voiture dans la cour de l'Élysée, je me dis que je viens de vivre une minute historique. Cet homme s'est battu depuis qu'il a 30 ans pour arriver au pouvoir et, aujourd'hui, cinq mois après avoir été élu à la présidence de la République, il est malade. Pour qu'il m'en parle ainsi, c'est qu'il ne s'agit pas d'un simple rhume ou d'une vague indisposition. Le cœur ? Dans ce cas, pourquoi a-t-il mal au dos ? Un cancer ? Mais il n'a pas du tout l'air d'un cancéreux. [...] Tout de même quelle malédiction ! Après Pompidou, Mitterrand, frappé à peine élu... mais ne suis-je pas en train de me raconter des histoires ? Après tout, si ce n'était rien, ou peu de chose, une grosse fatigue passagère, une maladie bénigne ? » Puis la journaliste, histoire d'en avoir le cœur net, appelle André Rousselet, l'ami de Mitterrand depuis toujours, s'ouvre à lui de son inquiétude. Réponse du futur fondateur de Canal+ : « Les pronostics sont pessimistes[1]. »

Mitterrand se retrouve piégé, obligé de communiquer. Il reçoit dans la bibliothèque de l'Élysée la même Michèle Cotta, assise aux côtés de Pierre Desgraupes, patron

1. *Ibid.*

d'Antenne 2. Nous sommes entre gens de gauche, a priori, le président ne fait pas face à deux journalistes ennemis. Desgraupes a été nommé par Mitterrand, sur l'insistance de Mauroy, PDG d'Antenne 2 en août 1981 ; Cotta a été désignée présidente de Radio France un mois plus tôt. Mais la journaliste, d'emblée, pose la question qui fâche. Sur les images d'archives, elle apparaît tout intimidée, comme effrayée de son audace. Il y a de quoi : Desgraupes, silencieux, assis à sa gauche, l'air inquiet, la surveille nerveusement du coin de l'œil ; Mitterrand, plus sphinx que jamais, la foudroie du regard, un petit sourire en coin survenant parfois. La voix est douce mais d'une grande fermeté et quand Cotta voudra intervenir, tentant de couper la parole au président ou de rebondir sur un mot de lui, il fera mine de ne rien entendre et poursuivra son monologue.

Cotta : « Monsieur le président, bonjour, merci de nous accueillir dans cette bibliothèque… Première question, je vous la pose franchement, carrément : est-ce que vous allez bien ? » Réponse : « On m'a déjà posé la question. De nombreux articles ont paru dans la presse depuis quinze jours. Mais je dois dire que contrairement à certaines appréciations, personnellement ça ne m'a pas choqué, parce qu'il est normal que la presse s'intéresse à la santé du président de la République. Je réponds à votre question par quatre affirmations successives. Il est vrai que jusqu'au mois d'août dernier, il ne m'est jamais arrivé, depuis que j'ai l'âge adulte, d'avoir accès à la médecine pour des choses sérieuses. Ni pour la chirurgie, ni pour des cancers, je n'ai jamais consulté personne et je n'ai jamais eu à me rendre dans des lieux spécialisés pour procéder à des analyses. » Là, Cotta note la précision de date qu'il fallait effectivement relever, elle dit mollement : « Jusqu'au mois d'août… » Mitterrand fait mine de ne pas entendre et poursuit, évoquant des douleurs aux jambes, au dos. « À partir d'un moment, il n'a plus été possible de s'en tenir à un lumbago. » Le président révèle avoir donc procédé à des examens médicaux, « afin que toutes les hypothèses soient ouvertes ». Il n'en dit pas plus, si ce n'est : « Depuis une quinzaine de jours, je vais mieux, on peut penser que j'ai atteint un stade normal, de vie normale, d'un homme normal. D'ailleurs le 15 décembre sera publié un bulletin de santé et de nouveau au mois de juin, comme promis aux Français. » Point final. « Je vous remercie », lâche Cotta, qui se tourne vers Desgraupes, qui enchaîne…

Mitterrand n'a pas oublié les mensonges de Georges Pompidou sur sa maladie (qu'il avait publiquement critiqués) et la pathétique fin de règne du président dans les années 1973-1974. Aussi s'est-il engagé à publier tous les six mois son bulletin de santé. Plutôt que de révéler l'information et rester fidèle à sa promesse de transparence, quitte à affaiblir considérablement le début de son septennat, il ne dira rien de la maladie dont il souffre. Il ment et fait mentir les médecins qui rédigent ses bulletins de santé, que les journalistes de télévision citent mot pour mot et prennent pour argent comptant. Des scènes dignes de la télévision soviétique : « Tout à fait satisfaisant dans tous les domaines étudiés », récite fidèlement le journaliste de TF1 chargé de rendre compte du bulletin de santé de la mi-décembre 1981. Avec le temps, Jean-Louis Bianco, resté pourtant fidèle à la mémoire du président disparu le 8 janvier 1996, se montre sévère à son égard : « Il avait dit qu'il mettrait en application une vraie transparence sur son état de santé et il ne l'a pas fait. C'est donc critiquable. »

Bianco : « Le docteur Gubler avait prétexté des fruits de mer »

Résumons : nous sommes au milieu, presque à la fin de l'automne 1981. À peine six mois après l'élection présidentielle. Qui sait avec certitude que Mitterrand est malade ?

Mauroy, Anne Pingeot, de rares médecins forcément, et des fidèles d'entre les fidèles comme Roland Dumas, Jacques Attali, André Rousselet. Quelques journalistes aussi, comme Michèle Cotta ou Stéphane Denis, qui écrira : « La fille de Mitterrand avait été un secret, le cancer du président un autre. Révéler ce cancer de la prostate, mal de famille des Mitterrand, pouvait s'interpréter comme un devoir de journaliste. Pour ceux qui en furent témoins en mai-juin 1981, la question était de savoir s'il l'empêcherait d'exercer ses fonctions. À l'époque j'ai pensé le contraire. En 1988 en revanche, il devenait évident que le président arrivait à la fin de la rémission qu'il considérait comme un miracle. Et dans les dernières années de son second mandat il l'était aussi qu'il ne pouvait plus l'assumer. Mais aucun journal, aucune chaîne de télévision ne l'auraient écrit ou dit. Même preuves à l'appui[1]. »

Parmi ses plus proches collaborateurs que nous avons rencontrés, Hubert Védrine, Jean-Louis Bianco, Jean Glavany, pas un qui aurait été informé de l'état de santé du président. Vrai ou faux ? L'avouer reviendrait à reconnaître s'être prêté à un mensonge d'État, et pas n'importe lequel. Bianco jure n'avoir rien su avant le début des années 1990. « Auparavant, lors d'un voyage au Brésil, j'avais été témoin d'un malaise mais son médecin le Dr Gubler avait prétexté des fruits de mer ou une langouste mal digérés. On y a tous cru ! De fait, je ne l'ai jamais vu souffrir. Il aurait été tout à fait impossible de deviner qu'il était malade, alors que je le voyais au moins une fois par jour[2]. »

Et puis, comme par miracle, au sens propre du terme, survient la rémission. Mitterrand n'est plus malade. Du moins le cancer et ses effets ont-ils disparu. « Au plan statistique, nous sommes en présence d'une situation hors norme. Sur

1. Stéphane Denis, *Rumeurs, Sexe et Affaires d'État*, *op. cit.*
2. Entretien avec l'auteur.

le plan humain également, car l'homme va se révéler exceptionnel en face de ce destin », écrira le docteur Gubler[1]. Pendant près de dix ans, y compris lors de la bataille pour sa réélection en 1988, Mitterrand va tenir bon et penser qu'il a remporté sa bataille contre le crabe. Jean Glavany s'en souvient : « J'avais appris qu'il était malade en entrant dans sa chambre lors d'un voyage aux Antilles, fin 1985, tandis qu'à Paris, Fabius se dit "troublé" par la venue à Paris du leader polonais le général Jaruzelski. Je suis rentré dans la chambre de Mitterrand et je l'ai vu sous perfusion, mais j'ai fait semblant de ne rien voir… À l'époque, je n'ai parlé de la maladie à personne, sauf à Charasse je crois, qui était peut-être déjà au courant. Puis, plus tard, j'ai révélé à Bérégovoy que Mitterrand était malade. Les gens ont dit que Mitterrand a menti : je dis non. Dans sa tête, Mitterrand avait vaincu le cancer. En 1988 lors de la campagne présidentielle, on faisait attention à son état de santé mais il était en pleine forme. Il était convaincu d'être guéri. Pour autant les gens n'arrêtaient pas de parler de sa maladie. Dès qu'il allait rendre visite à un ami à l'hôpital et Dieu sait s'il y allait souvent, tant la plupart de ses amis étaient âgés, on disait qu'il était malade[2]. »

Puis la rumeur s'éteint, peu à peu. Restent quelques témoignages, quelques signes, de rares scènes vues ici ou là. Jean-Marie Colombani se souvient d'une rencontre, à Strasbourg : « À un moment, je me retrouve tout seul avec Mitterrand qui me dit : "J'ai un mal de dos terrible, je ne peux même plus jouer au golf." Je me suis dit : "Quelqu'un qui se confie comme ceci sur sa santé ne peut pas avoir de choses à cacher." Cela prouve à quel point il était fort. Pourtant au *Monde*, le Dr Claudine Escoffier-Lambiotte, qui suivait l'actualité médicale, nous avait alertés en nous disant que lors d'un

1. Claude Gubler, Michel Gonod, *Le Grand Secret*, *op. cit.*, p. 57.
2. Entretien avec l'auteur.

sommet au Canada, les services secrets américains avaient analysé les urines de tous les chefs d'État présents et qu'ils avaient acquis la certitude que Mitterrand était malade. Elle en avait eu la confirmation par un médecin de Lyon avec qui elle était en contact et qui savait des choses sur Mitterrand. Mais nous n'avons rien écrit[1]. »

Le premier septennat se poursuit. La gauche perd les élections législatives de 1986, Chirac débarque à Matignon. La cohabitation qui démarre va-t-elle donner lieu à une série de révélations des chiraquiens, en vue de la présidentielle prévue deux ans plus tard ? Non. Hubert Védrine : « Quand paraît l'article de *Match* à l'automne 1981 qui, le premier, évoque la maladie, pour nous à l'Élysée, il est l'œuvre de quelques crétins de journalistes qui ne savent pas quoi inventer pour nuire à François Mitterrand, tandis que Chirac ricane sur l'air de “La gauche au pouvoir, ça ne durera pas.” Je note toutefois que les chiraquiens n'ont par la suite jamais usé de la rumeur d'une maladie de François Mitterrand. Même pendant la première cohabitation. Quelqu'un comme Pasqua respectait Mitterrand, il faisait gaffe. Et puis je le répète, affirmer que Mitterrand était malade n'était tout simplement pas crédible, il n'existait aucun élément pour étayer une rumeur qui ne pouvait revêtir aucune apparence crédible. Sa résistance physique était incroyable. Dans son entourage, nous étions bien plus fatigués que lui. La vie avec Mitterrand fut une épopée romanesque en diable, et nous nous sommes bien amusés. Durant près de dix ans, je n'ai jamais pensé, pas une seconde, qu'il pouvait y avoir quelque chose de grave. La vie à la tête de la cellule diplomatique de l'Élysée était tellement dévorante que je n'étais pas au courant de bien des choses. J'ai fait le tour du monde avec lui, passé beaucoup de temps avec lui, et n'ai rien remarqué[2]. »

1. *Ibid.*
2. *Ibid.*

Finalement, il fallut admettre que les on-dit de 1981 disaient vrai. Que le président était bel et bien malade, qu'il se faisait soigner en cachette, que les bulletins de santé publiés régulièrement, immuablement rassurants, disaient faux. En 1992, l'état de santé de Mitterrand s'aggrave brusquement et la maladie prétendument imaginaire devient un fait. Le président est opéré dans le service d'urologie du Pr Bernard Debré, le frère de Jean-Louis. Une deuxième opération surviendra en juillet 1994 à Cochin. Glavany se souvient d'un cancer « raconté vertèbre par vertèbre, comme un général parlant de ses troupes. Son rapport à la maladie s'inverse alors, mettant fin à une période de dix années de rémission avec Gubler. Après 1992, il a compris qu'il n'en était rien et s'est lentement préparé à la mort. J'ai déjeuné avec lui quelques semaines avant son décès. Comme il l'a fait avec tous ses proches, il m'a préparé à sa mort et m'a dit au revoir. »

La maladie du président Mitterrand est rendue publique le 16 septembre 1992, dans un communiqué officiel de l'Élysée. Il n'est plus possible de se cacher, de jouer avec la vérité. L'état de santé du chef de l'État se dégrade trop vite, son visage change, ses gestes se font plus lents, sa faiblesse saute aux yeux.

Dans le livre *Le Dernier Tabou, révélations sur la santé des présidents*[1], les journalistes Denis Demonpion et Laurent Léger affirmaient en 2012 que l'ancien président a vu « un lundi, à sa demande expresse, son calvaire abrégé ». « Une injection lui fut administrée par voie intraveineuse », précisent-ils sans toutefois parler d'euthanasie. Un des fils de l'ancien chef de l'État, Gilbert Mitterrand, relate dans le livre qu'il « n'y a qu'une personne qui sache ce qui s'est passé, mais elle ne dira rien ». « Elle nous a juste raconté que tout s'était déroulé paisiblement », rapporte Gilbert Mitterrand. Cette

1. Denis Demonpion, Laurent Léger, *Le Dernier Tabou*, Pygmalion, 2012.

personne a prévenu ensuite par téléphone le médecin personnel de M. Mitterrand, précise le livre. « Elle ne dira rien. » Vraiment ?

En 2015 paraît une biographie monumentale de Mitterrand écrite par l'ex-journaliste de la BBC, Philip Short[1]. Qui publie un très joli scoop : le récit des dernières heures du président, racontées par Anne Pingeot. Nous sommes le 7 janvier 1996. Il souffre le martyre depuis plusieurs semaines malgré les soins prodigués par le docteur Jean-Pierre Tarot. Cloué au lit, il commence même à délirer. Anne Pingeot raconte : « Il voulait absolument se lever et il ne le fallait pas parce qu'il avait des tubes et des choses attachées. Donc, à 3 heures du matin, j'ai téléphoné à Tarot. Je lui ai expliqué : "Je lui dis de ne pas se lever, mais il ne comprend plus ce que je lui dis. Il est assez fort, je lutte contre lui mais je n'y arrive pas." Tarot ne s'est pas déplacé, mais il a compris, je pense, ce que cela voulait dire. François lui avait demandé : "Quand mon cerveau sera atteint, vous me liquidez, je ne veux pas être dans cet état." Le matin, quand Tarot est arrivé, il m'a dit que je devais partir. » L'ancienne compagne de François Mitterrand conclut : « Donc, à la fois je me sens coupable de l'avoir condamné, mais en même temps il y avait ce refus absolu de devenir inconscient, ce que je comprends. » Ainsi, Mitterrand aurait été euthanasié ? En est-on absolument certain ? Interrogé sur France Info (le 20 mai 2015), Philip Short estime que les propos d'Anne Pingeot sont crédibles, mais sans nuance : « C'est fort possible que ce soit vrai parce que Mitterrand ne voulait pas être un légume sur la fin de sa vie. Mais la question reste entière parce qu'Anne Pingeot était bien seule avec lui lors des six-sept dernières heures de sa vie. En même temps, il avait un cancer du cerveau et on sait que, dans ces cas-là, la mort peut arriver

1. Philip Short, *François Mitterrand : Portrait d'un ambigu*, Nouveau Monde Éditions, 2015.

extrêmement vite. On ne sait donc pas s'il a bien été aidé à mourir ou s'il est mort naturellement. »

François Mitterrand s'éteint le 8 janvier 1996, huit mois après avoir quitté l'Élysée. *Paris-Match* lui consacre un numéro spécial. Parmi les innombrables photos, deux du défunt sur son lit de mort. Fait rarissime, Roger Thérond, directeur de *Match*, signe lui-même un éditorial pour justifier la publication des clichés : « Même si nous publions des documents, disons extrêmes, nous les assumons parce qu'ils s'imposent par leur beauté, leur force, leur poids. » Les photos ne sont pas signées. Aujourd'hui encore on ignore qui les a prises : près de trois cents personnes ont eu accès à la chambre mortuaire de l'avenue Frédéric Le Play, dont le photographe Claude Azoulay, qui suivait François Mitterrand depuis des années et s'est incliné sur sa dépouille mortelle. Bien qu'il l'ait toujours nié, beaucoup pensent que la photo sur le lit de mort est de lui. L'enquête de police décidée par le parquet de Paris n'élucidera pas le mystère. Thérond, mort en 2001, n'a jamais lâché le nom du photographe mais a innocenté Azoulay, emportant dans sa tombe le nom de l'ultime photographe du président qui aimait tant s'entourer de secrets.

7

Mazarine

« Oui, et alors ? »

Attention, une rumeur peut en cacher une autre. Surtout lorsqu'elle concerne la même personne, en l'occurrence le président de la République. Vers la fin des années 1970, tandis qu'approche à grands pas l'élection de 1981 qui va voir de nouveau s'affronter, sept ans après 1974, Valéry Giscard d'Estaing et François Mitterrand, les giscardiens entendent parler de fréquents allers-retours du second à Clermont-Ferrand, patrie d'adoption du premier, régulièrement élu député du Puy-de-Dôme depuis 1956. Jean-Pierre Raffarin, l'un des pontes des « jeunes giscardiens » de l'époque, se souvient que « le bruit courait que Mitterrand se rendait souvent en Auvergne pour y consulter secrètement un médecin[1] ». S'il s'était mieux renseigné, le futur Premier ministre de Jacques Chirac aurait su que le premier secrétaire du Parti socialiste ne se rendait pas en Auvergne pour s'y faire soigner mais pour y retrouver sa maîtresse, Anne Pingeot. La rumeur sur la maladie de Mitterrand[2] avait en quelque sorte éclipsé celle qui concernait la vie privée du futur président auquel Raffarin, encore lui, prête ce bon mot : « On dit que Mitterrand, informé des bruits sur sa double vie, avait répondu, parlant

1. Entretien avec l'auteur.
2. Lire le chapitre 6 : « Le cancer du président ».

de Giscard et de Chirac : “Je ne suis pas le plus mauvais mari des trois !” »

À la différence de Jean-Pierre Raffarin, le président Giscard d’Estaing savait depuis longtemps que son adversaire menait une double vie et partageait son temps entre son épouse officielle, Danielle, et son épouse officieuse, Anne. Nous l’avons tous oublié, cela date d’il y a plus de quarante ans mais lors du débat télévisé de l’entre-deux-tours de 1974, Giscard glisse, en regardant bien son adversaire dans les yeux, l’allusion suivante : « … ma ville de Clermont-Ferrand que vous connaissez bien je crois, monsieur Mitterrand… » Clermont, ville dont est originaire la famille Pingeot… Avant de fonder avec Anne Méaux l’institution qu’est en matière de communication politique Image 7, Mylène Descamps a travaillé au service de presse de l’Élysée sous Giscard. « La double vie de Mitterrand, nous l’avons sue très vite. Il faut dire qu’il se rendait à Clermont en hélicoptère, ce qui n’était pas très discret, et de fait l’hélicoptère était très reconnaissable. En outre, la propriété des Pingeot n’était pas située très loin de chez Giscard… Et puis la journaliste Catherine Nay racontait aussi avoir vu Mitterrand acheter des chaussures pour une petite fille… Mais Giscard ne voulait pas user de ces méthodes. Il se faisait une très haute image de la fonction présidentielle[1]. »

Autre époque, autres mœurs ? De nos jours, un président de la République (François Hollande en janvier 2014) se fait piéger comme un débutant au guidon de son scooter pour retrouver la comédienne et productrice Julie Gayet ; le moindre de ses mouvements, de ses jours de vacances, est épié par une armée de paparazzi. Comment concevoir qu’un autre président ait pu, durant des années, vivre avec une autre femme que la sienne, avoir un enfant d’elle, partir en vacances avec elle(s), sans que les Français ne s’en doutent

1. Entretien avec l’auteur.

le moins du monde ? En ce début des années 1980, les politiques ne « balancent » pas sur la vie privée de leurs rivaux, peut-être de peur que le boomerang de l'infidélité ne leur revienne aussitôt en pleine face. Et les journalistes informés de la situation la gardent pour eux.

Printemps 1981 : François Mitterrand a été élu président le 10 mai. Quelques semaines plus tard, il reçoit à déjeuner des journalistes : certains l'ont suivi durant la campagne, d'autres comptent à ses yeux. Claude Sérillon est de ceux-là : deux ans plus tôt, celui qui deviendra plus tard conseiller en communication de François Hollande a été remercié de la revue de presse qu'il animait sur Antenne 2 pour avoir abordé l'« Affaire des diamants ». Au mois de juillet 1981, il réintègre la rédaction en tant que rédacteur en chef du service Société et présente le journal de la nuit. Scène surréaliste que celle qui suit. « Je dois vous avouer que je n'ai pas gardé un souvenir très précis de ce moment, reconnaît l'ancien journaliste. Mais on me l'a tant de fois raconté que cela doit être vrai… » Ancienne rédactrice en chef du service politique du *Journal du dimanche*, Florence Muracciole fait partie des nombreux témoins de la scène à l'avoir racontée à l'auteur. Que Claude Sérillon se rassure donc, son récit est des plus crédibles. « Je me souviens effectivement d'un déjeuner à l'Élysée, nous étions sept ou huit journalistes peut-être, pas plus, reprend-il. Il s'agissait bien plus d'une discussion que d'une interview proprement dite, encore moins d'une conférence de presse. À un moment, j'ai osé poser une question sur Mazarine[1]… » Florence Murraciole : « Et là, Claude regarde Mitterrand et lui demande : “Monsieur le président, une rumeur circule à travers les rédactions, vous auriez un enfant naturel.” » Il en fallait du culot, voire du courage, pour oser poser la question, tellement indiscrète, au nouveau chef

1. *Ibid.*

de l'État. À l'époque, personne n'avait écrit sur Anne Pingeot et encore moins sur Mazarine, la fille des deux amants cachés, née le 18 décembre 1974 et dont l'existence relevait du secret d'État. Seul le journal d'extrême droite *Minute* l'avait évoquée. Mais le bruit, dans un tout petit milieu parisien, se faisait de plus en plus insistant. D'où la question impertinente de Sérillon : « Mitterrand m'a alors répondu : "Oui, et alors ?" Et comme il savait si bien le faire, il est passé immédiatement à autre chose. Impossible pour nous autres de revenir sur le sujet, qui était clos. Nous avions eu vent de cette indiscrétion mais personne n'avait voulu enquêter sur ce que nous estimions dépendre de la vie privée du président. Et personne ne l'a fait ensuite. Aujourd'hui les journaux télévisés et écrits débordent d'informations qui, à mon sens, n'en valent pas la peine mais à l'époque, nous étions quelques-uns, dont Pierre Desgraupes qui dirigeait Antenne 2, à avoir le souci de la juste hiérarchie de l'information. Sans compter qu'il n'existait que TF1, Antenne 2 et FR3 qui était embryonnaire. Pas de réseaux sociaux. C'est l'accélération de la technologie qui a plus tard bouleversé la donne[1]. »

« Une entrée, un plat, un dessert »

Née à Clermont-Ferrand, Anne Pingeot, étudiante en histoire de l'art, est nommée conservatrice au département des sculptures du musée du Louvre, elle prendra une part prépondérante au projet du musée d'Orsay (décidé par Giscard) avant d'en devenir la conservatrice des sculptures et la commissaire générale de plusieurs expositions. Marié en octobre 1944 avec Danielle Gouze, rencontrée au sein d'un réseau de la Résistance, Mitterrand n'a guère pratiqué la

1. *Ibid.*

monogamie. « On ne peut pas les avoir toutes, mais il faut essayer[1] », disait-il souvent à son vieux complice Roland Dumas. Sa réputation de coureur de jupons et de séducteur n'est plus à faire quand il entre à l'Élysée. Michèle Cotta : « Il ne concevait pas une réunion politique sans partir avec une fille[2]. » Près du Sacré-Cœur, il va retrouver Dalida. « Combien de journalistes, comme Sylvie Pierre-Brossolette, longtemps rédactrice à *L'Express*, et Marine Jacquemin, de TF1, littéralement enlevée par le vieux président malade lors d'un G7 au Japon et emmenée à Washington et à New York, tomberont sous le charme de l'homme qui leur envoyait des cartes postales de Chine, les invitait à visiter la basilique de Vézelay et les conviait à se balader sous les pins de Latche, son lieu de villégiature dans les Landes ? » se demande Christine Clerc[3]. Qui ajoute : « Tous ces rituels participeront à son œuvre de séduction. » Puis, citant Françoise Giroud dans *L'Express* quelques jours après la mort de Mitterrand en 1996 : « Il avait, comme Casanova, la langue d'or, ce don de plaire par la parole. L'eût-il voulu, il eût été capable de séduire une pierre, geste économe, œil brillant de malice, voix feutrée, propos enveloppant comme un châle. »

Avec le temps, le chef de l'État ne peut plus s'offrir chaque soir, en se faisant conduire successivement au domicile de trois belles, ce que son chauffeur appelait « une entrée, un plat, un dessert ». Mais cela ne l'empêche pas de multiplier les conquêtes. Il s'invite à déjeuner dans le petit appartement qu'habite, sur l'île Saint-Louis, la journaliste suédoise Christina Forsne[4], qui lui mitonne des ris de veau à la crème.

1. Christine Clerc, *Tigres et Tigresses*, *op. cit.*

2. Entretien avec l'auteur.

3. Christine Clerc, « François Mitterrand, mille conquêtes et trois amours », *Le Parisien Magazine*, 30 juillet 2014.

4. En août 2014, Hravn Forsne, élu suédois de 25 ans et fils de la journaliste, affirmera être le fils de François Mitterrand, affirmant l'avoir rencontré « cinq ou six fois. »

Il l'emmène aussi à Venise pour un sommet du G7, où il fait attendre le président américain Reagan en savourant avec elle un chocolat. Il ne rompra qu'à la fin de son second septennat, Christina ayant fait un esclandre en criant à des policiers : « Je suis la maîtresse du président de la République[1] ! » Selon Florence Muracciole, « les femmes journalistes ont toutes droit un jour ou l'autre à des ragots disant qu'elles ont couché avec un ou plusieurs hommes politiques. Moi, c'est l'animatrice de télévision Christine Bravo qui me l'a demandé : "Alors, c'est vrai que t'as couché avec François Mitterrand ?" Au sujet de Mitterrand couraient tant de bruits fantaisistes... On disait que Ségolène Royal était sa fille, qu'Anne Lauvergeon, Édith Cresson, Élisabeth Guigou et tant d'autres femmes journalistes ou politiques avaient couché avec lui...[2] » Au sujet de Ségolène Royal, le bruit a très longtemps couru : ressemblance physique, précautions prises à son égard... Dans un portrait en quinze points « vrai ou faux » de la leader socialiste, publié en avril 2007, *L'Express* écrit[3] : « Elle est la fille de Mitterrand : faux. Ségolène Royal est le quatrième enfant de Jacques Royal et d'Hélène Dehaye. La rumeur de sa filiation avec l'ex-président date de 1988, à l'occasion du parachutage de la conseillère de l'Élysée dans les Deux-Sèvres. Alors que l'hypothèse d'une fille cachée de François Mitterrand circule parmi les initiés, certains ont tôt fait d'établir un lien entre le chef de l'État et cette jeune inconnue à qui il vient de faire "cadeau" d'une circonscription. Malgré l'officialisation de l'existence de Mazarine Pingeot et le démenti de Ségolène Royal elle-même en 1996, dans son livre *La Vérité d'une femme*, le racontar a la vie dure. Il y a quelques mois encore, l'écrivain Marc Lambron

1. Christine Clerc, *Tigres et Tigresses*, *op. cit.*
2. Entretien avec l'auteur
3. Élise Karlin, Éric Mandonnet, Philippe Bidalon, Corinne Lhaïk, « La vérité sur... Royal », *L'Express*, 30 avril 2007.

y consacrait les premières pages de son livre *Mignonne, allons voir...* »

Parmi les femmes qu'il séduit, Anne tient une place à part, cette jeune historienne de l'art de vingt-sept ans plus jeune que lui, rencontrée en 1961 et qui tombe enceinte au début de l'année 1974. Sept ans plus tard, lors de la campagne victorieuse de 1981, peu d'amis du candidat socialiste connaissent alors sa liaison avec Anne Pingeot et l'existence de Mazarine. Parmi ces rares privilégiés, l'actuel député des Hautes-Pyrénées, Jean Glavany. Nommé chef de cabinet du président élu en 1981, Glavany se souvient précisément d'une scène cocasse, survenue trois ans plus tôt...

« Fin 1978 ou début 1979, je suis délégué général auprès de François Mitterrand, premier secrétaire du PS, raconte-t-il dans son bureau de l'Assemblée nationale. Nous partons dans la Nièvre avec Mitterrand et son chauffeur Pierre Tourlier. Je n'avais qu'un petit sac. Je vais pour m'asseoir derrière, je demande à Pierre ce que j'en fais, il me dit de le mettre dans le coffre. J'ouvre le coffre et j'y découvre des jouets d'enfant. Surpris, je lui demande :

— Tu as des enfants, Pierre ?

— Bah non, tu le sais bien.

— Alors ils sont à qui, ces jouets ?

— Réfléchis un peu...

J'étais au courant de la rumeur, j'en ai donc eu la confirmation ce jour-là. J'ai ensuite vu Mazarine des dizaines de fois mais Mitterrand ne m'a jamais dit qu'elle était sa fille. En 1988, lors d'un déplacement durant la campagne présidentielle, je devais m'occuper d'un groupe d'adolescents qui nous accompagnaient, parmi lesquels se trouvait Mazarine. À un moment, dans l'avion, Jospin m'a demandé :

— Tu peux me dire qui est cette jeune fille ?

— Réfléchis un peu et tu trouveras.

— Ah oui, c'est bon, j'ai trouvé...

En 1988, toujours lors de la campagne présidentielle, se déroule le grand meeting du Bourget. Il y a peut-être trente mille personnes dans la salle. Mitterrand repart par l'allée centrale, aperçoit sa fille, au sixième rang, l'embrasse en lui disant : "Ah ? Tu es là, toi ?" Il l'a embrassée devant tout le monde et personne n'a rien demandé[1]. »

Profession du père ? « Président de la République »

L'année suivante, quand Mazarine est victime d'un accident de cheval, son père l'envoie se faire soigner au Val-de-Grâce. Ordre est donné aux médecins militaires et à tout le personnel soignant et administratif de se taire. « J'ai su l'existence de Mazarine et je n'ai rien dit, se souvient le Pr Michel Desgorges, ancien neurochirurgien au Val-de-Grâce. J'ai vu le médecin du protocole de l'Élysée qui m'a dit "Chuuuut", et je n'ai rien dit. À l'époque on savait tenir un secret[2]. »

Dans son livre *Le Carnaval des hypocrites*[3], Albert du Roy énumère les noms de ceux qui ont très vite su l'existence de Mazarine : l'écrivain Jean-Edern Hallier (nous en reparlerons), l'humoriste Thierry Le Luron « qui, malgré les conseils de son avocat, y fit une allusion, assez opaque pour être négligée, dans le pastiche d'une chanson de Charles Trenet. » Françoise Giroud qui, « à la même époque en 1983, surprenait beaucoup son éditeur habituel en insistant pour que son roman *Le Bon Plaisir* soit publié non sous le prestigieux label de Fayard mais dans une petite maison filiale baptisée Mazarine. On ne comprit que bien plus tard… » Danielle Mitterrand et sa sœur Christine Gouze-Renal apprendront

---

1. Entretien avec l'auteur.
2. « Le Val-de-Grâce, l'hôpital de la République », « Histoire immédiate », France 3, 2015.
3. Albert du Roy, *Le Carnaval des hypocrites*, Seuil, 1997.

la nouvelle dès la naissance de Mazarine à Avignon le 18 décembre 1974. Qui d'autre ? Un noyau de journalistes spécialisés, la fine fleur des analystes politiques. Michèle Cotta : « 26 avril 1978, conversation avec François Mitterrand. [...] Il termine en me posant une question que je n'attendais pas. Je viens de déménager et il me demande mon adresse. Je la lui donne : j'habite rue Verneuil. Il me dit innocemment : "Ah oui, c'est le quartier, quoi..." Il veut dire : le quartier d'Anne Pingeot, que je sais habiter rue Jacob, ou par là, et dont Danièle Molho[1] m'a dit qu'elle avait une fille qui ressemblait à Mitterrand. Danièle Molho l'a rencontrée un jour, récemment, à Saint-Germain, en sa compagnie. Les deux suivaient une petite fille sur une bicyclette à quatre roues. C'est la première fois que j'ai entendu parler d'une enfant de Mitterrand. J'ai tellement vu de femmes autour de lui depuis plus de quinze ans que je ne sais plus discerner le vrai du faux. Si je repasse dans ma tête les dernières séquences, je me dis que, bien sûr, sa présence répétée à Saint-Germain-des-Prés n'est pas due au hasard. Après le petit-déjeuner de France Inter, je m'en souviens maintenant, Mitterrand avait voulu que je le raccompagne en voiture, alors que son chauffeur nous suivait. Je l'avais fait souvent, à d'autres périodes de ma vie. Je me souviens, dans les années soixante-dix, de l'avoir souvent, après des réunions politiques, déposé en bas de la rue Lepic. Je n'ai appris que plus tard qu'une chanteuse célèbre l'attendait en haut de la butte Montmartre[2]... »

Alain Duhamel : « Mazarine, je l'ai su tôt par ma femme qui était enseignante. Des collègues lui avaient raconté qu'une petite fille nommée Mazarine Pingeot écrivait "président de la République" sur les fiches de renseignement en début

1. Journaliste politique décédée en 2013.

2. Michèle Cotta, *Cahiers secrets de la Ve République*, *op. cit.*, tome II, p. 137.

d'année scolaire pour la profession du père. Des professeurs la prenaient pour une mythomane, d'autres se sont demandé si c'était sérieux… Et ça l'était ! Pour autant, l'idée d'être celui qui aurait révélé l'existence de Mazarine ne m'a jamais traversé l'esprit. Pour rien au monde je n'aurais voulu être celui-là. J'ai dû rencontrer Mitterrand cent fois, pas une fois je ne l'ai interrogé sur ce sujet pas plus que sur sa maladie, qu'il m'avait, si ce n'est révélé, du moins fait comprendre dès 1981. Une fois que je lui rendais visite à Latche avec Jean-Pierre Elkabbach, son médecin, le Pr Steig, était présent. Mitterrand savait que je venais d'une famille de médecins et que j'allais forcément faire le lien. De retour à Paris, j'ai passé deux ou trois coups de fil et j'en ai eu la confirmation. Mais dans les deux cas, Mazarine et sa maladie, la vie privée, c'était la vie privée. Je ne voulais pas contribuer à la destruction du mur de papier qui existait alors entre vie publique et vie privée et qui a disparu depuis[1]. »

Cotta, Duhamel, Elkabbach, Nay… Tous savent. Stéphane Denis aussi. Mais ce dernier tient à insister sur le minuscule nombre de personnes au courant, à une époque où ni internet ni les réseaux sociaux n'existent. « François Mitterrand et sa fille, tout le monde savait et personne n'a rien dit ? Eh bien non, tout le monde ne savait pas. Au début de son règne, parmi les journalistes, ceux qui savaient se comptaient sur les doigts de la main. Vers la fin ça s'est répandu mais la plupart des journalistes dits bien informés tournaient autour sans savoir ni quoi ni qu'est-ce, comme pour la maladie du président. En 1981, ceux qui savaient se sont tus pour des raisons diverses. Les uns parce qu'ils lui étaient liés politiquement, les autres amicalement, tous parce que c'était sa vie privée et qu'elle n'avait pas de conséquence sur la vie publique[2]. »

1. Entretien avec l'auteur.
2. Stéphane Denis, *Rumeurs, Sexe et Affaires d'État*, *op. cit.*

Avec le recul, d'autres qui ont su mais se sont tus regrettent de l'avoir fait. Comme Alain Genestar, directeur à partir de 1987 de la rédaction du *Journal du dimanche* puis de celle de *Paris-Match* de 1999 à 2006 et qui fait son *mea culpa* tant au sujet de la maladie de Mitterrand (« Je vois dans cette discrétion une faute journalistique collective, à laquelle je dois dire que j'ai contribué puisque je n'ai pas écrit sur le sujet[1] ») que de Mazarine : « Je n'ai pas plus écrit à l'époque sur Mazarine, dont je connaissais l'existence, comme bien des confrères. Un soir que je dînais en famille au Fouquet's, j'ai vu François Mitterrand, attablé avec une autre personne et une jeune fille. Nous nous sommes salués du regard, il m'a fait un signe qui signifiait que je pouvais m'approcher et lui serrer la main, il m'a présenté cette jeune fille sans bien sûr me dire de qui il s'agissait mais la ressemblance physique était si frappante qu'elle ne laissait guère de place au doute… Si j'avais su alors que le président logeait et faisait assurer la protection, aux frais de l'État, de sa famille secrète, les choses auraient été différentes, j'aurais écrit dessus mais à l'époque, je n'en savais rien. Je ne mesurais pas bien non plus la portée politique et publique de cette affaire[2]. »

L'information reste cantonnée dans les fameux « milieux autorisés » que raillera brillamment Coluche. Parmi ceux-ci, un restaurant, disparu aujourd'hui, le très fameux *Chez Edgard*. Une institution située rue Marbeuf, près des Champs-Élysées, dans le VIIIe arrondissement de Paris et tenu, jusqu'à sa fermeture en 1998, par Paul Benmussa, la coqueluche du Tout-Paris médiatico-politique, à qui Édouard Balladur, au début de sa carrière politique, confia : « On m'a dit que votre restaurant est celui où il faut se montrer pour exister en politique. » *Chez Edgard* est non seulement *the place to be* mais aussi un lieu où les barrières politiques s'effacent

1. Entretien avec l'auteur.
2. *Ibid.*

devant la bonhomie du maître des lieux et sa carte, forte d'une tête de veau, d'une terrine de queue de bœuf en gelée, d'une plus légère dorade à l'huile d'olive appréciée de Jacques Delors, d'un onglet à la moelle, plat préféré paraît-il de la bande à François Léotard... « Martine Aubry a presque fait l'ouverture, racontait Benmussa. En 1969, elle venait avec son père, Jacques Delors, et elle avait déjà mauvais caractère. » Pierre Bérégovoy y avait sa table.

Depuis la fermeture de *Chez Edgard* en 1998, *Le Père Claude*, situé dans le XVe arrondissement, cantine de Jacques Chirac, est devenu la table importante de la République. « *Chez Edgard* était un endroit merveilleux, une véritable institution qui devait beaucoup à son patron Paul Benmussa. Claude Perraudin, à la tête du *Père Claude*, a réussi, depuis, à reprendre le flambeau[1] », estime Pierre Charon, ex-conseiller de Nicolas Sarkozy et habitué des lieux. Mais du début des années 1980 à la fin des années 1990, *Chez Edgard* n'eut pas d'équivalent. « Tout le monde se connaissait. Des flics, des journalistes, des politiques... C'était une usine à rumeurs », sourit Claude Cancès, ancien patron du 36 quai des Orfèvres[2]. L'ancien directeur du *Point*, Denis Jeambar, y recevait tous les jours des personnalités politiques. De quoi en apprendre des vertes et des pas mûres quotidiennement et de nouer une solide amitié avec le patron, très proche de Pierre Bérégovoy, au sujet duquel circuleront deux histoires, au lendemain de son suicide le 1er mai 1993 : l'une invraisemblable (il aurait été assassiné par un commando d'hommes-grenouilles ayant remonté le canal du Nivernais à la nage) ; l'autre plus crédible (Mitterrand aurait négligé le désespoir de son ancien Premier ministre). « Paul Benmussa me confiera plus tard, écrit Denis Jeambar, que François

1. Albert Zennou, « Au père Claude, à la table de la République », *Le Figaro*, 18 août 2011.
2. *Ibid.*

Mitterrand avait bel et bien porté le coup de grâce en refusant de prendre Pierre Bérégovoy au téléphone dans les jours précédant son geste fatal. Le chef de l'État, tel un Grand de La Bruyère, s'est peut-être dit : "Il est vieux et usé ; il s'est crevé à me suivre, qu'en faire[1] ?" Sa réponse fut : rien. Et ce silence l'acheva alors qu'il s'asphyxiait, convaincu d'être déshonoré et abandonné[2]. »

Animateur phare avec François-Henri de Virieu et Alain Duhamel de « L'Heure de vérité », l'émission culte d'Antenne 2, Albert du Roy fréquentait assidûment le restaurant de la rue Marbeuf : « Tout se passait *Chez Edgard*, dont le patron était un grand copain de Philippe Séguin. À l'époque il n'y avait pas d'équivalent, c'était l'endroit par excellence, un nid à rumeurs. Là-bas les gens parlaient de Mazarine en utilisant de plus en plus l'affirmatif. Il y avait ceux qui assuraient qu'elle existait ; et puis ceux qui, comme moi, ne disaient rien tant que rien n'était avéré. Je crois avoir commencé à penser qu'elle existait vraiment en 1985-1986. Le livre de Françoise Giroud aux éditions Mazarine était déjà paru, des témoignages de parents d'enfants scolarisés dans la même école de la rue Jacob commençaient à être recueillis. Puis le cercle de connaissances s'est élargi[3]... »

Jean-Edern Hallier contre François Hollande

Un homme va menacer de tout révéler, l'écrivain Jean-Edern Hallier. Polémiste provocateur, ancien directeur de la revue littéraire *Tel Quel*, il est un déçu du mitterrandisme. Un spécialiste des coups tordus et des impostures. Un fou, un mythomane, diagnostiquent même certains. L'écrivain menace

1. Jean de La Bruyère, *Les Caractères*, Folio Gallimard, 2004.
2. Denis Jeambar, *Portraits crachés*, Flammarion, 2011.
3. Entretien avec l'auteur.

de publier un brûlot sur la « fille cachée » du président, dont il a appris avec certitude l'existence, ainsi que sur les persécutions qu'il aurait subies de la part des « sbires du président ». Dans son livre, intitulé *L'Honneur perdu de François Mitterrand*[1], Hallier entend traiter des trois grandes histoires qui circulent sur le président : Mazarine ; le cancer ; Vichy. Passe encore pour les deux dernières, encore que... mais Mazarine, non. Trois hommes se retrouvent au cœur du dispositif mis en place par l'Élysée pour empêcher Hallier d'aller jusqu'au bout de sa démarche : l'historien Max Gallo, secrétaire d'État et porte-parole du gouvernement, et ses deux conseillers : le sociologue et sondeur Jean-Marc Salmon ; et un certain François Hollande... Dans son livre *François Hollande itinéraire secret*[2], le journaliste de l'*Obs* Serge Raffy écrit qu'au printemps 1983, quand Hollande devient directeur de cabinet de Max Gallo, « une petite cellule se constitue rue de Varenne, à deux pas de Matignon, pour rassurer Pierre Mauroy et son équipe qui se sentent dépossédés de l'espace "com' " du gouvernement. » Attablé à un café de la Bastille, Jean-Marc Salmon, qui fut un des dirigeants locaux de l'UNEF Renouveau, comme Hollande, se souvient : « J'étais étudiant à la faculté de Nice, Gallo y était mon professeur, il y enseignait l'histoire[3]. » « Le trio s'entend comme larrons en foire, organise des déjeuners quasi quotidiens avec les représentants de la presse, reprend Raffy. [...] Un dossier, top secret, qui concerne la vie privée du président, lui tombe entre les mains à cette époque. Un dossier plus que brûlant. Il apprend l'existence de Mazarine Pingeot, qui n'a alors que neuf ans. » Jean-Edern Hallier prend l'initiative d'appeler

1. Jean-Edern Hallier, *L'Honneur perdu de François Mitterrand*, Éditions du Rocher/Les Belles Lettres, 1996.

2. Serge Raffy, *Le Président : François Hollande, itinéraire secret*, Hachette Pluriel, 2012.

3. Entretien avec l'auteur.

directement François Hollande, qui ne sait comment se dépêtrer de ce piège. Au futur président de la République, l'écrivain réclame, contre son silence, une ambassade ou une direction de la chaîne de télévision que François Mitterrand lui aurait promise. Raffy : « Hallier, au talent reconnu, est un génie en perdition. Finalement Max Gallo et François Hollande parviennent à calmer les ardeurs belliqueuses du patron de l'*Idiot international.* L'histoire ne dit pas si François Hollande a rencontré secrètement le maître chanteur afin de négocier. Certains le prétendent. L'intéressé dément. » Que Jean-Edern Hallier ait été un maître chanteur ne fait pas l'ombre d'un doute. Michèle Cotta, alors patronne de la Haute Autorité de l'audiovisuel, l'ancêtre du CSA, a elle aussi été approchée par l'écrivain : « Il voulait me faire chanter sur je-ne-sais-quoi, et menaçait aussi de publier son manuscrit. Il disait : “Je vais tout balancer, je veux une émission !” parce qu'il croyait que la Haute Autorité distribuait des émissions de télévision. Deux personnes m'ont fait le coup de vouloir une émission, lui et Olivier Todd. Hallier était talentueux mais fou, un illuminé. Même s'il est vrai qu'au début, les services de l'État ont tout fait pour que les infos sur Mazarine ne sortent pas[1]... »

Enseignant à l'Institut national des télécommunications, ancien de l'institut de sondage Ipsos aux côtés de Jean-Marc Lech, Jean-Marc Salmon, en cette année 1983, a rejoint le cabinet de Max Gallo, premier porte-parole d'un président de la République (la fonction n'existait pas auparavant). « Gallo ne savait pas qui prendre comme directeur de cabinet, je lui ai dit : “Il faut quelqu'un qui est à l'Élysée.” Et donc Jean-Louis Bianco nous a envoyé François Hollande. » Ce dernier est-il allé rencontrer secrètement Jean-Edern Hallier pour le convaincre de ne pas publier son livre ? Salmon n'y

1. *Ibid.*

croit pas. « À mon avis, François ne l'a jamais vu. Un rendez-vous secret était tout à fait inenvisageable. Hallier, que je connaissais depuis 1968, avait fait savoir qu'il cherchait à me parler au sujet de Mazarine. Puis il a appelé Hollande. Mais Hollande ne l'a pas vu personnellement. Lui et moi déjeunions pratiquement tous les jours avec des journalistes à l'époque mais pas un ne m'a posé une question sur l'existence de Mazarine. Mitterrand a juste évoqué devant Gallo la rumeur de Gordes qui disait que lui et Anne Pingeot séjournaient ensemble dans ce village de Vaucluse. Gallo était très embêté, répétant : "Qu'est-ce qu'on fait avec ça ?" Le président ne nous donnait pas explicitement des consignes. Simplement des choses ne devaient pas être sues, ce qui mettait Max très mal à l'aise. »

Finalement, Jean-Edern Hallier ne publiera pas tout de suite et pas tel qu'il l'entendait son pamphlet, dans lequel il écrit, le jour de l'intronisation de François Mitterrand, lors de la cérémonie au Panthéon : « À travers eux, c'est la société secrète qui est aux commandes. Elle est une police invisible, omniprésente, une société anonyme à irresponsabilité illimitée dont les délits inavouables ne peuvent se perpétrer qu'à condition de rester ignorés : le glauque est mis, la couleur mitterrandouteuse par excellence[1]. » Denis Tillinac, alors PDG des Éditions de la Table ronde, se souvient avoir reçu le texte, qu'il dit avoir conservé dans un grenier sans le publier. « Il me l'a effectivement envoyé, comme au Tout-Paris. Mais moi comme les autres, j'ai eu droit à un appel du locataire de Bercy : "On est en démocratie, vous êtes des éditeurs, vous faites comme vous voulez mais sachez que moi je suis ministre du Budget..." Il nous menaçait très clairement d'un contrôle fiscal. Au final, le texte qui a été publié en 1996 a été raturé de partout et édulcoré. Hallier avait

1. Jean-Edern Hallier, *L'Honneur perdu de François Mitterrand*, *op.cit.*

auparavant brûlé l'original devant l'Élysée, vêtu d'une robe de bure[1]... »

On touche ici au cœur du problème Mazarine : quels moyens François Mitterrand a-t-il utilisés afin d'empêcher certains bavards de parler ? Le pire de tous, ont imaginé certains esprits très imaginatifs, en s'interrogeant sur les circonstances de la mort de l'écrivain à Deauville en janvier 1997. Certes, François Mitterrand était lui-même décédé un an auparavant mais ses fidèles n'auraient-ils pas orchestré l'étrange accident de vélo qui s'avéra fatal pour l'écrivain ? Les tenants de la théorie du complot en sont toujours persuadés, près de vingt ans plus tard. Il suffit de taper le prénom et le nom de l'écrivain, aujourd'hui encore, sur Google pour voir apparaître en première suggestion : « Jean-Edern Hallier assassinat ». Une théorie qui n'a jamais été étayée et que la justice, saisie par la famille, n'a pas prise au sérieux.

« Un cabinet noir financé avec les deniers publics »

Reste que l'État a engagé contre Hallier et d'autres des moyens indignes d'une démocratie : le fameux dossier des écoutes téléphoniques dont sera victime le journaliste du *Monde*, Edwy Plenel, devenu fondateur de Médiapart. À qui l'ancien flic Claude Cancès rend hommage : « Plenel nous avait sortis de la merde en écrivant que l'affaire des Irlandais de Vincennes était bidon[2] alors que nous le savions dès le premier soir. On en prenait plein la gueule et moi j'étais le patron de la Brigade criminelle. Heureusement que les gendarmes ont finalement été dessaisis... Mais durant des mois, nous

1. Entretien avec l'auteur.

2. En 1982, un scandale ébranle le GIGN au sujet de l'arrestation d'un pseudo-groupe de terroristes irlandais à Vincennes. Mis en cause, Christian Prouteau, le fondateur du GIGN, sera relaxé dans ce dossier.

nous sommes fait insulter tous les jours. Le commandant Prouteau nous harcelait et prétendait que les flics ne faisaient pas leur boulot. Quand Mitterrand a confié à Prouteau la création du Groupe de sécurité de la présidence de la République en 1982, ce fut un vrai scandale. Un cabinet noir financé avec les deniers publics, une cellule d'enquête informelle juste pour éviter que l'existence de Mazarine ne soit connue[1]... »

Bête noire de la Mitterrandie, Plenel sera lui-même victime d'un ragot, qu'il démentira fermement : le ministre de l'Intérieur Pierre Joxe[2] aurait été sa source, son informateur privilégié dans le cadre de ses révélations sur l'attaque contre le *Rainbow Warrior* de Greenpeace en 1985. Trente ans après les faits (l'affaire des écoutes de l'Élysée s'est déroulée de 1983 à 1986), qu'en dit Plenel ? « Quand il a été révélé que j'avais été placé sur écoutes téléphoniques[3], nous sommes allés jusqu'au procès. Là, la défense a cru trouver la parade : “On va dire qu'on l'a mis sur écoutes parce que Mitterrand estimait qu'il était un agent de la CIA !” Une rumeur dans la rumeur, en quelque sorte... Ils ont fait parler un mort ! J'ai vu Roland Dumas assurer sous serment que Mitterrand le lui avait dit, et Gilles Ménage, ancien directeur du cabinet de François Mitterrand, affirmer lui aussi que mon pseudo-officier traitant de la CIA était telle personne – qu'évidemment je ne connaissais pas – que j'étais rémunéré, que les rendez-vous avaient lieu dans tel café... Ils ont été condamnés et n'ont pas fait appel[4]. » Comme le résume Alain Duhamel, en euphémisant, « Mitterrand, en voulant protéger ses secrets

1. Entretien avec l'auteur.

2. En conflit avec le ministre de la Défense Charles Hernu, bientôt contraint à la démission, Joxe lança une enquête de police sur les circonstances de l'attentat.

3. Plenel a été écouté entre 1985 et 1986 par la cellule antiterroriste de l'Élysée qui avait « branché » la ligne téléphonique de sa compagne.

4. Entretien avec l'auteur.

à l'aide de la cellule de l'Élysée, ne s'est pas comporté en homme moderne[1]. »

Au fil des ans, les bruits sur la double vie de François Mitterrand et sur l'existence de Mazarine se font de plus en plus insistants. Au point que Robert Badinter, dans la confidence depuis le début, aurait convaincu Mitterrand de reconnaître officiellement sa fille, en janvier 1984. De plus en plus de personnes sont mises dans la confidence. Jean Glavany apprend l'existence de Mazarine à Jean-Louis Bianco, nommé secrétaire général de la présidence en juin 1982. Bianco le confirme : « Quand j'ai été nommé à l'Élysée, Jean Glavany m'a dit "Maintenant tu dois être mis au courant..." Mitterrand ne m'en a jamais parlé. Il discutait pourtant au téléphone avec la mère de Mazarine en ma présence, je proposais toujours de me retirer mais lui me faisait signe de rester. Un jour je lui ai cité le cas d'une entreprise française spécialisée dans les composants électroniques pour les jeux pour enfants, une PME qu'il fallait soutenir... Il m'a demandé : "Vous pensez que ça pourrait intéresser une petite fille de 8 ou 10 ans ?" Il l'avait aussi emmenée en Afrique du Sud. C'est un secret journalistique étonnant quand on voit ce qui se passe aujourd'hui. Cette ancienne attitude avait des avantages, on jugeait alors un homme politique à son action et non à sa vie privée. Aujourd'hui on en est arrivé à un degré de surveillance effrayant[2]. »

« Certains ont pété les plombs ! »

Au sujet des moyens mis en œuvre pour empêcher la parution de révélations sur Mazarine, Glavany se montre (un petit peu) sévère à l'égard de l'ancien chef de l'État mais rejette

1. *Ibid.*
2. *Ibid.*

surtout la responsabilité des graves dérives sur d'autres : « Je ne crois pas que l'on puisse parler de cabinet noir, il n'y avait pas de cabinet noir à l'Élysée. Mais François Mitterrand a donné trop de pouvoir à des gens qui s'en sont servi à mauvais escient. Certaines personnes au départ admirables mais à qui les événements sont montés à la tête se sont comportées comme des fous furieux et ont pété les plombs. Christian Prouteau a fini par faire n'importe quoi après avoir créé le Groupe de sécurité de la présidence de la République. En 1992, il a fallu l'évacuer de l'Élysée en catastrophe et le nommer à la tête de la sécurité des jeux Olympiques d'Albertville[1]… »

Glavany se remémore aussi cette scène, durant la première cohabitation (1986-1988). Nous sommes le 9 décembre 1986. Inauguration du musée d'Orsay en grande pompe. Sont présents le président de la République, François Mitterrand ; son prédécesseur, Valéry Giscard d'Estaing ; son successeur et alors maire de Paris Jacques Chirac… Ainsi que François Léotard, ministre de la Culture… et la conservatrice en chef du département des sculptures, Anne Pingeot. « Moi, évidemment, je fais comme si je ne savais rien au sujet de Mitterrand et d'elle. À un moment, Giscard attrape Léotard par le bras devant moi et lui dit : “C'est elle !” Alors moi, je me tourne vers eux et demande : “C'est elle, qui ?” Ils se sont retournés tous les deux en même temps et ont fait semblant de ne rien entendre. Pendant ce temps, Mitterrand jubilait d'être en présence de cette femme aussi admirable, à la culture incroyable. »

« Clac ! J'avais ma photo. »

Il faudra attendre l'automne 1994 pour que les allusions autour de Mazarine Pingeot, alors âgée de 20 ans, prennent

1. *Ibid.*

corps et deviennent vérité. À quelques mois de quitter le pouvoir, Mitterrand, gravement malade, accepte la parution dans *Paris-Match* d'une photo de lui et de sa fille. Le titre en couverture : « Mitterrand et sa fille : le bouleversant récit d'une double vie. Photos : la tendresse d'un père. L'admirable courage du président. » L'image fait le tour du monde : à la sortie du restaurant parisien *Le Divellec*, Mitterrand pose tendrement la main sur l'épaule de sa fille. Le cliché est signé Sébastien Valiela et Pierre Suu. « Je revenais de Londres et je n'avais plus d'argent, raconte ce dernier. J'étais en train de planquer Isabelle Adjani dans Paris. À un moment, j'entre faire un achat dans un commerce et la vendeuse me dit : "Je vous ai repéré !" Surgit son neveu qui devait avoir 20 ans, voulait faire de la photo. On discute... Puis il me dit : "Je connais la fille de François Mitterrand. J'ai dîné chez elle hier soir !" J'avais vaguement entendu parler de l'existence de Mazarine, *Minute* en avait parlé mais je ne savais pas si c'était très crédible. Avec Sébastien, on s'installe alors face à son domicile, rue Jacob. À un moment je la vois sortir. Je fais des photos au 500 mm. Elle va chercher son petit copain de l'époque, Ali Baddou, qui était scolarisé au lycée Fénelon. Je fais un portrait d'elle et là je me dis : "C'est dingue, c'est Tonton !" Avec Sébastien on y retourne le lendemain et on repère une voiture de police banalisée garée devant... Nous suivons Mazarine et Ali et nous voyons qu'ils vont au restaurant *Le Divellec*, place des Invalides. Il y a des voitures officielles partout et nous comptons au moins quinze flics en civil. Nous partons faire des repérages pour savoir d'où prendre la photo. Il faisait très beau. Nous nous positionnons à environ 400 mètres puis, au bout d'un long moment, le chauffeur de François Mitterrand sort du restaurant suivi de tout le staff, plus Michel Charasse, Anne Pingeot, Ali... Anne Pingeot avait garé son vélo, elle se baisse pour le reprendre, se décale, et là Mitterrand a mis sa main sur l'épaule de sa fille. Clac ! J'avais ma photo[1]. »

L'image ne sera publiée que six semaines après. L'Élysée a été prévenu. Stéphane Denis a raconté avoir été missionné pour savoir si Mitterrand poursuivrait *Paris-Match* en cas de publication. « Je l'ai vu trois fois, il m'a téléphoné deux fois : il n'en voulait absolument pas. Et jusqu'au bout, il a tenté d'empêcher ces photos d'être publiées, obtenant un délai puis qu'Anne Pingeot ne soit pas visible, puis que les commentaires soient de la romance. Non seulement il n'y a jamais été pour rien mais il n'y a jamais consenti, faisant jusqu'au bout intervenir celui-ci ou celui-là, et bien sûr, pression sur les actionnaires. Que le sujet soit sorti est une exception dans l'histoire de la presse française[2]. » L'article paraît le 3 novembre 1994. Jean Glavany déjeune quelques jours après avec le président, qui lui lâche : « Ils m'ont tout fait, ceux-là ! » Glavany se souvient lui avoir répondu : « Franchement ils ne vous ont pas fait grand-chose. Ils ont attendu vingt ans ! » Et il est vrai qu'ils lui ont plutôt rendu service. Pierre Suu en est convaincu : « Nous lui avons permis d'être en paix avec sa conscience. Nous lui avons rendu un service incroyable en lui permettant de révéler l'existence de sa fille qu'il adorait. » Vraiment ? À l'Élysée, la parution de la photo désormais historique ne sera pas du goût de tout le monde. Un jour, le photographe apprendra que les gardes du corps de François Mitterrand, durant leurs pauses, se sont longtemps entraînés au tir aux fléchettes en visant une photo le représentant lui et son complice Sébastien Valiela. L'homme qui, vingt ans plus tard, « shootera » François Hollande sur son scooter…

1. *Ibid.*
2. Stéphane Denis, *Rumeurs, Sexe et Affaires d'État*, *op. cit.*

8

Vichy

Cachez ce passé que je ne saurais voir

La maladie de François Mitterrand était un secret, connu de peu, vieille rumeur devenue réalité à l'automne 1981 et qui connut deux époques : une disparition, grâce à l'incroyable rémission des années 1982-1992 ; une renaissance suivie d'une officialisation, trois ans avant la fin du second mandat. La double vie du président a, elle aussi, connu plusieurs trajectoires : sue d'un noyau d'intimes, jamais vraiment démentie puisque jamais portée sur la place publique, vécue dans la clandestinité en France, en Égypte ou à Venise, jamais assumée, finalement officialisée *post-mortem*, à Jarnac, le jour des obsèques le 11 janvier 1996. Il en est autrement pour la troisième grande rumeur des années Mitterrand, celle concernant son passé à Vichy et son amitié cachée avec René Bouquet, secrétaire général à la police du régime de Vichy du 18 avril 1942 au 31 décembre 1943, et à ce titre l'organisateur de la Rafle du Vélodrome d'hiver en juillet 1942, au cours de laquelle furent arrêtés près de 13 000 juifs parisiens.

Nous sommes ici à la lisière de la vérité historique, des on-dit, des trous de mémoire… Mitterrand et Vichy, un passé trop encombrant, longtemps enfoui, impossible à assumer, que plusieurs historiens ou auteurs, à commencer par Serge Klarsfeld[1]

1. Serge et Beate Klarsfeld, *Mémoires*, Fayard/Flammarion, 2015, en collaboration avec l'auteur.

et Pierre Péan, s'évertueront à révéler et exposer de manière remarquable : le premier sans et même contre l'avis du prince, le second avec son consentement tardif et contraint par le désir de solder les comptes du passé avant de mourir.

Avant de se plonger dans les bruits venus de Vichy, rappelons de manière succincte le parcours durant la Seconde Guerre mondiale du futur président de la République socialiste. Un parcours sinueux dont les virages successifs, que Mitterrand n'a pas toujours assumés ni admis, ont contribué à alimenter les doutes sur son action durant les années de l'Occupation.

« Un pétainiste avéré » (Michel Winock)

François Mitterrand, né en octobre 1916, n'a que 23 ans lors de l'armistice de juin 1940. « Drôle de guerre », blessure le 13 mai 1940 lorsque les Allemands franchissent les Ardennes... Il est fait prisonnier et échoue au Stalag IX A à Hesse, puis en Thuringe. Il demeure dix-huit mois dans les camps de prisonniers, s'évade en décembre 1941. De Gaulle le lui reprochera souvent : Mitterrand prend alors non pas la direction de Londres mais bien de Vichy, où il ne cache pas son admiration pour Pétain, aux idées duquel il adhère. En mai 1942, il entre au Commissariat général au reclassement des prisonniers de guerre. Il est alors un parfait vichyste, qui se voit décoré de la francisque à la fin du printemps ou au début de l'été 1943.

Aujourd'hui encore, des fidèles répandent l'idée que tout fonctionnaire exerçant durant la guerre a été décoré de la francisque. Faux : comme le rappelle l'historien Michel Winock, la francisque était « une décoration attribuée à un nombre restreint de fidèles (deux mille six cents en tout[1]). » Mitterrand a lui-même fait courir des bruits au sujet de cette

1. Michel Winock, *François Mitterrand*, Gallimard, « NRF », 2015.

très encombrante décoration, assurant qu'elle lui avait été remise tandis qu'il était à Londres ou en mission pour la Résistance à Alger, ce qui est faux. C'est en novembre qu'il se rendra dans la capitale britannique avant de gagner Alger. Plus tard, il clamera avoir accepté avec plaisir cette francisque aux allures de couverture idéale pour un authentique résistant... Winock : « Pétainiste avéré jusqu'à une certaine date difficile à préciser, Mitterrand a aussi été un résistant incontestable. Il n'a pas appartenu aux grands mouvements de Résistance, toujours jaloux de son autonomie. » Difficile de dire à quand remonte ce basculement dans la Résistance : probablement au cours du premier trimestre de l'année 1943. Au début de l'année suivante, il prendra la tête du mouvement unifié des prisonniers de guerre et déportés. En août 1944, il fera partie de ceux qui accueilleront de Gaulle dans Paris libérée.

Nous sommes en 1965. Première élection du président de la République au suffrage universel. Charles de Gaulle se représente. Il l'ignore encore mais François Mitterrand va le contraindre à un humiliant second tour, que l'homme du 18 juin remportera aisément (avec 55,20 % des suffrages). On dit qu'une photo circule alors dans les milieux gaullistes, accablante pour Mitterrand. Le cliché a été pris à Vichy, en octobre 1942. En 1994, elle fera la couverture du livre retentissant de Pierre Péan, *Une jeunesse française*[1]. Albert du Roy : « Le livre de Pierre Péan a révélé la gravité de la compromission. Notamment sur l'amitié entre René Bousquet et François Mitterrand. Bousquet c'est la grisaille vichyste de Mitterrand[2]. » Sur la photo, on reconnaît François Mitterrand, alors âgé de 25 ans, vêtu d'un complet sombre et d'une chemise blanche. Il est accompagné de deux autres anciens prisonniers de guerre. Sur la gauche de l'image leur fait face le maréchal Pétain. Contrairement à ce qui a été colporté,

1. Pierre Péan, *Une jeunesse* française, Fayard, 1994.
2. Entretien avec l'auteur.

cette image ne représente pas la remise de la francisque à Mitterrand. Le président lui-même en parlera : « Car de quoi s'agissait-il ? Pétain nous a reçus au même titre que les représentants d'autres associations à but social. Deux camarades m'accompagnaient, Barrois et Vazeille. Au centre de la photo on reconnaît Vazeille qui allait, quelques mois plus tard, être arrêté, déporté et mourir dans le train qui l'emmenait à Buchenwald. Pétain entreprenait une campagne de séduction à l'égard des mouvements de solidarité qu'il savait hostiles ou réticents, ce qui expliquait sans doute son initiative[1]. »

Interrogé, Serge Klarsfeld ne croit pas à l'histoire de cette photo alors entre les mains des gaullistes : « Mitterrand n'était pas reconnaissable et il est peu probable que des gaullistes aient pu se la procurer dès 1965[2]. » Et pourtant. À en croire plusieurs témoins, les plus durs des gaullistes ont bien recommandé au Général d'user de la photo et de détruire la réputation de Mitterrand : nous ne sommes que vingt ans après la fin de la guerre, la question de Vichy est encore brûlante. L'occasion est idéale de « tuer » Mitterrand, ce « prétendu résistant » onze fois ministre, ce « prince des politichiens », comme l'appelait de Gaulle, ce « revenant » de la IVe, cette « arsouille » qui a réussi à se tirer d'un faux attentat, celui dit de l'Observatoire en 1959 organisé par lui-même, perdant alors la confiance de ses anciens collègues du Sénat et celle de ses propres amis. Diffuser la photo le montrant serrant respectueusement la main du Maréchal ? Le général dit non. « De Gaulle s'est refusé à utiliser de telles armes, écrit Christine Clerc. Il ne faut pas, disait-il, "porter atteinte à la fonction, au cas où..." [...] Comme si Mitterrand, lui, s'était privé, dans son pamphlet paru l'année précédente sous le titre *Le Coup d'État permanent*, de l'accuser de "parfait mépris des lois" et de l'affubler de tous les noms de

1. Michel Winock, *François Mitterrand*, *op. cit.*
2. Entretien avec l'auteur.

dictateur[1] ! » Le « au cas où » de De Gaulle est explicite : au cas où François Mitterrand, un jour, remporterait l'élection présidentielle. Il s'en faudra d'un cheveu neuf ans plus tard. Puis l'éventualité envisagée par l'homme du 18 juin deviendra réalité en 1981.

De Gaulle : « Vous ne m'apprenez rien. »

Parmi les plus fervents partisans de la diffusion de la photo figure le ministre de l'Intérieur de l'époque, Roger Frey. Il faut « balancer » sur Mitterrand, son passé vichyssois et son amitié avec Bousquet, secrétaire général de la police de Vichy. « Vous ne m'apprenez rien, lui répond de Gaulle. Mitterrand et Bousquet, ce sont les fantômes de l'antigaullisme qui reviennent. [...] Que Mitterrand soit un arriviste et un impudent, je ne vous ai pas attendu pour le penser. Mitterrand est une arsouille. [...] Non, je ne ferai pas la politique des boules puantes. Non, n'insistez pas ! Il ne faut pas porter atteinte à la fonction au cas où il viendrait à l'occuper[2]. » La photo restera donc cachée au cœur du dossier « Mitterrand » du ministère de l'Intérieur. Le cabinet noir fédéré autour de Roger Frey n'est pas parvenu à ses fins. Et pourtant, en cette année d'élection présidentielle, Mitterrand et Bousquet ont bien passé un pacte. Même Hubert Védrine, qui aura vécu les quatorze années des deux septennats à l'Élysée comme conseiller diplomatique, puis porte-parole et enfin secrétaire général, de 1991 à 1995, et qui préside aujourd'hui l'Institut François Mitterrand, reconnaît avoir su « qu'au moment de la campagne de 1965, Mitterrand avait accepté les soutiens des antigaullistes de tous bords.

1. Christine Clerc, *« Tout est fichu ! » Les coups de blues du Général*, Albin Michel, 2014.

2. François Malye, *De Gaulle*, La Boétie, 2014.

Même Tixier-Vignancour[1] a fait voter Mitterrand en 1965. Ce n'est pas ce que je préfère chez Mitterrand mais c'est ainsi. Notamment dans le Sud-Ouest, où il reçut le soutien de la *Dépêche du Midi*, donc de Bousquet[2] », qui en fut l'administrateur de 1959 à 1971.

L'historien Serge Klarsfeld, président des Fils et Filles des déportés juifs de France, a dédié sa vie, avec son épouse Beate, au respect de la mémoire des déportés en publiant notamment le *Mémorial de la Déportation des Juifs de France*[3], et à la comparution devant les tribunaux des responsables de la Shoah en France. Il confirme la configuration politique de l'élection de 1965 : « Bousquet était un adversaire du général de Gaulle, il a donc épaulé Mitterrand. » Bousquet, le secrétaire général de la police de Vichy et responsable français de la rafle du Vél d'hiv en 1942 est un proche d'Évelyne Baylet (Klarsfeld évoque entre eux « des liens personnels »), la propriétaire de *La Dépêche du Midi*, puissant quotidien régional à Toulouse, veuve de Jean et mère de l'actuel patron des Radicaux de gauche Jean-Michel Baylet[4]. Klarsfeld : « Bousquet y jouait un rôle déterminant, puisqu'il siégeait au conseil d'administration aux côtés de Mme Baylet, qui était juive d'ailleurs et qui est décédée en 2014. Ils se sont brouillés un temps avant de se réconcilier. » Jean-Michel Baylet sera nommé deux fois secrétaire d'État sous Mitterrand, auprès du ministre des Relations extérieures puis chargé des collectivités locales.

La photo va mener sa vie, dans l'ombre. Les années Pompidou ne sont pas propices aux révélations sur Vichy. Tourné au

1. Avocat et député d'extrême droite, candidat à la présidentielle de 1965. Son directeur de cabinet était Jean-Marie Le Pen.

2. Entretien avec l'auteur.

3. Serge Klarsfeld, *Mémorial de la Déportation des Juifs de France*, FFDJF, 2012.

4. Lire le chapitre 12 : « L'affaire Baudis : "Une histoire faite pour tuer" ».

printemps 1969, le film *Le Chagrin et la Pitié* de Marcel Ophüls mettra deux ans à sortir en salles... Survient la victoire de Valéry Giscard d'Estaing en 1974, contre ce même Mitterrand. Nulle mention du passé du candidat socialiste. Pas plus qu'en 1981, sept ans plus tard. Georges de La Loyère, un des plus proches collaborateurs de VGE : « Nous étions pourtant en possession de la profession de foi de Mitterrand en 1946, quand il se présentait en novembre dans la Nièvre comme le candidat des châteaux et en homme de droite. Nous savions aussi au sujet de la photo à Vichy. Si Mitterrand avait été un milicien zélé, les choses eussent été différentes. Mais là, s'il fallait s'en prendre à tous ceux qui avaient eu la francisque... Donc nous savions que la rumeur disait vrai. Mais Giscard, pas plus que de Gaulle, ne voulait s'en prendre *ad nominem* à ses adversaires[1]. »

Le Canard enchaîné, Papon, Giscard et Mitterrand

À ces nobles raisons, qu'il nous soit permis d'en ajouter une autre. En matière de passé vichyssois, les giscardiens n'étaient pas tout à fait irréprochables : le 6 mai 1981, à quatre jours du deuxième tour de l'élection présidentielle, *Le Canard enchaîné* (dont l'un des avocats est, rappelons-le, Roland Dumas) publie des documents montrant, pour la première fois, que le ministre du Budget Maurice Papon (membre du RPR) a été, sous le régime de Vichy, responsable de la Shoah à Bordeaux. Le journal titre en une : « Papon, aide de camp : Quand un ami de Giscard faisait déporter des Juifs ». Là encore, des insinuations sur le passé de Papon, soi-disant résistant, ministre du Budget de Valéry Giscard d'Estaing, couraient depuis longtemps mais ne sortaient pas d'un cercle très restreint, à Bordeaux surtout. En 1981,

1. Entretien avec l'auteur.

Michel Slitinsky, enfant de déportés et historien amateur, rencontre à sa demande un journaliste du *Canard enchaîné*, Nicolas Brimo. La suite est racontée par Me Gérard Boulanger, l'un des avocats des parties civiles au futur procès Papon[1] : « Et puis *Le Canard* a pris une décision politique. A fait un choix rédactionnel. Celui de publier l'information entre les deux tours de l'élection. La position politique de Brimo[2] et sa proximité avec Mitterrand ont joué un rôle décisif. Il voulait que Mitterrand gagne. Il est allé voir Mitterrand lors d'un de ses derniers meetings de campagne et Mitterrand lui a donné son feu vert[3]. » Décédé en 2012, Michel Stilinsky avait gardé un goût très amer de cette expérience : « J'ai mis du temps mais j'ai compris que tout cela c'était un moyen d'aider François Mitterrand. » Et Stilinsky d'ajouter que Nicolas Brimo aurait précisé que ses révélations allaient déplacer 200 000 voix juives et 50 000 voix pieds-noirs de Giscard vers Mitterrand. « Il m'a même dit que Mitterrand m'inviterait à Latche. » Des propos que le journaliste a toujours démentis. Stilinsky ne verra jamais Latche et Mitterrand, l'ami de Bousquet, triomphera de Giscard et de son ministre Papon…

Serge Klarsfeld : « En 1981, personne ne nous approche en quoi que ce soit au sujet de Vichy et de Mitterrand. Le rôle de Bousquet dans la police de Vichy est inconnu du grand public. Du côté de Papon on ne savait pas, moi-même je croyais qu'il était juif, qu'il s'appelait "Papo", un nom de famille juif très répandu avant-guerre et qu'il avait rajouté un N. Et puis de toute façon ça n'aurait rien donné : le sort des enfants juifs n'était pas connu. Si j'ai publié mon livre,

1. Le 2 avril 1998, Maurice Papon sera condamné par la cour d'assises de la Gironde à dix ans de réclusion criminelle pour complicité de crimes contre l'humanité.

2. Nicolas Brimo, l'auteur de l'article du *Canard* révélant le passé de Papon, est un ancien de l'*Unité*, l'hebdomadaire du PS.

3. Karl Laske et Laurent Valdiguié, *Le Vrai* Canard, Stock, 2008.

Vichy-Auschwitz en 1983, c'est bien pour faire connaître le sort des enfants juifs, essentiel en ce qui concerne Bousquet. *Vichy-Auschwitz* peut être lu comme une sorte d'acte d'accusation contre Bousquet, mais le nom de Mitterrand n'y figure pas. Il n'y a alors aucune connexion évidente à faire[1]. »

Entre Klarsfeld et Mitterrand, ce fut une longue histoire, un pas de deux à la mode « je t'aime, moi non plus ». L'historien ne s'en cache pas d'ailleurs : « J'aimais bien François Mitterrand. » Klarsfeld a connu très tôt les liens qui unissaient le futur président de la République et l'ancien chef de la police de Vichy mais il ne s'en est jamais servi pour colporter une rumeur qui se serait révélée, comme celles sur Mazarine ou le cancer, elle aussi véridique. « En 1972, Beate revenant d'Amérique du Sud a donné une conférence pour la Licra à Toulouse et elle a répondu à un journaliste qui l'interrogeait sur la présence de nazis en Amérique du Sud : “Oui, mais vous, vous avez ici à Toulouse, à *La Dépêche du Midi*, René Bousquet qui a été chef de la police de Vichy qui arrêtait les Juifs !” Mme Baylet est devenue folle de rage, paraît-il. Elle a convoqué les sénateurs du coin, des radicaux qui étaient tous membres de la Licra, pour leur dire : “Je ne parlerai plus jamais de la Licra dans la *Dépêche*. Il faut qu'elle revienne sur ce qu'elle a dit !” Nous avons eu droit à la visite du sénateur Caillavet qui nous a demandé de retirer nos accusations. Nous l'avons envoyé au diable. Dans les dossiers de la Gestapo que je lisais, je voyais le rôle de Bousquet. Plus tard, ce monsieur s'est présenté à la députation. *La Dépêche du Midi*, son journal, soutient à fond la candidature de Mitterrand en 1965. Bousquet est du voyage en Chine effectué par le futur président dans les années 1960. Il soutient politiquement et financièrement Mitterrand pendant la traversée du désert, jusqu'à la mort de Georges Pompidou. Et pourtant, en 1974, j'appelle à voter

1. Entretien avec l'auteur.

pour Mitterrand, personnage brillant, intelligent, incisif, brillant orateur, ayant fait partie du même réseau de Résistance que mon père à Montmaur, dans les Hautes-Alpes. Cette amitié avec Bousquet n'empêchait pas la qualité de l'homme d'État. Les Giscard d'Estaing constituaient de leur côté une famille bien plus hostile à notre mémoire que le PS, et puis Mitterrand incarnait le parcours des Français, avec Pétain jusqu'en 1942 ou 1943 puis dans la Résistance[1]. » En 1981, les époux Klarsfeld critiqueront sa position en faveur du transfert des cendres du maréchal Pétain à l'ossuaire de Douaumont mais se réjouiront de sa victoire sur Giscard. En attendant, au milieu des années soixante-dix, Klarsfeld ne lance pas de grande offensive contre Bousquet, encore moins contre Bousquet et Mitterrand. « Bousquet avait déjà été jugé. Or en France vous ne pouvez pas juger quelqu'un deux fois pour le même délit, sauf en cas d'appel. Je ne pouvais pas non plus accéder à son dossier qui était protégé et classé aux Archives nationales. Je ne pouvais pas travailler pour savoir si des faits nouveaux se présentaient pour justifier une action de notre part. À partir de 1975, j'ai plutôt axé mon travail sur Jean Leguay, son adjoint au secrétariat général de la police. Porter plainte contre Bousquet était voué à l'échec, il aurait fallu qu'un juge d'instruction accepte la plainte. Il fallait donc attendre… » Leguay sera le premier homme inculpé en France pour crimes contre l'humanité en 1979. Bousquet le sera en 1991.

« Mitterrand pouvait déjeuner avec Badinter et dîner avec Bousquet » (Serge Klarsfeld)

Des bruits continuent de circuler dans des cercles très fermés sur le passé de Mitterrand qui tendrait à s'avérer moins

1. *Ibid.*

héroïque que celui-ci, qui défend mordicus la thèse de « l'infiltré » au sein de Vichy, le présente. En 1989, Leguay meurt sans avoir été jugé. Klarsfeld porte immédiatement plainte contre Bousquet, arguant de faits nouveaux justifiant la réouverture de la procédure. Bousquet est à son tour inculpé. Cette fois-ci, Klarsfeld, qui dit de Mitterrand qu'il était « un monarque qui pouvait déjeuner avec Robert Badinter et évoquer avec lui la Shoah puis dîner avec René Bousquet », veut transformer les on-dit en faits et exposer au grand jour l'amitié entre le président de la République et l'ancien secrétaire général de la police de Vichy. « Les partisans de Mitterrand qui ont écrit ses biographies dans les années 1970 ont écrit des textes mensongers. Moi je l'ai attaqué mais la presse et les médias n'ont pas voulu m'écouter. À la différence de Pierre Péan quatre ou cinq ans plus tard. À ce moment-là, Mitterrand sait qu'il va mourir et il accepte de parler de son passé avec Péan et Elkabbach. Mais en 1990, c'était une autre affaire. Les médias n'étaient pas prêts à attaquer Mitterrand sur Vichy et la classe politique vivait toujours dans la crainte de représailles, comme quand Toubon, d'Aubert et Madelin avaient été sanctionnés pour avoir osé dire que Mitterrand avait eu la francisque[1], ce qui était vrai. En 1990, l'AFP s'est mise en grève parce que la direction avait refusé de transmettre le fait que j'attaquais Mitterrand. Il a fallu que nous donnions beaucoup d'informations sur Vichy de 1990 à 1994 et que les Français prennent mieux conscience de ce qu'était Vichy pour que l'effet produit soit retentissant. »

C'est en 1990 que Klarsfeld, accusé par le président de vouloir salir sa réputation en colportant ce qui ne serait que

1. En 1984, François Mitterrand fut accusé de collaboration avec le régime de Vichy par les députés François d'Aubert, Alain Madelin et Jacques Toubon. Mitterrand reçut le soutien du général Pierre de Bénouville, ancien résistant et député RPR qui contesta les accusations. Les trois députés furent sanctionnés pour atteinte à l'honneur du président.

d'infâmes bruits, devient « l'ennemi public n° 1 » de François Mitterrand, comme l'a rapporté l'écrivain Georges-Marc Benhamou. « Comme je me doute qu'il est en train de ralentir les procédures de crimes contre l'humanité, notamment contre Papon et Bousquet, j'entre en conflit direct avec lui et je dénonce le fait qu'il tente de mettre ces affaires sur une voie de garage, reprend Klarsfed. À mes yeux, l'amitié qu'il pouvait avoir pour Bousquet était compréhensible : ayant sept ans de plus que lui, le connaissant depuis si longtemps, il était l'une des rares personnes capable d'appréhender la personnalité de Mitterrand dans sa globalité. D'autant qu'à lui, et à lui seul ou presque, Mitterrand disait la vérité. Bousquet était son auditoire, un des rares capables d'apprécier en connaissance de cause ce qu'il était en 1942 puis ce qu'il était devenu, le premier président de la République de gauche. De Gaulle a été la France, Mitterrand a été les Français. Mais qu'il empêche la justice d'avancer, cela n'était pas admissible[1]. »

En 1990, Klarsfeld se rapproche du *Monde*, qui publie le 23 octobre un article titré : « Me Klarsfeld et la jeunesse de M. Mitterrand ». Point de scandale à la suite de la parution de cette enquête. Deux ans plus tard, Edwy Plenel revient à la charge et consacre un long chapitre de son livre *La Part d'ombre*[2] à l'amitié Bousquet-Mitterrand. « L'affaire Bousquet est, de ce point de vue, la plus lourde que la France ait jamais eu à affronter depuis qu'elle s'efforce d'échapper aux mythes et légendes et tente d'approcher la vérité des années noires. [...] L'affaire Bousquet nous introduit brutalement dans la relation complexe du mitterrandisme au passé – au passé d'un homme politique et à une vision politique du passé[3]. » Après avoir été l'homme des

1. Entretien avec l'auteur.
2. Edwy Plenel, *La Part d'ombre*, Stock, 1992.
3. *Ibid.*, p. 346-347.

révélations sur l'attentat de la DGSE contre le *Rainbow Warrior* en 1985, sur l'affaire des Irlandais de Vincennes, sur les écoutes de la cellule de l'Élysée[1], Plenel devient l'homme le plus détesté de la Mitterrandie (avec Klarsfeld, qui lui a fourni des informations au sujet du passé de Mitterrand, informations publiées par *Le Monde*). Hubert Védrine : « Sur la fin du second septennat, nous avions véritablement le sentiment que dans chaque exemplaire du *Monde*, trois ou quatre articles étaient écrits dans un seul but, abattre Mitterrand. Peut-être étions-nous un peu paranoïaques mais notre conviction était que Plenel voulait abattre Mitterrand avant que le cancer ne l'emporte[2]. »

« Il aurait dû ne plus jamais le voir » (Jean-Louis Bianco)

Près de vingt ans après la parution du livre de Pierre Péan, Hubert Védrine résume la pensée de ceux qui, aujourd'hui encore, défendent coûte que coûte la glorieuse histoire de Mitterrand. « Quand j'ai découvert le livre de Péan, je ne pensais pas que l'on pouvait en faire un tel objet de scandale. Sur la francisque, l'ouvrage ne comportait aucune révélation : publié en 1950 ce livre n'aurait troublé personne, tout le monde le savait alors. De même pour la relation Mitterrand-Bousquet. En tant que secrétaire général de l'Élysée, dans un monde qui ne savait plus rien de cette histoire, j'ai dû m'appliquer à expliquer la réalité historique aux conseillers qui ne savaient pas ce que moi je savais sur ce passé. Puis, chaque fois que cela était possible, je me devais d'être inlassablement disponible pour raconter, notamment aux journalistes, expliquer, éviter l'anachronisme, remettre dans le contexte… Et recontacter certains anciens résistants pour

1. Chapitre VII : « Mazarine ».
2. Entretien avec l'auteur.

qu'ils témoignent sur Mitterrand. J'ai géré ce dossier comme on mène un combat. »

Mais tous les fidèles de François Mitterrand ne partagent pas cette indulgence au sujet de son amitié avec Bousquet, du fait qu'il ait retardé la procédure judiciaire à son égard[1] entamée par Klarsfeld ou des silences sur son passé à Vichy. À l'époque de la parution de l'ouvrage de Pierre Péan, certains socialistes ne cachent pas le choc que représente pour eux la métamorphose d'une légende en une vérité historique. Qu'importe que la dernière rencontre entre les deux hommes remonte (officiellement) à 1986. À l'université d'été de La Rochelle, en septembre 1994, Manuel Valls se dit « choqué et indigné », Pierre Moscovici « choqué » ; les plus anciens, eux, ne se désolidarisent pas de leur leader. Qu'en est-il aujourd'hui ? Jean-Louis Bianco se souvient ne pas avoir appris grand-chose en lisant *Une jeunesse française* en 1994. Ni sur Vichy, ni sur la francisque, puis l'entrée en Résistance. « On peut aussi lui reprocher son passé d'extrême droite mais dans les années 1930, qu'est-ce qui pouvait bien structurer un jeune homme plein de flamme ? Il n'a pas eu d'états d'âme par rapport à cela. Et si Vichy l'a intéressé, c'est parce qu'on y trouvait le lieu d'exercice du pouvoir et que Mitterrand était ambitieux et curieux[2]... » À l'inverse, au sujet de Bousquet, l'ancien secrétaire général de l'Élysée se montre bien plus sévère : « Cela me choque toujours. Je ne comprends pas cette relation dont je n'ai jamais parlé avec lui. René Bousquet avait certes été relevé de toute condamnation par la justice en 1947 mais celle-ci n'avait pas, à l'époque, tous les éléments. Dans les années 1980, il n'y a plus de doute historique sur son rôle sous Vichy. À partir de là, pourquoi le président a-t-il conservé une relation avec lui ? Je n'ai pas de réponse. Je trouve cela choquant : la seule réponse que j'entrevois, c'est

1. Assassiné en juin 1993, René Bousquet ne sera jamais rejugé.
2. Entretien avec l'auteur.

la possibilité qu'il ait sauvé la vie de Mitterrand et de son réseau. Mais l'amitié doit avoir des limites devant une telle horreur. Il aurait dû ne plus jamais le voir. »

Pierre Mauroy a aussi raconté à Jean-Pierre Elkabbach avoir dit à Mitterrand, au sujet de son amitié avec Bousquet :

— Ça, je ne peux pas l'admettre !

Il m'a répondu :

— Comment ça, vous ne pouvez pas l'admettre ? Mais vous aussi vous l'avez rencontré !

— Moi ? Non ! Jamais !

— Mais si, à un conseil national à Albi. Vous voyez ? Je le connaissais, vous le connaissiez, comme tout le monde[1].

Le prix Nobel de la paix Elie Wiesel, auteur d'un livre avec Mitterrand[2], confie alors à Serge Klarsfeld, en voyage à New York, « sa meurtrissure d'apprendre la réalité de l'amitié de Mitterrand pour Bousquet. » Indignation sincère ou surjouée ? Klarsfeld ose aujourd'hui pencher pour la seconde hypothèse : « Oui, il en était meurtri. Mais je crois qu'il a été plus meurtri pour d'autres raisons… Il était venu pour écrire quelque chose à Paris, il devait voir Mitterrand, et puis Mitterrand est parti avec Georges Kiejman en villégiature et Wiesel est resté à Paris à l'hôtel à attendre. Je crois qu'il a été plus meurtri par sa mise à l'écart parmi les favoris que par la meurtrissure Bousquet, qu'il savait certainement[3]. »

1. Europe 1, 5 octobre 2012.

2. François Mitterrand, Elie Wiesel, *Mémoire à deux voix*, Odile Jacob, 1995.

3. Entretien avec l'auteur.

9

« Ce fut un déchaînement »

1993-1995, la guerre des droites

Le samedi 1er mai, Pierre Bérégovoy est à Nevers, la ville dont il est le maire depuis dix ans. Un mois plus tôt, le 28 mars, la gauche a essuyé l'une des pires humiliations de son histoire : au terme du second tour des élections législatives, le groupe socialiste ne compte plus que 52 députés, contre 245 pour le RPR et 213 pour l'UDF. Au sein de l'Assemblée la plus à droite depuis plus d'un siècle, Ségolène Royal est la seule députée socialiste à avoir récolté plus d'électeurs qu'il y a cinq ans. La compagne de François Hollande décrit alors « l'horrible impression d'être le dernier carré », tels les ultimes grognards fidèles à Napoléon défait.

Contraint à la démission, Bérégovoy est remplacé au poste de Premier ministre par Édouard Balladur. S'ouvre pour un François Mitterrand malade et épuisé, une seconde période de cohabitation, sept ans après celle de 1986 avec Jacques Chirac. Empêtré dans l'affaire Pelat (un prêt sans intérêt d'un million de francs dont il avait bénéficié en 1986 de la part de l'industriel Roger-Patrice Pelat), persuadé d'être responsable de la défaite aux législatives, Bérégovoy sombre dans la dépression. Son successeur Édouard Balladur se souvient de l'avoir croisé à l'Assemblée peu de jours avant sa mort : « Je l'avais trouvé très abattu. Mitterrand s'est beaucoup justifié, il a souvent dit qu'il avait rendez-vous avec lui le lundi qui a suivi sa mort pour signifier qu'il ne l'avait pas laissé tomber[1]. » Pierre Mazeaud se souvient aussi de son dernier dialogue avec Pierre Bérégovoy avant son suicide : « Ses amis socialistes passaient devant lui et ne le saluaient pas. Ils l'accusaient de l'échec aux législatives[2]. »

Le 1er mai en fin d'après-midi, Pierre Bérégovoy demande à son chauffeur de le laisser seul au bord du canal du Nivernais. Le policier qui les accompagne s'éloigne. Vers 18 heures, Bérégovoy se tire une balle dans la tête avec le 357 Magnum que son garde du corps avait laissé dans la boîte à gants de la voiture. Le soir du drame, le président François Mitterrand se rend à l'hôpital du Val-de-Grâce où Pierre Bérégovoy, transféré par hélicoptère dans un état désespéré, est attendu. Il fait alors une confidence glaçante, retranscrite par le journaliste Charles Villeneuve dans son livre *Les Liaisons dangereuses de Pierre Bérégovoy*[3], dont *Paris-Match* publiera les bonnes feuilles au mois de novembre. « "Mercredi, Charasse m'a averti : 'S'il trouve une arme, il se tuera'", glisse le chef de l'État à Charles Pasqua, tout nouveau ministre de l'Intérieur et présent ce soir-là dans les couloirs de l'hôpital. » Pierre Bérégovoy, en ce 1er mai, a trouvé une arme.

Jamais un ancien Premier ministre ne s'est suicidé. L'affaire est donc trop belle pour les complotistes en herbe. Et encore : nous ne sommes pas parvenus aux plus belles heures du phénomène de la théorie du complot qui explosera au lendemain des attentats du 11 septembre 2001 aux États-Unis et n'a fait que s'accentuer depuis. On imagine aisément la folie qui s'emparerait de la Toile si un tel événement arrivait aujourd'hui, à l'heure des réseaux sociaux. D'autant que la thèse de l'assassinat sera alimentée par les doutes exprimés

1. *Ibid.*
2. *Ibid.*
3. Charles Villeneuve, *Les Liaisons dangereuses de Pierre Bérégovoy : Enquête sur la mort d'un Premier ministre*, Plon, 1993.

par la veuve de Pierre Bérégovoy, Gilberte, qui se demandera jusqu'à sa mort si son mari s'est suicidé ou s'il a été suicidé. Il faut dire que la liste des éléments troublants est longue : l'arme dans la boîte à gants : le chauffeur et le garde du corps qui laissent leur patron seul ; le témoignage de promeneurs le long du canal du Nivernais, lieu de la mort de Bérégovoy, qui assurent avoir entendu deux coups de feu, et non un seul ; puis la disparition d'un carnet noir que l'ancien Premier ministre, filmé par une caméra de télévision, glisse à l'intérieur de son veston quelques instants avant son supposé geste fatal ; enfin l'enquête secrète d'un ancien policier des Renseignements généraux, Hubert Marty-Vrayance, basé justement dans la Nièvre, terre hautement sensible puisque d'élection de François Mitterrand, persuadé que « Béré » a été assassiné par un commando d'hommes-grenouilles… Un rapport de 30 pages écrit à l'attention des RG, qui évoque un « crime d'État » mais que les autorités ne prendront jamais au sérieux… Par souci de cacher une vérité inavouable ou par manque de crédibilité ? Marty-Vrayance est un policier atypique. En 2002, il sera sanctionné par sa hiérarchie pour avoir publiquement remis en cause les attentats du 11 septembre aux États-Unis et évoqué un complot. Il sera également contraint de quitter la police après avoir été soupçonné d'avoir fourni des informations confidentielles à un détective privé en échange d'argent… Sa très longue notice Wikipédia, sans aucun doute rédigée par ses soins, évoque en vrac « une animosité certaine à son égard des directeurs de la police proches de Nicolas Sarkozy, principalement Claude Guéant et Michel Gaudin », « des ennuis administratifs et une campagne de presse virulente », un piège tendu, une « sinistre manœuvre digne des films d'espionnage »… avant de relater sa candidature, en tant qu'indépendant, aux législatives de 2012 dans la sixième circonscription de Paris, où il recueille 75 voix, soit 0,17 % des suffrages exprimés.

Mais au fait, pourquoi et par qui l'ancien Premier ministre socialiste aurait-il été tué ? Le site AgoraVox, qui s'est peu à peu transformé en plateforme centralisant les thèses conspirationnistes[1], a naturellement repris la thèse du crime d'État, citant la version d'un journaliste local, Éric Raynaud, persuadé, comme Marty-Vrayance, que Bérégovoy était devenu trop encombrant. « Le journaliste reprend donc l'idée du combat d'un homme qui en savait trop, prêt à faire des révélations, qu'il faut "neutraliser"[2]. » Éric Raynaud, l'auteur de l'article, s'appuie sur le discours de politique générale prononcé par l'ancien Premier ministre devant l'Assemblée nationale le 8 avril 1992 : « J'entends vider l'abcès de la corruption [...] J'ai ici une liste de personnalités dont je pourrais éventuellement vous parler », dit-il en brandissant une feuille de papier.

Liste trop compromettante et qui aurait poussé des personnalités menacées de révélations au crime ? Thèse séduisante pour les amateurs de polars ou de séries policières. Sauf que sommé par Pierre Mazeaud, en pleine Assemblée, de dévoiler la liste des supposés suspects, Bérégovoy n'obtempérera pas, son enveloppe étant sans nul doute vide de toute liste. Bien qu'elle alimente toujours certains sites internet plus de vingt ans après les faits, la piste de l'assassinat politique ne sera jamais étayée ni prouvée. Au contraire : en 2013, pour les vingt ans du décès de son père, sa fille Catherine a battu en brèche toute autre hypothèse que le suicide. « Mon père était très détendu le 30 avril au soir... Il donnait l'apparence d'être détendu, mais il était sous antidépresseurs depuis une semaine. Or tous les spécialistes neuropsychiatres pourront vous le dire : le délai d'une semaine, c'est le délai qui permet de passer à l'acte[3]. »

1. Lire l'enquête « AgoraVox : le déclin d'un site de journalisme-citoyen à la française », *Rue 89*, juillet 2012.

2. Henry Moreigne, « La thèse de l'assassinat de Pierre Bérégovoy est relancée », agoravox.fr, 11 janvier 2008.

3. RTL, 1er mai 2013.

Au moment de la mort de Pierre Bérégovoy, Claude Cancès, le jeune flic de la Brigade mondaine de l'affaire Markovic[1] était directeur régional de la police judiciaire de Paris : « Le 1er mai 1993, j'ai reçu un coup de fil du procureur de la République de Paris, Bruno Cotte[2], qui me demande : "Est-ce que je dois saisir la Brigade criminelle ?" Je lui ai répondu : "Si vous avez le moindre doute sur le suicide, oui absolument ; si vous n'en avez pas, non, surtout pas, sans quoi vous allez accréditer tous les bruits qui ne vont pas manquer de circuler." Comme il n'avait aucun doute, il n'a pas saisi la Crim'. Par contre le cabinet de délégation judiciaire a été saisi pour savoir s'il s'agissait bel et bien d'un suicide. Quatre ans plus tard, lors de la mort de la princesse Diana à Paris, les choses se sont déroulées autrement. Puisqu'il n'était pas possible immédiatement de comprendre les raisons de l'accident, la Brigade criminelle qui, seule, disposait des moyens suffisants pour l'enquête, a été saisie. Il y avait cette fois-ci, à la différence de la mort de Pierre Bérégovoy, un tout petit peu de place pour le doute[3]. »

Détail ironique de l'histoire : comme d'autres personnalités politiques avant ou après lui (Michel Rocard, Jacques Delors, Raymond Barre, Simone Veil...), Pierre Bérégovoy aura peu prêté à la rumeur de son vivant. Tout juste la journaliste Florence Muracciole, ancienne chef du service politique du *JDD*, se souvient-elle d'une plaisanterie dont fut victime l'ancien Premier ministre : « Bruno Masure et un autre confrère étaient dans la cour de l'Élysée, attendant pour un rendez-vous. Comme ils s'ennuyaient ferme, ils se sont dit, pour s'amuser : "On va dire que Bérégovoy est avec Catherine

---

1. Chapitre I : « Les Pompidou, "ces partouzards" ».
2. En charge de l'enquête sur le logement social d'Alain Juppé, Bruno Cotte sera désavoué par Jacques Toubon et intégrera la Cour pénale internationale de La Haye.
3. Entretien avec l'auteur.

Deneuve." » Les deux plaisantins activent le téléphone arabe dans la cour de l'Élysée. Le bruit, aussi fantaisiste soit-il, prend… « Un an après on en parlait encore au point que Bérégovoy a dû mettre les points sur les *i* : "Ma femme en souffre, arrêtez !" Masure m'a dit un jour : "C'était totalement improbable, mais la rumeur m'est revenue de la part de quelqu'un qui la jugeait tout à fait sérieuse quinze jours plus tard." Il m'avait dit : "C'était effrayant non ?"[1] »

Vingt ans après, la colère froide de Balladur

C'est dans ce contexte dramatique, la mort par balle de son prédécesseur, qu'Édouard Balladur débute son mandat de Premier ministre. S'ajoute l'évolution inquiétante de l'état de santé du président de la République, désormais officiellement atteint d'un cancer[2]. Un troisième élément va bientôt perturber la vie politique française et faire des deux années à venir l'un des moments les plus tendus, les plus violents de la Ve. Et l'un des plus propices à la propagation de rumeurs… Chirac et Balladur qui s'entretuent. Chirac, Debré, Villepin qui cognent sur Balladur ; Balladur, Pasqua et Sarkozy qui en font de même… Giscard qui songe à se représenter et à prendre sa revanche sur Chirac, l'ennemi de toujours, et sur Balladur, l'homme qui vient de lui voler l'UDF… Mitterrand, toujours président et dont la mort prochaine est annoncée chaque jour ou presque… Des trahisons, des coups bas, des humiliations publiques, des affaires, des intox qui tombent comme à Gravelotte.

Engagée peu après la nomination d'Édouard Balladur au poste de Premier ministre au printemps 1993, la bataille pour la présidentielle de 1995 va déchirer la droite française

1. *Ibid.*
2. Chapitre VIII : « Cachez ce sein que je ne saurais voir ».

comme jamais jusqu'au soir du premier tour et au fameux « Je vous demande de vous arrêter », lancé par Édouard Balladur à l'égard de ses propres électeurs, incapables de s'empêcher de huer le nom de Jacques Chirac.

Vingt années ont passé et pourtant, les traces de la bataille n'ont pas disparu, loin s'en faut. Il suffit pour s'en convaincre de gagner le XVIe arrondissement de Paris et de franchir le pas de la porte du domicile d'Édouard Balladur. L'ancien Premier ministre a accepté de nous recevoir chez lui. Un conseiller de l'ancien Premier ministre prend place dans le vaste et lumineux salon. Aimable, très en forme, Balladur, 86 ans, n'a rien perdu de son mordant ni de son ironie grinçante et supporte toujours aussi peu d'être interrompu. « Si j'ai accepté de vous recevoir, c'est pour évoquer deux événements qui, selon moi, et j'y tiens, relèvent absolument de la rumeur », lance l'ancien Premier ministre en guise d'introduction. « Je veux parler des conditions de ma nomination à Matignon en 1993 ainsi que du soi-disant pacte que j'aurais passé avec M. Chirac au sujet de l'élection présidentielle. » Presque du La Fontaine : que vous soyez balladuriens ou chiraquiens, vous qualifierez le même moment, ou le même fait, de « rumeur » ou de « fait historique ». La nuance, tout comme la différence d'appréciation, étant de taille – à la hauteur de la haine que se sont vouée et se vouent toujours les deux entourages, ou ce qu'il en reste. Précisons au passage qu'à la différence de Balladur, la grande majorité des proches de Jacques Chirac a refusé de nous rencontrer : Claude Chirac, sa fille ; Alain Juppé ; François Baroin ; Jean-Louis Debré ; Jacques Toubon ; Dominique de Villepin ; Claude Goasguen… Tous ont décliné nos demandes d'entretien, voire n'y ont tout simplement pas répondu. « Ces gens-là doivent avoir quelque chose à se reprocher », glisse ironiquement Balladur en écoutant la liste des refus. « Balladur, pour les chiraquiens, c'est comme quelque chose qui porte malheur, il vaut mieux ne pas en parler », nous a glissé un ancien ministre de Jacques Chirac.

Rumeurs ou vérités historiques ? Au soir des élections législatives, la droite a donc écrasé la gauche et s'est emparée de la majorité absolue à l'Assemblée. Le parti majoritaire est le RPR avec 245 sièges. Son président, Jacques Chirac, a depuis longtemps expliqué qu'il ne réitérerait pas l'expérience malheureuse de 1986 qui l'avait vu diriger le gouvernement pendant deux ans avant d'être une nouvelle fois battu lors de l'élection présidentielle de 1988. Le 29 mars 1993, c'est donc logiquement que François Mitterrand, président de la République, ne le nomme pas à Matignon mais choisit l'ancien ministre de l'Économie et des Finances de la première cohabitation, Édouard Balladur. « Quand Jacques Chirac prétend que c'est lui qui m'a fait nommer Premier ministre, qu'il a contraint en quelque sorte François Mitterrand de le faire, c'est totalement faux, attaque d'emblée Balladur. François Mitterrand m'a nommé selon sa seule volonté, sans même m'en avoir averti ou m'avoir sollicité au préalable et donc bien évidemment sans avoir reçu la moindre "consigne" de Jacques Chirac. Prétendre le contraire est absurde[1]. » Pour un peu, les rares chiraquiens à avoir accepté de nous parler s'en étrangleraient. « Peut-être bien que Mitterrand n'a pas appelé Chirac pour lui parler de la nomination de Balladur mais il pinaille, notre ami, ironise Denis Tillinac. Mitterrand n'avait pas le choix et Chirac avait fait passer le message : c'était Balladur et personne d'autre ! Au RPR, les mecs étaient tous au garde-à-vous et personne n'aurait eu l'idée de moufter[2] ! » Un autre, sous couvert d'anonymat, dresse ce cruel constat : « Il était un pion de Jacques Chirac mais il ne voudra jamais le reconnaître. Pour sa nomination à Matignon comme pour le reste. Chirac avait décrété : "À moi la

1. Entretien avec l'auteur.
2. *Ibid.*

campagne présidentielle, à lui le job de Premier ministre." Il disait : "Le peuple et lui ça fait deux, il ne sera jamais assez populaire pour être président de la République[1] !" » Ce qui s'est avéré juste, mais de peu...

« Alors Édouard, avec vos p'tites manières, vos jolis petits gants... »

Frédéric de Saint-Sernin est aujourd'hui directeur général délégué de l'ONG humanitaire Acted. Les balladuriens vous diraient qu'il n'a pas toujours été versé dans les bonnes œuvres mais plutôt dans les basses œuvres, toujours au service de Jacques Chirac. En 1993, le futur secrétaire d'État chargé de l'Aménagement du territoire fait partie des jeunes officiers prometteurs et fougueux de la bien maigre armée chiraquienne. En charge des études, il épluche l'état de l'opinion, alors très largement favorable au nouveau Premier ministre qui bat des records de popularité. « Ce que dit Édouard Balladur est énorme, s'agace-t-il attablé à un bar devant l'église de la Madeleine. Qui a d'abord remporté les élections législatives de 1993 ? L'UDF, qui va soutenir ensuite Balladur ? Ou le RPR de Jacques Chirac ? Le RPR, bien sûr ! Évidemment que Mitterrand a donc appelé Jacques Chirac, vainqueur de cette élection, qui lui a affirmé qu'il ne voulait pas redevenir son Premier ministre. Chirac avait anticipé cette situation. Depuis la fin de 1991, le début de 1992, nous nous étions mis à travailler sur le projet présidentiel, en vue de l'élection de 1995. J'étais en charge du dossier "Valeurs de la société et cohésion sociale". Chirac, depuis longtemps, nous disait : "Je ferai l'impasse sur Matignon." Il était certain pour nous que Balladur, ancien ministre d'État durant la

1. *Ibid.*

première cohabitation, serait nommé et que Jacques serait le seul candidat de la droite à la présidentielle de 1995[1]. »

Une autre personnalité alors proche de Jacques Chirac, qui fut ministre, a bien voulu nous rencontrer dans un restaurant parisien – mais discrètement, en *off*, sur le mode « je vous parle mais ne dites pas que c'est moi qui vous l'ai dit… » : « Jacques n'allait pas vendre à Balladur la chose en lui disant : “Alors, Édouard, avec vos p'tites manières, vos jolis petits gants, vous allez vous coltiner Mitterrand pendant deux ans tous les jours, encaisser des dizaines de milliers de chômeurs en plus par mois tandis que moi je vais rester bien au chaud pour préparer mon élection en 1995 !” Mais plutôt, j'imagine : “Édouard, vous le savez, je me suis épuisé en accédant à Matignon en 1986, j'ai manqué de recul pour préparer l'élection de 1988, vous êtes le plus apte d'entre nous à diriger l'action gouvernementale.” Quelque chose dans le genre… Alors Balladur peut très bien dire aujourd'hui que ce n'est pas Chirac qui a imposé sa nomination mais enfin, le RPR était aux ordres de Chirac, ce n'était pas le bordel du PS d'aujourd'hui, zéro frondeur ! Mitterrand se serait amusé à nommer quelqu'un d'autre que celui choisi par Chirac, ça n'aurait pas marché et il le savait pertinemment. Par ailleurs, Balladur pouvait convenir à Mitterrand puisqu'il ne faisait pas partie de la meute des chiraquiens et qu'il était plus âgé, plus maniéré que nous. Il n'était pas un compagnon[2]. »

Redonnons la parole à Édouard Balladur : « La seconde rumeur dont je souhaite parler au sujet de la période allant de 1993 à 1995 concerne le soi-disant “pacte” que j'aurais passé avec M. Chirac. » En clair : en échange de Matignon, Balladur aurait promis à Chirac de ne pas se présenter contre lui à l'élection présidentielle. En ne tenant pas cet engagement

1. *Ibid.*
2. *Ibid.*

et en se déclarant candidat en janvier 1995, Balladur aurait trahi sa parole et la confiance que Chirac lui aurait accordée. « Jacques Chirac a dit et répété que nous avions passé un accord, conclu un pacte. Cela est tout à fait inexact. J'avais dit, avant d'être nommé Premier ministre, que je n'avais pas l'intention de me présenter à l'élection présidentielle de 1995. Une fois nommé, je n'en ai plus parlé. Chirac disait : "Vous avez tort, Édouard, on verra bien le moment venu." Puis j'ai décidé de me présenter, ce qui était mon droit le plus strict. La thèse du "pacte" est parfaitement grotesque. Je le redis : je n'ai pris aucun engagement d'aucune sorte. Mais moi qui suis un passionné d'histoire, je sais que lorsque vous êtes impliqué dans la vie publique et que vous y jouez un rôle d'importance, vous ne retrouvez que rarement la vérité dans les récits qui vous en sont faits. Et parfois, il devient même impossible de s'en débarrasser[1]. »

Là encore, la lecture des lignes qui précèdent risque de provoquer une épidémie d'étouffement chez les derniers fidèles de l'ancien président de la République. Et chez quelques commentateurs politiques, comme Alain Duhamel, par exemple : « Il n'y a pas eu de signature de charte mais les évidences sont plus parlantes que les chartes[2]. » Pour Frédéric de Saint-Sernin, « il est évident que Chirac n'a jamais demandé à Balladur de conclure un pacte ou de signer quoi que ce soit : la répartition des rôles relevait de l'évidence même[3] ». Le grognard chiraquien Pierre Mazeaud s'étrangle de colère en écoutant les arguments d'Édouard Balladur. Assis derrière son bureau dans son petit appartement parisien sous les toits, l'ancien président du Conseil constitutionnel, qui fume le cigarillo vanté par Serge Gainsbourg, retrouve soudain cette voix qui fit flageller bien des jambes à l'Assemblée

1. *Ibid.*
2. *Ibid.*
3. *Ibid.*

nationale : « Si Balladur avait dit d'emblée : "Si les circonstances doivent m'amener à me présenter...", pourquoi pas ? Mais en l'occurrence, il a pour le moins manqué d'élégance et encore, je le dis en restant poli. Pour Chirac, oui, c'était une évidence. Chirac ayant permis à Balladur d'aller à Matignon après avoir gagné les élections législatives, il était évident qu'il serait le seul candidat de la droite à la présidentielle de 1995. Personne parmi nous n'a songé à une candidature de Balladur qui, aujourd'hui, peut bien raconter ce qu'il veut... Je le redis : personne dans l'entourage de Jacques ne pensait que Balladur irait. Mais il y est allé et puis Sarkozy, Pasqua et tant d'autres ont trahi et sont allés le rejoindre[1]... »

Entre Mazeaud, le bon vivant gaulois capable de jurer comme un charretier et Balladur, le courant n'est jamais passé. La montagne aurait pu rapprocher l'ancien vainqueur de l'Everest et député de Haute-Savoie et l'ancien patron de la société d'exploitation du tunnel du Mont-Blanc mais il n'en fut rien. « Ce n'est pas le genre d'hommes avec qui on se lie d'amitié, reprend Mazeaud. Il m'a toujours pris pour un grossier personnage. À Chamonix, avec son ami Maurice Herzog[2], il faisait dire partout que j'étais un voyou. »

« On a laissé entendre que Balladur était homo ! »

À l'été 1993, Édouard Balladur caracole en tête des sondages et se sent pousser des ailes élyséennes. Débute alors l'un des plus passionnants et violents duels politiques de la Ve qui va donner lieu à mille et un bruits de couloir,

1. *Ibid.*

2. Membre de la première expédition vainqueur de l'Annapurna en 1950, Maurice Herzog fut (comme Pierre Mazeaud) secrétaire d'État à la Jeunesse et aux Sports (de 1956 à 1968) ; puis maire de Chamonix, député du Rhône et de la Haute-Savoie.

complots et manipulations. Les uns après les autres, François Léotard, Simone Veil, Pierre Méhaignerie, François Bayrou, Gérard Longuet, Charles Pasqua, Nicolas Sarkozy vont tous prêter allégeance à Balladur sous le regard perdu et incrédule d'un Jacques Chirac qui voit la perspective d'une troisième défaite à la présidentielle se rapprocher. Roselyne Bachelot fait alors partie des rares personnalités à rester fidèles à Chirac : « Nous étions très malheureux. La famille se déchirait, l'affaire Chaban recommençait[1]. À la manœuvre chez les balladuriens se trouvaient Nicolas Sarkozy, Pierre Mongin, Nicolas Bazire… Pour les chiraquiens, c'était cauchemardesque, d'autant que nous devions affronter une difficulté en plus, la très bonne gouvernance de Balladur… Je me souviens des journées parlementaires à Colmar, en septembre 1994 : les journalistes nous laissaient seuls dès que Balladur arrivait, ils s'en allaient tous[2] ! » Les deux camps s'épient : les rumeurs de défection parmi les chiraquiens s'accentuent de jour en jour. Panique à bord. Denis Tillinac : « Je faisais espionner Sarkozy et Bazire par des étudiants. On les installait dans des voitures banalisées devant les endroits où les deux recevaient des mecs, et on surveillait quels députés de droite allaient les voir, puis on allait en rendre compte à Bernard Pons ou à Chirac, en leur disant : "Tel mec, faut s'en méfier !" » Des pontes du RPR sont surveillés de près : Alain Juppé, Jean-Pierre Raffarin et Michèle Alliot-Marie, surnommée « la Passerelle » pour avoir apporté son soutien à Balladur et Chirac… Tous trois se décideront finalement pour Chirac. Des bruits courent en tous sens. Tous les moyens sont bons.

Tillinac reconnaît avoir fait partie d'une fine équipe, disons plutôt un cabinet noir, constitué également de Robert Bourgy, de l'avocat Francis Szpiner (dont l'ancien directeur du *Monde* Jean-Marie Colombani estime qu'il était « la

1. Lire le chapitre 3 : « Tous contre "Charmant-Delmas" ».
2. Entretien avec l'auteur.

plaque tournante des rumeurs du côté de Chirac[1] ») et de Dominique de Villepin. « On buvait des cafés, on discutait… Un jour, on a appris que Balladur avait offert des gants à Nicolas Bazire pour son anniversaire, on a trouvé ça bizarre alors on a laissé entendre que Balladur était homo ! Chirac n'était au courant de rien. On s'est exalté face à Balladur. On était aussi tout un petit groupe à se retrouver à l'hôtel de ville de Paris : Dominique de Villepin, Christine Albanel, Claude Chirac, Maurice Ulrich… Moi j'ai intoxiqué les médias et les intellos, on a eu l'idée de la fracture sociale et Olivier Todd l'a intellectualisée, nous a donné une crédibilité scientifique, ce pour quoi il nous en a beaucoup voulu par la suite[2]. » Fumant clope sur clope, attablé à une brasserie du quartier de l'Odéon, Tillinac rigole comme un gosse fier de ses mauvais coups… « Je répandais l'idée que la gauche qui réfléchissait allait rallier Chirac en 1995, que Régis Debray, Jérôme Clément, Max Gallo, Alain Joxe allaient tous voter Chirac ! Seul Clément a gueulé en disant haut et fort qu'il était évidemment pour Jospin. »

Les uns et les autres (surtout les chiraquiens, minés par les défections) en deviennent paranoïaques et perdent leur sang-froid. Un ancien ministre RPR jure s'être entendu dire de la bouche même d'Édouard Balladur en janvier 1995 : « Je ferai de vous un chômeur[3] ! » Une phrase qu'Édouard Balladur dément formellement avoir prononcée. Un autre raconte : « On rêvait d'entendre Chirac lui dire : “Allez, couille molle, vas-y, viens me voir que je te défonce la gueule !” Mais avec Balladur, il ne pouvait pas se le permettre. Balladur exerçait un réel ascendant sur lui. Chirac disait : “Il est populaire, ce con, alors qu'il a vraiment une gueule de marquis poudré[4].” »

1. *Ibid.*
2. *Ibid.*
3. *Ibid.*
4. *Ibid.*

Un autre chiraquien, qui a lui aussi demandé à nous rencontrer anonymement, se souvient d'un déjeuner à l'été 1993. Ils ne sont que six ou sept, que des proches de Chirac. Quelques-uns se montrent très inquiets de la progression fulgurante de Balladur dans les sondages et ne doutent plus une seconde que le Premier ministre finira par se déclarer candidat. « À un moment, Jean-Louis Debré a dit à l'un d'entre nous, qui était resté en bons termes avec Balladur : "Édouard est très populaire, il y a des bruits, il paraît qu'il veut vraiment y aller : on compte sur toi pour le ramener à la raison et lui faire passer le message, qu'il éclaircisse la situation pour de bon. Qu'il se consacre à Matignon et tout ira bien" », se souvient notre témoin. Les enquêtes d'opinion sont alors très nettement favorables au Premier ministre en vue de la présidentielle. Dont une, toute récente et confidentielle que s'est procurée l'un des invités du fameux dîner. Le repas terminé, à peine rentré chez lui, ce dernier reçoit un coup de fil interloqué du patron de l'institut de sondage qui lui a discrètement fait passer l'enquête d'opinion top secret. « Dis donc ? C'est quoi ce bordel ? Comment ça se fait que l'équipe de Balladur vient de me demander notre sondage[1] ? » La réponse est simple : l'un des fidèles chiraquiens était un traître… Notre chiraquien anonyme ne nous a pas permis d'écrire son nom. Disons que Chirac ne le lui pardonnera pas et qu'il ne sera plus jamais ministre.

Le Pen : Chirac est juif !

Le climat devient délétère au fur et à mesure que se rapproche l'élection présidentielle. Les rumeurs fusent de toutes parts. Jean-Marie Le Pen s'en mêle et colporte des bruits sur

1. *Ibid.*

Chirac, son ennemi de toujours. Accréditée à l'Élysée de 1990 à 2000 pour l'agence Reuters, Marie-Bénédicte Allaire, aujourd'hui à RTL, se souvient que « Le Pen faisait courir tout un tas de ragots sur Chirac, notamment qu'il était juif. D'où son opposition radicale au Front national. Il disait que Chirac avait été un enfant caché et qu'il avait été adopté par la famille de Marcel Dassault. Le Pen s'interrogeait beaucoup sur l'endroit où se trouvait Chirac durant la Deuxième Guerre mondiale[1]. »

Une incroyable contre-vérité décortiquée par Nicolas Domenach et Maurice Szafran dans leur *Roman d'un président*[2], publié en 1997, dans lequel ils affirment que selon Le Pen, Chirac était « l'otage d'un complot juif ». « Pourquoi Chirac a-t-il toujours refusé de s'allier avec nous ? » s'interroge le leader d'extrême droite devant les deux journalistes. Avant d'ajouter : « Chaque fois qu'il était au pouvoir, Chirac m'a persécuté. Dans son esprit, il est établi une fois pour toutes que Le Pen, c'est le mal absolu, qu'aucune règle morale ne vaut dès lors qu'il s'agit de me combattre. Il m'a infligé contrôle fiscal sur contrôle fiscal. Ainsi espérait-il m'inquiéter, m'empêcher de dormir. Mais diable, que me vaut cette inimitié déraisonnable puisqu'elle prive la droite de "nos" électeurs ? Chirac n'a jamais su fournir de réponses convaincantes, j'en suis réduit à des hypothèses et, plus particulièrement, à l'une d'entre elles qui est devenue une certitude : Chirac est "tenu" ! Par qui ? Par des organisations juives, notamment le fameux B'nai B'rith. En accord avec elles, en échange d'énormes sommes d'argent, d'appuis internationaux exceptionnels, il a accepté de perdre l'élection présidentielle de 1988 plutôt que de s'entendre avec moi[3]. » Faut-il le

1. *Ibid.*
2. Nicolas Domenach, Maurice Szafran, *Roman d'un président*, Plon, 1997.
3. *Ibid.*

préciser ? Ces insinuations n'ont jamais été étayées par le moindre début de preuve.

Hortefeux : « Balladur était trop naïf »

Autres souvenirs de cette époque agitée conservés par Marie-Bénédicte Allaire, les bruits circulant sur l'état de santé de François Mitterrand. Lors de la cérémonie d'armistice du 8 mai 1994, on s'affole dans les locaux de l'agence Reuters à Berlin où l'on annonce que le président français, miné par la maladie, a annulé son voyage officiel en Allemagne et en Russie, pour raisons de santé. « En réalité, son vol avait juste un peu de retard, se souvient-elle. Jean-Louis Bianco a alors cru à une machination. Il est vrai que des gens mal intentionnés disaient partout qu'il était de plus en plus malade : combien de fois avons-nous entendu parler d'une aggravation soudaine, voire d'une mort imminente ? Les rumeurs sur la maladie de François Mitterrand étaient particulièrement relayées par la droite, par l'intermédiaire de médecins censés le soigner et qui ne se sont pas toujours montrés très élégants, c'est le moins que l'on puisse dire[1]. »

C'est aussi l'époque où les affaires fusent de toutes parts : conditions suspectes d'acquisition de terrains par Bernadette Chirac en Corrèze[2] contre les affaires Schuller-Maréchal[3] et

1. Entretien avec l'auteur.

2. En mars 1995, *Le Monde* révèle que la famille de Bernadette Chirac, née Chodron de Courcel, a réalisé une plus-value de plusieurs dizaines de millions de francs en revendant des terrains à une société d'aménagement créée pour la circonstance.

3. Affaire politico-financière en marge de l'affaire des fausses factures des HLM de Paris et des Hauts-de-Seine, concernant le financement occulte du RPR. S'étant déroulée à partir de décembre 1994, elle a vu le juge Halphen, qui enquêtait sur deux proches de Charles Pasqua, Didier Schuller et Patrick Balkany, être la victime d'une machination.

de la GSI[1]. Un député RPR de l'époque : « Au sujet des terrains des Chaudron de Courcel, les deux Nicolas, Bazire et Sarkozy, accompagnés de Brice Hortefeux, ont constitué un vrai cabinet noir, comme le font les *opposition researchers* américains qui commencent par enquêter sur leur propre patron pour savoir ce qui risque de sortir sur lui avant de dézinguer à tout-va l'adversaire. » Marie-Bénédicte Allaire le confirme : « Les bruits sur les terrains de Mme Chirac et de sa famille ont été balancés par l'entourage de Sarkozy. » Une accusation que bat en brèche Brice Hortefeux, fidèle d'entre les fidèles soutiens de Nicolas Sarkozy, alors ministre du Budget et allié principal d'Édouard Balladur. Dans son immense bureau du dernier étage du siège des Républicains, étrangement situé juste au-dessus de celui du président, Hortefeux, indéfectible sourire ironique aux lèvres, se souvient que « Bernard Pons disait partout que nous imposions des contrôles fiscaux à tous les chiraquiens, ce qui était tout à fait bidon. Ceux qui connaissent Nicolas Sarkozy savent qu'il déteste les coups tordus, c'est même tout ce qu'il déteste. Les informations sur les terrains de la famille Chaudron de Courcel, je peux vous assurer que c'est parti d'un très haut fonctionnaire au ministère des Finances à Bercy qui considérait que l'élection de Chirac serait une catastrophe et qui est allé lui-même fouiller. Il a découvert cette histoire, a apporté les documents au cabinet du ministre qui a refusé de s'en servir. Cette personne est alors allée les porter elle-même au *Canard enchaîné*, avec peut-être bien la bénédiction de Matignon mais je ne saurais l'affirmer. Je peux vous dire que ce monsieur a poursuivi une carrière magnifique sous Chirac, qui n'en a jamais rien su, carrière qui n'est pas terminée aujourd'hui d'ailleurs[2]... » Hortefeux, qui estime que

1. En mars 1995, *Le Canard enchaîné* révèle qu'Édouard Balladur a réalisé une plus-value de 2,4 millions de francs sur la vente des actions de la société GSI dont il fut le président.

2. Entretien avec l'auteur.

« Balladur trop naïf, n'a pas bien perçu les mœurs et les bassesses du milieu politique », n'en dira pas plus...

Toujours est-il que vraies ou fausses, certaines de ces affaires inversent la tendance et permettent à Chirac, bien meilleur candidat par ailleurs, de supplanter le Premier ministre. Jean-Marie Colombani : « L'affaire Schuller-Maréchal a tué Balladur. Il faut dire que Chirac est un tueur redoutable. En réalité, il a tué tout le monde[1]. » François-David Cravenne, qui conseille aujourd'hui Balladur après avoir été notamment proche de Rachida Dati[2], explique que « l'affaire Schuller-Maréchal a constitué un *gamechanger*, comme disent les Américains : un événement qui change la donne pour de bon. En 1995 tous les coups furent permis, ce fut un déchaînement[3] ». Vingt ans plus tard, Édouard Balladur se défend toujours des accusations portées contre lui en 1995 : « Je pense que l'affaire Schuller-Maréchal m'a coûté mon élection. Mais moi je sais ce que j'ai fait. Cette affaire a été exploitée politiquement par la gauche et par une partie de la droite. J'ai convoqué le ministre de l'Intérieur. J'ai aussi demandé la révocation du directeur de la police judiciaire, qui a été réintégré après l'élection présidentielle. Cela peut-il constituer un indice ? Au sujet de la GSI, j'ai été chef d'entreprise, je me suis vu attribuer des actions que j'ai achetées puis revendues quand j'ai été nommé ministre. Rien de plus. Mais on voit bien à qui cela a pu profiter[4]... »

Les manipulations et coups bas se multiplient. L'opposition et les chiraquiens accusent Balladur d'avoir commandé des écoutes téléphoniques illégales dans le cadre de l'affaire Schuller-Maréchal. Sommé de se justifier à la télévision, le Premier ministre, qui n'est visiblement pas au courant, se

1. *Ibid.*
2. Chapitre XIII : « Heureux en affaires, malheureux en amour ».
3. Entretien avec l'auteur.
4. *Ibid.*

tourne vers son conseiller pour les affaires intérieures, Philippe Marland. Un témoin de la scène raconte : « Marland lui a assuré la chose : “Vous pouvez aller au 20 heures et dire qu'il n'y a pas eu d'écoutes.” Balladur le fait. Or la preuve des écoutes est publiée peu après[1]. » Et notre témoin de s'étonner de la suite des événements. « Balladur battu, Marland sera nommé préfet des Alpes-Maritimes en juin 1995, juste après la victoire de Chirac[2]. » En 2002, il sera nommé directeur de cabinet de Michèle Alliot-Marie à la Défense puis ambassadeur de France auprès de l'OCDE de 2007 à 2009. Il sera également cité dans le cadre de l'incroyable affaire Clearstream[3].

1993-1995, c'est aussi l'époque des humiliations, comme celle que Chirac inflige à Balladur le 8 mai 1994. La journaliste Christine Clerc la raconte en souriant : « Chirac tenait à humilier Balladur : le 8 mai, il reçoit François Mitterrand à la mairie de Paris pour les cérémonies commémorant l'armistice. La veille, il s'était rendu compte qu'il n'y avait plus de livre d'or à la mairie et avait envoyé Jean-Jacques Aillagon, qui était directeur des affaires culturelles de la Ville de Paris, en acheter un en urgence. Le lendemain, Chirac a invité Mitterrand, et seulement Mitterrand, à le signer. Les deux sont restés enfermés pendant peut-être une heure entière, laissant Balladur piaffer d'impatience dehors sous les regards cruels des caméras de télévision[4]... » Chirac-Mitterrand, ou les retrouvailles des ennemis de toujours, alliés contre Giscard en 1981 et cette fois-ci contre le nouvel ennemi commun, Édouard Balladur : « Je me trouvais par hasard à l'Élysée pour assister à une remise de décoration le

1. *Ibid.*
2. Nommé en juin 1995 préfet des Alpes-Maritimes, Philippe Marland le demeurera jusqu'en décembre 1998.
3. Chapitre XII : « Une histoire faite pour tuer ».
4. Entretien avec l'auteur.

jour où pour la première fois un sondage a donné Chirac devant Balladur, se souvient Denis Tillinac. J'ai vu les visages des mitterrandistes s'illuminer[1]. »

Giscard II, le retour

Terminons l'évocation de cette terrible campagne présidentielle de 1995 par une dernière rumeur, qui concerne l'autre grand homme de la droite française des années post-de Gaulle et Pompidou : Valéry Giscard d'Estaing. Oui ou non, l'ancien président de la République a-t-il voulu prendre sa revanche en 1995 ? Oui, répondent ses derniers fidèles ! Aussi étonnant que cela puisse paraître, en plein duel fratricide Chirac-Balladur, Giscard a bel et bien, et ce pendant longtemps, caressé le doux rêve de se représenter et de reprendre place dans le bureau présidentiel de l'Élysée. Après avoir refusé le poste de ministre des Affaires étrangères que lui proposa Chirac en 1986, il a renoncé à se présenter à la présidentielle de 1988 après y avoir songé. Citant Richard Nixon[2], il dit alors : « Les Américains affirment qu'il faut laisser passer une élection avant de se représenter » – oubliant qu'à part Nixon, dans l'histoire contemporaine politique américaine, aucun battu ne s'est représenté à une élection présidentielle. En 1994, l'Ex a donc bien constitué une petite équipe de campagne en vue de l'élection de 1995 avec en tête la ferme idée de succéder à son successeur, François Mitterrand. Parmi ces quelques fidèles, Charles Millon, Hervé de Charrette, Jean-Pierre Soisson et Jean-Pierre Raffarin : « Giscard a souhaité être à nouveau candidat à l'élection présidentielle, persuadé qu'il

1. *Ibid.*
2. Battu en 1960 par Kennedy, Nixon prendra sa revanche en 1968 face à Hubert Humphrey.

était de pouvoir battre Chirac en *mano a mano* puisqu'il s'estimait plus fort que lui, raconte ce dernier. En 1988, il y avait déjà songé mais la candidature de Raymond Barre l'en avait empêché. En 1995, il y a cru davantage. Nous participions à des réunions quotidiennes chez lui, qui se sont déroulées jusqu'en janvier, quand Balladur s'est finalement déclaré. Puis Giscard a autorisé Charles Millon à se présenter, signifiant qu'il n'y croyait plus[1]. »

Brice Hortefeux, qui militait alors pour Balladur, se souvient que le sondeur Pierre Giacometti « commentait les enquêtes d'opinion pour Giscard quelques mois seulement avant le premier tour, six mois peut-être ». Mais Giscard doit se rendre à la raison : les sondages ne lui accordent aucune chance de l'emporter et ni Chirac ni Balladur n'ont l'intention de se retirer de la course à l'Élysée. Il jette l'éponge. Hortefeux : « Il en a beaucoup voulu à Balladur, qu'il a accusé de se comporter en coucou, l'accusant de lui avoir volé son fonds de commerce. Je me souviens d'un tête-à-tête entre eux deux à Clermont-Ferrand à quelques semaines de l'élection, c'était d'un glacial ! Je lui ai demandé si ça s'était bien passé. Il m'a répondu : "Dites-vous bien que le soutien de Giscard, je m'en moque !"[2] »

Finalement, Giscard apportera son soutien au traître de 1981, Jacques Chirac. Un témoin anonyme raconte : « Les deux étaient d'accord pour se dire : "Balladur ne connaît pas le pays, ni le terroir ; nous on a tâté le cul des vaches."[3] » L'alliance de trop pour Édouard Balladur, qui s'inclinera au soir du premier tour et verra Chirac accéder enfin à la présidence de la République.

1. Entretien avec l'auteur.
2. *Ibid.*
3. *Ibid.*

V

LES ANNÉES CHIRAC

10

Le Japon, l'autre pays de la rumeur

Un fils et des millions bien cachés ?

Le présentateur de l'émission spéciale de la BBC ne semble pas croire aux mots qu'il prononce d'une voix blanche. « Vous êtes sur BBC Television, à Londres. Le palais de Buckingham vient juste de confirmer la mort de Diana, princesse de Galles. La princesse, âgée de 36 ans, vient de décéder lors d'un accident de la circulation à Paris. Le Palais fait savoir que la reine et le prince de Galles sont profondément choqués par la nouvelle. » C'est le milieu de la nuit, le dimanche 31 août 1997. Quatre heures plus tôt, à minuit 25, la Mercedes de Diana Spencer et Dodi Al-Fayed s'est fracassée contre le treizième pilier du tunnel de l'Alma, en plein cœur de Paris[1]. Sur place dans le tunnel, dans l'ambulance qui mettra une heure et demie pour rallier l'hôpital de la Salpêtrière afin de permettre aux médecins de soigner à son bord la princesse, au bloc opératoire, pompiers, urgentistes, infirmières et chirurgiens se battent pour empêcher Diana de mourir. En vain. À 4 heures du matin, devant l'échec des tentatives de réanimation, les

1. L'accident, survenu au sortir du Ritz alors que la voiture était poursuivie par des paparazzi, fera trois morts, Diana, Dodi Al-Fayed et Henri Paul, le chauffeur, et un blessé très grave, le garde du corps de la princesse, Trevor Rees-Jones.

médecins constatent le décès de la personnalité la plus populaire au monde.

Première autorité arrivée sur les lieux de l'accident, le préfet de police, Philippe Massoni, a réveillé le ministre de l'Intérieur, Jean-Pierre Chevènement, vers 1 h 30 du matin. Les deux hommes vont rapidement se retrouver à l'hôpital de la Salpêtrière où ils accueillent l'ambassadeur de Grande-Bretagne. Alerté alors qu'il participe à l'université d'été du Parti socialiste à La Rochelle, le Premier ministre Lionel Jospin regagne Paris à bord d'un avion officiel du Glam. Un seul être manque à l'appel, et pas le moindre : le président de la République. Où se trouve Jacques Chirac en cette nuit du 30 au 31 août 1997 ? Ni à l'Élysée, ni à l'hôpital. La journaliste Christine Clerc croit avoir trouvé la réponse, étayant un bruit qui a couru, et court toujours, avec une troublante insistance. « Août 1997 : les Chirac sont à l'Élysée depuis deux ans. À la une de *Paris-Match* avec sa fille Claude et son petit-fils Martin, le président joue le grand-père attendri. On le croit assagi, lorsque la princesse Diana se tue en voiture dans le tunnel de l'Alma. Cette nuit-là, la première dame cherche une fois de plus son mari. Réveillé par la préfecture de police, son chauffeur, endormi dans sa voiture non loin du domicile de l'actrice Claudia Cardinale, ne verra revenir le "patron" qu'à 3 heures du matin… Les insinuations autour de l'actrice vedette du *Guépard* seront démenties par l'intéressée. Mais Bernadette, en campagne en Corrèze, s'étonnera ainsi de voir une meute de photographes la suivre : "Je ne suis pourtant pas Claudia Cardinale !"[1] » Interrogée une nouvelle fois, au cours d'un dîner au printemps 2015, au sujet de cette fameuse nuit de 1997 par un de nos interlocuteurs, qui préfère rester anonyme, Claudia Cardinale a une nouvelle fois juré que « Jacques Chirac n'était pas chez

1. Christine Clerc, « Jacques Chirac, un indomptable appétit de vie », *Le Parisien Magazine*, 6 août 2014.

elle le soir de la mort de Diana[1]. » Mais un démenti n'a jamais permis d'arrêter un bruit qui court.

Combien sont-ils à avoir entendu conter la même histoire ? Avant de l'évoquer, Albert du Roy tient à préciser les choses : « Il ne faut pas confondre le non-dit et la rumeur. Connaître des faits avec certitude et refuser de les dévoiler relève de l'autocensure. À l'inverse, le fait de ne pas être sûr d'une information et du coup de ne pas la retranscrire, le fait de se taire alors que l'on sait mais que l'on n'a pas les moyens de le prouver, c'est tout autre chose : c'est justement ne pas prêter le flanc à la rumeur. Pendant que Jacques Chirac était président, alors que j'étais accoudé à un comptoir de bistrot en train de boire un café, un type m'aborde et me dit : "Vous savez, j'étais l'ancien chauffeur de Jacques Chirac. C'est moi qui emmenais le président rue de Tournon chez Claudia Cardinale !" » Stupeur du journaliste face à cet inconnu accréditant le on-dit, « ce que fera aussi plus tard et d'une autre manière Bernadette Chirac, en Corrèze, ajoute-t-il, en disant : "Je ne suis pourtant pas Claudia Cardinale !" » Du Roy n'a rien fait de cette « information » ni du témoignage spontané du supposé chauffeur.

« On a prêté tant de maîtresses à Jacques Chirac, comme à tous les présidents, sauf Charles de Gaulle et Georges Pompidou… À l'inverse certaines personnalités d'envergure n'ont jamais intéressé les colporteurs de ragots : Raymond Barre par exemple. Pierre Mauroy non plus, même si j'ai entendu des femmes journalistes s'extasier en pouffant sur ses "mains de pianiste". » Ni Jacques Delors ni Michel Rocard. « Rocard, c'est très simple, il préférait divorcer ! Il faut dire que les temps avaient changé. Dans les années 1965-1970, un homme politique dont le divorce était connu perdait toute chance ou presque de remporter une élection, alors

1. Entretien avec l'auteur.

que les on-dit au sujet d'une liaison pouvaient presque lui apporter des voix. J'ai bien connu Georges Fillioud[1], il me disait : “Je ne peux pas divorcer, cela me coûterait mon élection.” Il était député de la Drôme et avait une histoire avec la comédienne Danielle Evenou, qu'il a épousée plus tard. À l'inverse, bien plus tard, Bertrand Delanoë révélera son homosexualité, une grande première dans le monde politique français et, je pense, le meilleur moyen de combattre la rumeur[2]. »

Après Giscard et Mitterrand, Jacques Chirac incarne le troisième président de la République consécutif à la réputation de tombeur. Si l'histoire avec la sublime Claudia Cardinale relève peut-être des ragots, ce n'est pas le cas des escapades conjugales du grand Jacques. Celles-ci ont même été à plusieurs reprises confirmées par l'épouse du président, Bernadette Chirac. Dans le livre confession intitulé *Conversation*[3], rédigé avec l'ancien patron de France Télévisions Patrick de Carolis, l'ex-première dame lâche une formule dont elle a le secret : « Les filles, ça galopait... » Avant d'ajouter : « Mon mari est toujours revenu au point fixe. De toute façon, je l'ai plusieurs fois mis en garde : “Le jour où Napoléon a abandonné Joséphine, il a tout perdu.” » Des nombreux surnoms dont il fut affublé durant sa si longue carrière, il en est un qui a longtemps collé aux basques de Chirac, le fameux « Cinq minutes, douche comprise ». Voire trois minutes pour les plus mauvaises langues...

« Bon, c'est vrai, Jacques n'avait pas la réputation d'être forcément un bon coup au lit, pour dire les choses comme ça », s'amuse un ancien cador du RPR[4]. Pierre Suu est un photographe parisien réputé, longtemps spécialiste du travail

1. 1929-2011. D'abord journaliste à Europe 1, il deviendra ministre de la Communication de François Mitterrand en 1981.
2. Entretien avec l'auteur.
3. Bernadette Chirac, Patrick de Carolis, *Conversation*, Plon, 2001.
4. Entretien avec l'auteur.

de paparazzo, auteur de la fameuse photo de François Mitterrand et Mazarine[1] qu'il a réalisée lors d'une planque effectuée en duo avec Sébastien Valiela, l'homme qui, en 2014, photographia François Hollande en scooter, en route pour retrouver secrètement Julie Gayet. À la différence de Valiela, Suu a aujourd'hui cessé le métier de paparazzo mais lors des années Chirac, il l'exerçait encore. Pourquoi ne pas avoir planqué le président Casanova et révélé ses nombreuses aventures ? Réponse immédiate : « Tout simplement parce que cela n'intéressait personne et qu'aucun journal n'aurait eu l'idée de publier ces photos. Nous n'avions pas de commandes sur la vie privée de Chirac[2]. » Autres temps… Résultat, comme en sourit avec fierté son ami Pierre Mazeaud, « le Jacquot s'est autorisé bien des choses mais il ne s'est jamais fait prendre[3] ! » Une formule rapportée au journaliste Alain Duhamel, qui tient à la nuancer : « Il ne s'est jamais fait prendre dans ce domaine. Parce que pour ce qui est des affaires et des scandales financiers, ce ne fut pas aussi réussi[4] ! »

Avec le temps, certaines relations extraconjugales de Chirac, de bruits de couloir sont devenues vérités historiques. Celle survenue au cours des années 1970, quand il songea réellement à quitter Bernadette pour une journaliste politique. Christine Clerc raconte qu'un jour, « les services secrets sont allés récupérer des lettres de Jacques Chirac chez une journaliste. On savait que Chirac, comme Mitterrand, avait des tas de maîtresses mais les journalistes politiques s'intéressaient beaucoup moins à ces sujets qu'aujourd'hui. Nous étions davantage concentrés sur les positionnements idéologiques, politiques, et puis le respect de la vie privée n'était pas un mot creux. On ne posait pas certaines questions, cela paraît incroyable quand on compare cette époque à

1. Chapitre VII : « Mazarine ».
2. Entretien avec l'auteur.
3. *Ibid.*
4. *Ibid.*

l'actuelle et à son effronterie[1]. » Dans un article publié dans *Le Parisien Magazine* en 2014[2], la même Christine Clerc prend toutefois le temps de détailler cette relation secrète : « Il arrive que Chirac tombe amoureux pour de bon. Il lui arrive même – en dépit du président Pompidou, qui lui rappelle la sacro-sainte règle pour un ambitieux politique : "Jamais le divorce !" – de promettre le mariage à l'une de ses conquêtes. » Ce sera le cas durant les deux ans passés à Matignon sous Giscard avec une journaliste du *Figaro*. « De grands yeux gris, une bouche enfantine, la journaliste a le cœur à gauche, reprend Christine Clerc. Elle est aussi sexy que Bernadette est austère. Son journal l'envoie en Corrèze faire un portrait du jeune Premier ministre. C'est un coup de foudre. Il lui écrit des billets enflammés, loue un appartement proche de Matignon pour l'y rejoindre, la veut près de lui sans cesse, y compris, devant Bernadette, dans un voyage officiel en Inde. D'abord éperdue de chagrin et de jalousie, cette dernière décide de résister. Elle va trouver un appui auprès des mentors de son mari, qui veulent faire de lui le chef d'un mouvement bonapartiste, cabré contre la vision européenne et libérale du président Giscard.

Charles Pasqua, qui participe alors à leurs réunions de fin d'après-midi autour d'un whisky, décrit le Chirac des années 1970-1980 comme un superbe étalon en liberté. Nous avons tenté de refréner ses ardeurs. Notre rôle était de l'aider à tenir son rang. En même temps, nous devions faire en sorte que le cheval ne se débarrasse pas de sa bride… Lui protestait : "Mais il faut bien que je vive !" Le trio se répartit les tâches. Avec un sourire en coin, Pasqua se souvient : "Nous avons fait récupérer ses lettres d'amour…" (au domicile de la journaliste). De son côté, Marie-France Garaud met en garde Bernadette : la femme d'un homme qui aspire aux plus

1. *Ibid.*
2. Christine Clerc, « Jacques Chirac, un indomptable appétit de vie », *op. cit.*

hautes fonctions doit se montrer davantage auprès de lui. Puis elle convoque la journaliste : il en va de “l'avenir de la France” ! Sous la pression, le couple finit par céder. C'est la rupture déchirante de Titus et Bérénice. “Dans un mois, dans un an, Seigneur, comment souffrirons-nous ?” Bérénice est hospitalisée, après une tentative de suicide. Titus, lui, poursuivra son ascension vers le trône[1]. » Comme l'explique le très influent conseiller Jérôme Monod dans un documentaire diffusé en 2013 par France 2[2], « Bernadette a réglé ses comptes. Elle lui a dit que c'était inacceptable et que, “par conséquent, vous arrêtez !” Ajoutant : “Si vous me quittez, Jacques, vous ne serez jamais président de la République.” »

Chirac à l'AFP : « Ehhh, bonjour, c'est M. Nicolas ! »

Quinze ans passent. « Octobre 1989, reprend Christine Clerc. Un an après sa défaite contre François Mitterrand, Chirac, que l'on disait déprimé, arrive tout guilleret au dîner des parlementaires du RPR, au palace niçois Le Negresco, en compagnie de son ancienne ministre déléguée à la Santé, une ravissante brune. “Débrouillez-vous, glisse-t-il à l'organisateur : il est bien entendu que Michèle Barzach sera à côté de moi.” En toute hâte, on improvise un autre plan de table, tandis que les tourtereaux se “mangent littéralement des yeux” sous l'œil furieux de l'adjointe à la Culture du maire de Paris, la belle Françoise de Panafieu[3]. »

Devenu président de la République, Chirac renouera avec ses amours de jeunesse à Matignon en fréquentant de nouveau une journaliste politique. C'est à nouveau Christine Clerc qui

1. *Ibid.*
2. Pierre Hurel, *Le Clan Chirac*, février 2013, France 2.
3. Christine Clerc, « Jacques Chirac, un indomptable appétit de vie », *op. cit.*

relate l'anecdote : « Avec l'âge et les responsabilités, Jacques Chirac a appris quelques bonnes manières. Mais il cultive toujours la provocation. En tournée avec des journalistes, il ne résiste pas à l'envie de faire attribuer à celle de son choix la chambre d'hôtel voisine. Et il tombe encore amoureux, d'une autre journaliste, notamment. Connue du temps où elle "couvrait" la mairie de Paris, cette reporter de l'AFP à l'allure sage va partager avec le président des vacances à l'île Maurice ou dans l'oasis tunisienne de Tozeur. Mais, en 2001, les révélations sur des billets d'avion payés en liquide du temps de la mairie de Paris vont sonner la fin de cette liaison. Une fois encore, Bernadette a gagné. Elle aura été le "point fixe" d'un bel homme indomptable, qui deviendra, peu après son départ de l'Élysée, ce retraité malade dont le regard s'anime encore au passage d'une jolie blonde[1]. » Le Tout-Paris journalistique se gausse des coups de fil que Chirac passe en personne à la journaliste sur son lieu de travail. Scène surréaliste, digne du théâtre de boulevard, que raconte l'ancienne chef du service politique du *JDD* Florence Muracciole : « Des journalistes de l'AFP racontaient comment Chirac appelait à la rédaction sans même changer sa voix, il faut dire reconnaissable entre toutes, mais en se faisant passer pour un autre. Il disait toujours : "Ehhhh, bonjour, c'est M. Nicolas. Je voudrais parler à Élisabeth, s'il vous plaît !" Les confrères se bidonnaient et écoutaient certains appels. Ils ont même assisté une fois à une scène de ménage entre lui et la journaliste. Ils devaient se voir discrètement un soir, profitant d'un déplacement de Bernadette en Chine mais ce déplacement a été annulé au dernier moment. Chirac a alors rappelé dans la foulée de l'annonce du report du voyage pour annuler le rendez-vous galant prévu le soir même. La journaliste était furieuse[2] ! » Mais les Chirac, malgré tout, font partie d'une génération qui ne divorce pas. « Chirac

1. *Ibid.*
2. Entretien avec l'auteur.

est attaché aux vieilles valeurs : on a des aventures, mais la famille, c'est sacré », décrypte un ancien conseiller[1]. Bernadette a appris à prendre son mal en patience. Prendrait-elle aujourd'hui sa revanche ? Oui, à en croire certaines indiscrétions et cet article intitulé « Chirac privé de sortie », paru dans *VSD* en août 2015 : « Le 21 juin, les Chirac déjeunent dans un restaurant du XVIe arrondissement de Paris. "Le président est entré en traînant les pieds, comme un petit vieux", nous a raconté un client. À ses côtés, Bernadette et un inconnu. Ces trois personnes s'installent à une table, les gardes du corps à une autre, avec un des bichons du couple. "Alors que Chirac mange avec appétit en sirotant une bière, l'air absent, sa femme lance aux hommes chargés de la sécurité : 'Vous irez acheter un bavoir, parce qu'il me salope quatre costumes par semaine !'" "Un peu plus tard, poursuit notre témoin, l'inconnu s'adresse à Chirac : 'Vous irez voir Sarkozy ?' 'Quand ça ?', demande le vieil homme. 'Quand on vous le dira !', répond sèchement madame."[2] » De quoi, en tout cas, alimenter si besoin en était les inquiétudes sur l'état de santé de l'ancien président, renforcées par son absence aux obsèques de Charles Pasqua en juillet 2015. Des bruits sur sa santé, Chirac n'en a pas toujours connu mais depuis une dizaine d'années, le sujet alimente les gazettes et leurs rubriques « indiscrètes », truffées de « on-dit ». En 2003, un bruit court assurant que le président de la République serait appareillé d'un sonotone. En novembre 2003, au micro de RTL, Roselyne Bachelot, alors ministre de l'Écologie et du Développement durable met les pieds dans le plat (et se les prend dans le tapis de Jean-Michel Apathie). Explications de l'intéressée dans son livre paru en 2015[3] : « Je sais avoir payé aussi une histoire ridicule que les journalistes appellent encore aujourd'hui "l'affaire du sonotone". Toute la presse, en

1. *Ibid.*
2. Sylvie Lotiron, « Chirac privé de sortie », *VSD*, 12 août 2015.
3. Roselyne Bachelot, *La Petite Fille de la Ve*, *op. cit.*

ce mois de novembre 2003, bruissait du même bruit insistant : le président, qui devenait dur d'oreille, était appareillé. Des photos avaient circulé, sur lesquelles l'engin était parfaitement visible. Au Conseil des ministres, j'avais moi-même vérifié la chose. Aussi, à la question de Jean-Michel Apathie sur RTL : "Roselyne Bachelot, confirmez-vous que le président porte un appareil auditif ?", j'ai répondu : "Il me semble que oui." Mes amis, quelle affaire ! Entre démentis grotesques et demi-aveux, l'Élysée a atteint le sommet du ridicule. Tout cela n'aurait pu être qu'une histoire insignifiante et vite oubliée. Mais je n'ai pas réalisé que j'étais en train de mettre à mal une stratégie savamment échafaudée par l'entourage du président afin de rendre possible un troisième mandat. Pour cela, l'image d'un homme jeune devait être préservée. J'avais donc commis un crime non pas de lèse-majesté mais de "lèse-juvénilité". Qui ne me fut jamais pardonné. »

Nous sommes en 2003, le président a été réélu l'an passé et quelques-uns, dont Bernadette, rêvent déjà d'un troisième mandat pour Chirac en 2007. « L'idée de ce troisième mandat, son épouse et sa fille Claude ont poussé pour cela peu après la réélection de 2002, confirme Roselyne Bachelot. L'épisode du sonotone fut dévastateur pour moi, Mme Chirac m'en a énormément voulu, me disant un jour : "Vous en faites de belles, madame." Mais moi j'étais chez Jean-Michel Apathie, il me pose la question, la sincérité est un peu ma marque de fabrique, je réponds. Et puis de toute façon ça se voyait, *Paris-Match* avait des photos et au Conseil des ministres tout le monde le voyait bien[1]. » Plus de dix ans après, Roselyne Bachelot se dit persuadée que la gaffe du sonotone lui « a coûté [son] poste au gouvernement ». Impossible de savoir si cela est vrai. Reste qu'elle devra attendre 2007 et l'élection de Nicolas Sarkozy pour retrouver un poste de

1. Entretien avec l'auteur.

ministre, perdu lors d'un remaniement en 2004. Puis survient en 2005 un nouveau mensonge d'État « aux conséquences bien plus importantes sur sa santé que ce qui a été dit à l'époque, reprend Bachelot. Dès lors son entourage s'est résigné. Chirac n'était plus le jeune aventurier qu'il avait été ». Le 1er septembre 2005, victime de maux de tête et de troubles de la vision, le président est hospitalisé au Val-de-Grâce. Sur le moment, ni Dominique de Villepin, Premier ministre, ni Nicolas Sarkozy, ministre de l'Intérieur, ne sont prévenus. Ainsi en a décidé Claude Chirac. Au bout de quatorze heures, le Val-de-Grâce communique enfin sur l'état de santé du président, minimisant la gravité de la situation. De son côté l'Élysée ment effrontément, laissant croire que Chirac, pourtant victime d'un AVC, ce qui n'est pas dit à l'époque, est en pleine forme. Le président vient pourtant de prendre conscience qu'il ne pourra jamais briguer un troisième mandat.

Un enfant caché au Japon

Le propre de la rumeur étant de se reproduire, d'en créer d'autres alimentées par l'originale, le président de la République se voit bientôt visé par d'autres bruits liés avec ce qui précède sur sa sexualité. Non content de multiplier les infidélités, Chirac serait le père d'un enfant caché. Un grand classique ayant visé au moins trois autres présidents de la République : Valéry Giscard d'Estaing – soupçonné sans la moindre preuve d'avoir eu un fils avec une collaboratrice au Parlement européen –, François Mitterrand – deux fois, l'une avérée, avec sa fille Mazarine ; l'autre a priori fantaisiste avec Hravn Forsne en Suède[1] – et François Hollande[2].

1. Lire le chapitre 7 : « Mazarine : "Oui, et alors ?" ».
2. Lire le chapitre 15 : « Tu es coupable puisque tu es puissant ».

Pour Chirac, s'ajoute une dimension exotique : l'enfant secret du président aurait été conçu et vivrait dans le pays adoré du président, où il se rend plusieurs fois par an, le Japon. Les bruits sont relayés par le journaliste et éditeur Guy Birenbaum dans son livre *Nos délits d'initiés : mes soupçons de citoyen*, paru en 2003[1], Christophe Barbier écrit alors dans un éditorial du magazine qu'il dirige, *L'Express*, le dégoût que lui inspire le livre : « Guy Birenbaum déclare de salubrité publique la délation : cacher des choses, c'est aider Jean-Marie Le Pen. Contre ce péril totalitaire, il prône la dictature de la rumeur : il ne faut pas trier le vrai du faux ni l'important du sans intérêt, le "on-dit" est un "doit être écrit". En guise d'enquête, son livre n'est donc qu'un ragoût de racontars, avec un morceau de choix : Jacques Chirac a un fils caché au Japon. Aucune preuve, aucune enquête et aucun scrupule. Car prouver ce fait ne suffirait même pas à justifier sa publication : encore faudrait-il établir que l'argent du contribuable a financé cette double vie, que les actions et décisions du chef de l'État en ont été modifiées ou que la loi a été transgressée[2]. »

Le quotidien gratuit *20 Minutes* résume bien la différence d'appréciation que l'on peut avoir en lisant le livre et ses supposées révélations : « Pour les uns, Birenbaum est un "salopard" qui balance sur la vie privée des politiques. Pour d'autres, cet éditeur a fait son devoir de citoyen en s'intéressant aux frasques de nos responsables (maîtresses, amants, drogue…). Mais attention : seulement si ces frasques sont en contradiction avec le discours moral et l'image lisse servis par les élus. Parmi ses "soupçons de citoyen", figure le supposé "fils caché de Jacques Chirac". L'enfant vivrait au Japon, sa mère serait une galeriste d'art très connue sur l'archipel. Jusqu'ici, une simple histoire de double vie. Mais, pour

1. Guy Birenbaum, *Nos délits d'initiés : mes soupçons de citoyen*, Stock, 2003.

2. « Flagrant délire », *L'Express*, 4 septembre 2003.

Birenbaum, jurisprudence Mazarine oblige, tout se complique si l'enfant est nourri au sein de la République et si – comme il l'écrit, preuve à l'appui – deux agents français sont partis au Japon en 1999 enquêter sur son existence[1]. »

Les uns après les autres, les médias reprennent l'insinuation véhiculée par Birenbaum pour, le plus souvent, la juger infondée… tout en s'appesantissant dessus. Exemple en Belgique, avec le quotidien la *Dernière Heure*, qui titre : « Chirac aussi aurait fauté », avant d'indiquer : « Il aurait un fils naturel de 17 ans vivant au Japon. Une rumeur non étayée par le moindre soupçon de preuve. » Quant à l'article, s'il reprend d'abord les rumeurs, c'est pour ensuite mieux souligner l'incohérence du propos : « Et de trois ! Après la fille illégitime de François Mitterrand, le fils caché de Valéry Giscard d'Estaing avec son attachée parlementaire, voilà maintenant le fils naturel de Jacques Chirac, qui aurait 17 ans et vivrait au Japon ! Les présidents de la République, décidément, semblent donc portés sur la gaudriole. La dernière révélation en date concerne l'actuel hôte de l'Élysée, il est vrai connu pour avoir un faible pour le sexe faible. Jacques Chirac, si l'on en croit Guy Birenbaum, auteur de *Nos délits d'initiés* sorti mercredi en librairie, aurait donc un fils de 17 ans, né de ses amours avec une interprète lors de l'un de ses nombreux périples dans l'empire du Soleil-Levant. » Mais le quotidien belge indique aussitôt que ce bruit de couloir, en soi, n'est pas nouveau : il a déjà été publié par le magazine luxembourgeois *L'Investigateur*, à la réputation sulfureuse. Selon l'hebdomadaire, une association franco-japonaise aurait été créée naguère afin d'assurer « l'entretien du gamin ». Quelle association ? Avec quels moyens ? Le magazine avoue ne rien en savoir.

À son tour, Guy Birenbaum redonne vie aux on-dit, sans apporter, lui non plus, la moindre once de preuve à ces

1. *20 Minutes*, 7 octobre 2003.

affirmations. L'auteur de *Nos délits d'initiés* croit savoir que la mère de l'enfant n'exerce pas la profession d'interprète, comme cela a été dit, mais n'en dit pas plus, se retranchant derrière un étonnant « respect de la vie privée ». Selon *Dernière Heure* : « "L'homme politique a droit au respect de sa vie privée sauf lorsqu'il instrumentalise celle-ci pendant sa campagne. Ses actes doivent alors être conformes à ses déclarations", a-t-il justifié [Birembaum] pour ne pas lever le coin du voile sur l'identité de la mère et du fils. Bref, l'auteur du brûlot se gausse uniquement de "rumeurs non vérifiées et non vérifiables" pour jeter ce nouveau pavé dans la mare du microcosme politique hexagonal. » Pour les journalistes belges, les éléments avancés pour corroborer l'accusation « prêtent à sourire » : les fréquents voyages de Jacques Chirac au Japon, cinquante-cinq à cette époque ; les 15 000 références affichées par Google lorsque l'on tape les mots Chirac et Japon ! Conclusion : « Birenbaum donne un bon coup de pied dans la fourmilière, sans trop se soucier, finalement, si la rumeur a quelque consistance ou non. Mais c'est vrai qu'un parfum de scandale est généralement un excellent vecteur de vente[1]. »

45 millions d'euros sur un compte au Japon

Après le sexe, l'argent bien sûr ! Loin des trop voyants comptes bancaires de Suisse, du Liechtenstein ou de Monaco, le président de la République posséderait depuis le début des années 1990 un compte en banque richement garni à Tokyo. C'est en novembre 1996 que le bruit émerge, via un message expédié par le chef de poste de la DGSE au Japon qui fait mention d'un hypothétique compte détenu par le président de la République à la Tokyo Sowa Bank : dans les coffres

1. « Chirac aurait aussi fauté », *Dernière Heure*, 4 septembre 2003.

ultrasécurisés dormiraient, bien au chaud, 300 millions de francs[1]. Comment les agents secrets en sont-ils arrivés à enquêter sur ce mystérieux compte secret, dont Jacques Chirac a toujours vivement contesté l'existence ?

À Papeete, un juge d'instruction, Jean-François Redonnet, enquête sur la disparition, et peut-être l'assassinat, du journaliste Jean-Pascal Couraud en 1997. Parmi les hypothèses invoquées, le fait que Jean-Pascal Couraud se serait trop intéressé aux liens unissant le tout-puissant sénateur Gaston Flosse à son ami Jacques Chirac. Relations financières qui auraient pu, selon le juge, passer par une banque japonaise, la Tokyo Sowa Bank, dirigée par l'intrigant Shoichi Osada, homme d'affaires réputé proche de Jacques Chirac. Donnons la parole aux deux journalistes du *Monde* Gérard Davet et Fabrice Lhomme qui ont écrit en 2012 l'enquête la plus précise et informée sur le sujet[2] : « Ils ont choisi une vie discrète, cachée. Quand on entre à la Direction générale de la sécurité extérieure (DGSE), c'est pour se taire. Pourtant, une vingtaine d'agents des services secrets ont dû se confier, en 2010 et 2011, à des policiers mandatés par un magistrat têtu, en poste au tribunal de Papeete, à Tahiti. *Le Monde* a pu consulter leurs auditions dans lesquelles tous, sans exception, assurent qu'ils n'ont jamais eu la moindre preuve de l'existence du mythique compte japonais de Jacques Chirac, auquel ils avaient été amenés à s'intéresser au tout début des années 2000. Comme Michel Lacarrière. À 70 ans, l'ancien patron du renseignement à la DGSE (de 1989 à 1999), semble sûr de lui. “Il n'y a jamais eu de recherches sur ce prétendu compte, bougonne-t-il devant les policiers en juillet 2010. Ce genre d'informations ne relevait pas du service. Le chef de poste rapporte des propos non vérifiés et

1. Soit 45 millions d'euros.

2. « La vraie histoire du faux compte japonais de Jacques Chirac », *Le Monde*, 27 mars 2012.

non recoupés." Ce chef de poste a d'ailleurs, par la suite, "été réprimandé", lâche l'ancien responsable des services secrets. »

Selon Lhomme et Davet, au départ du dossier se trouverait « la rancœur d'un homme » : le capitaine Bernard Coquart, ancien de la DGSE qui, interrogé par les policiers en septembre 2010, a raconté son histoire. « J'ai vu un télégramme qui disait que le président de la République avait un compte à la Tokyo Sowa Bank et que la source enquêtait sur ce compte », dit-il. Mais, selon lui, « le service [la DGSE] n'avait pas à enquêter sur ce présumé compte. » Et le capitaine Coquart d'accuser un de ses collègues d'avoir mené des investigations sur le pseudo-compte japonais de Jacques Chirac. Un collègue réputé de gauche, qui aurait pu vouloir servir les intérêts du gouvernement Jospin… Inquiet, Coquart va rencontrer Bernard Pons, ancien ministre de Jacques Chirac, dans son bureau à l'Assemblée nationale. Puis l'information remonte à Dominique de Villepin, secrétaire général de l'Élysée.

Jacques Chirac évoquera ce moment dans ses Mémoires, n'hésitant pas à incriminer Jospin : « Au cours de l'été 2001, j'apprends par Dominique de Villepin qu'un ancien juge financier ayant jadis appartenu au cabinet d'un ministre socialiste, et depuis lors détaché à la DGSE, aurait enquêté sur l'existence présumée d'un compte privé que je détiendrais prétendument dans une banque japonaise, la Sowa Bank, dirigée jusqu'à une période récente par son fondateur, Shoichi Osada. Je connais celui-ci, en effet, et l'ai rencontré à plusieurs reprises, mais pour des raisons liées exclusivement à des projets d'investissement industriel qu'il souhaitait réaliser dans notre pays. Cette fois, mon sang ne fait qu'un tour. Convaincu que Lionel Jospin, ou son entourage, n'est probablement pas pour rien dans cette nouvelle "affaire", qui a tout l'air d'un complot ourdi contre moi, j'adresse au Premier ministre, par courrier, une mise en garde extrêmement vigoureuse contre ce genre de procédé. Il me répond sèchement tout ignorer d'une pareille enquête, dont l'existence sera néanmoins avérée après coup[1]. »

Comme il le fera dans l'affaire Clearstream, Villepin confie le dossier à son homme de confiance, le général Rondot, alors coordinateur du renseignement. Le ton monte entre Lionel Jospin et Jacques Chirac. En septembre 2001, l'Élysée ordonne l'ouverture d'une enquête interne à la DGSE. Il s'agit non plus de savoir si Jacques Chirac dispose d'un compte japonais mais qui est derrière cette manipulation. Deux agents sont dépêchés à Tokyo en mission ultrasecrète. *Le Monde* : « Ils rencontrent l'ex-chef de poste au Japon. Qui leur raconte de quelle manière il a eu vent du pseudo-compte japonais. » À l'automne 1996, un haut fonctionnaire français basé à Tokyo alerte la DGSE sur les tentatives d'« entrisme » des dirigeants de la Tokyo Sowa Bank auprès de l'administration française. Une de ses sources lui glisse à l'oreille que Jacques Chirac possède un compte dans cet établissement, ajoutant craindre pour sa vie. Qui est cette source ? Quel est son degré de fiabilité ? « Douteux », estime un agent secret cité par *Le Monde*. D'autant qu'elle ne dispose d'aucun accès à des informations confidentielles bancaires. Le fin mot de l'histoire ? Cette « source » serait donc entrée en relation avec des journalistes japonais, lesquels auraient rédigé un article non signé, paru dans un tabloïd réputé peu crédible, le *Shukan Post*, dans lequel il aurait été fait mention du compte japonais de Jacques Chirac. Puis d'autres journalistes japonais reprennent la nouvelle, sans rien vérifier, l'amplifient, entrent en contact avec un informateur de la DGSE, qui en fait état à son officier traitant à Paris. Pas de recoupement, aucune vérification… Rien du tout. Si ce n'est une déclaration officielle des autorités japonaises indiquant formellement en 2010 à la justice française que la famille Chirac n'a jamais détenu de compte à la Tokyo Sowa Bank.

1. Jacques Chirac, *Le Temps présidentiel : Mémoires*, Nil, 2011, vol. II.

La journaliste Michèle Cotta se souvient n'avoir jamais cru à cette affaire : « On a effectivement dit qu'un des directeurs des services secrets était à l'origine des bruits, ce que l'intéressé a toujours vivement démenti. Mais il avait été nommé par la gauche… Chirac adorait le Japon, voilà tout… Et rien de tout cela n'a jamais été prouvé[1]. » Une histoire de fous, en somme, que crédibiliseront *Le Canard enchaîné* ainsi que deux journalistes, auteurs d'un livre pourtant très dur à l'égard du Palmipède[2], Karl Laske et Laurent Valdiguié, en citant eux aussi en 2006 des extraits de la fameuse note des services secrets français qui faisait état d'un compte ouvert à la Tokyo Sowa Bank quatre ans plus tôt. Étrange affaire que celle du faux compte japonais, étrange mais qui intéresse encore : pour preuve, les 352 000 réponses fournies par Google aux mots-clés « Chirac/compte/Japon » à l'automne 2015…

1. Entretien avec l'auteur.
2. Karl Laske, Laurent Valdigué, *Le Vrai* Canard, *op. cit.*

11

« Un cabinet noir à lui tout seul »
Au sujet de Dominique de Villepin

Chaque président de la République a compté à ses côtés ses hommes de l'ombre, chargés des basses œuvres. Son cabinet noir. D'un côté de Gaulle, Pompidou, Giscard, Mitterrand, Chirac, Sarkozy, Hollande. De l'autre Jacques Foccart, Pierre Juillet et Marie-France Garaud, Michel Poniatowski, Roland Dumas, Christian Prouteau, Gilles Ménage, Michel Charasse, Francis Szpiner, Yves Bertrand, Brice Hortefeux, Michel Gaudin et Frédéric Péchenard, Stéphane Le Foll aujourd'hui[1]. Un homme manque à cette liste, dans laquelle il a pourtant, dit-on, toute sa place. Une place de choix.

De lui, Alain Duhamel dit qu'il est « une force noire qui vivait de rumeurs, en lançait à tout bout de champ. Un professionnel de la chose[2] ». À son sujet, Lionel Jospin évoqua « le côté crasseux de la politique que je n'ai jamais voulu utiliser[3] ». Un des fidèles de Lionel Jospin, alors Premier

1. Du moins si l'on en croit l'opposition, qui accuse le ministre de l'Agriculture de tels faits. Lire « Sarkozy soupçonne Le Foll d'animer un "cabinet noir" contre lui », *L'Express*, juin 2013.

2. Entretien avec l'auteur.

3. Lionel Jospin, Pierre Favier, Patrick Rotman, *Lionel raconte Jospin : entretiens avec Pierre Favier et Patrick Rotman*, Seuil, 2013.

ministre, ajoutait : « Il est secrétaire général de l'Élysée, tout de même ! Pas fouille-merde en chef[1] ! » En matière de rumeurs politiques, l'époque moderne semble avoir trouvé son maître, celui que la plupart de nos nombreux interlocuteurs nous ont cité en exemple : Dominique de Villepin. « Surtout du temps où il était à l'Élysée avec Chirac, mais aussi comme ministre, il fut un cabinet noir à lui tout seul. » La formule, cinglante, est signée d'un de nos interviewés anonymes. Nous ne saurons pas ce qu'en pense l'intéressé : sollicité par nos soins, l'ancien Premier ministre et ministre des Affaires etrangères, devenu depuis avocat, n'a pas souhaité répondre à nos questions[2].

Mazeaud à Chirac : « Mon poing dans la gueule si tu dissous ! »

En 1995, Jacques Chirac, enfin élu président de la République après deux échecs en 1981 puis 1988, nomme Dominique Marie François René Galouzeau de Villepin secrétaire général de la présidence. À l'Élysée, Villepin va animer, notamment aux côtés de Philippe Massoni, préfet de police de Paris et de trois avocats pro-Chirac, Mes Francis Szpiner, Pierre Haïk et Thierry Herzog, un groupe de travail (pour rester pudique) chargé de protéger Jacques Chirac d'éventuelles enquêtes judiciaires. Enquêtes qui finiront,

1. Marie-Eve Malouines, *Deux Hommes pour un fauteuil : chronique de la cohabitation (1997-2001)*, Fayard, 2001.

2. En date du 27 avril 2015, Maguy Peltier, du service de presse de Dominique de Villepin, nous écrivait ceci : « Cher Monsieur Duyck, Dominique de Villepin a bien pris connaissance de votre proposition et vous remercie. Malheureusement, il ne lui sera pas possible d'y répondre favorablement. Avec ses regrets et très cordialement. » Une deuxième demande, formulée immédiatement à la suite de ce refus, n'a jamais obtenu de réponse.

rappelons-le, par rattraper le président : une convocation comme témoin par le juge de Créteil, Éric Halphen, en mars 2001 suivie d'une condamnation, la première pour un président de la République, à deux ans de prison avec sursis par le tribunal correctionnel de Paris le 15 décembre 2011 pour une affaire d'emplois de complaisance à la Ville de Paris.

Ironie de l'histoire, Dominique de Villepin recroisera des années plus tard, en janvier 2010, lors de l'affaire Clearstream et de son renvoi devant le tribunal correctionnel de Paris, soldé par une relaxe, la route de Thierry Herzog, devenu l'avocat de Nicolas Sarkozy, alors président de la République. À la camaraderie des années Chirac aura succédé, entre les deux hommes, une haine féroce.

C'est sous la cohabitation que vont naître et grandir les accusations quant à l'existence d'un « cabinet noir » chiraquien. Rappelons d'abord les faits : en avril 1997, battant des records d'impopularité, Jacques Chirac se laisse convaincre par Alain Juppé, René Monory, Nicolas Sarkozy, Jean-Louis Debré, Jacques Toubon, Maurice Ulrich et Dominique de Villepin de dissoudre l'Assemblée nationale. On s'en souvient, l'affaire va tourner au fiasco, l'un des plus grands de l'histoire politique française : écrasée par le Parti socialiste et ses alliés, qui emportent 319 sièges, la droite perd la majorité à l'Assemblée. Contraint à la démission, Alain Juppé est remplacé à Matignon par Lionel Jospin. Après les deux imposées à François Mitterrand en 1986 puis 1993 s'ouvre une troisième cohabitation, à l'envers celle-ci : un président de droite, un Premier ministre de gauche. Pierre Mazeaud, l'un des rares proches de Jacques Chirac à s'être toujours opposé à l'idée de dissoudre, en est encore rouge de colère.

« Je suis à Chamonix, Chirac m'appelle :

— Pierre, demain matin dans mon bureau !

— Ah non, tu me fais chier, je suis au ski avec des amis, je ne rentre pas à Paris !

— J'ai dit : Demain matin dans mon bureau : le sous-préfet de Bonneville va t'apporter tes billets, tu prends l'avion à Genève à 7 h 10 et tu viens !

— Non, ça me fait chier ! Et j'ose espérer que ce n'est pas pour me parler de cette histoire de dissolution, dont d'ailleurs je veux croire qu'il ne s'agit que d'un bruit de couloir.

Bon, je finis par céder et je rentre à Paris. Et là Chirac me confirme qu'il veut dissoudre. Moi : "De Gaulle a dissous en 1968 parce qu'il avait la rue contre lui ; Mitterrand en 1981 parce que élu président il devait affronter une majorité contraire à l'Assemblée, mais là tu vas dissoudre par convenance et tu n'en as pas le droit ! Attends que ça se tasse. Tu es majoritaire partout, pourquoi tu veux dissoudre ? C'est complètement con !" Je vous jure que c'est vrai, je l'ai pris par la veste et je lui ai dit : "Je te fous mon poing dans la gueule si tu dissous !" Et il ne m'a pas écouté, il a écouté tous les mecs qui étaient favorables, à commencer par Villepin. À un moment, celui-ci s'est pris pour le président, c'est ça mon explication. Quand il était secrétaire général à l'Élysée, il rentrait en ma présence dans le bureau de Chirac en chemise, sans frapper, lui parlant assez durement, il jouait au "On est copain" avec Chirac. On n'aurait pas imaginé Jean-Louis Bianco agir de la sorte avec Mitterrand, bon Dieu ! Mais de toute façon Bianco est un grand monsieur et puis Mitterrand l'aurait foutu à la porte de l'Élysée le jour même ! Le problème est que Jacques a été dominé par Villepin[1]. »

Dominé ? Ou plus simplement bluffé et sincèrement en admiration ? « Le plus difficile, dans l'exercice du pouvoir, est de se doter de collaborateurs qui osent affirmer ce qu'ils pensent à celui qui les dirige, sans craindre de lui déplaire, ni se contenter d'abonder dans le sens de ce que lui, selon

1. Entretien avec l'auteur.

eux, souhaite entendre. Le phénomène de cour est inhérent au fonctionnement des entourages. C'est un mal inévitable qui peut devenir fatal si l'on ne dispose pas de solides contre-feux pour en limiter les effets. Homme de caractère comme on en dénombre peu au sein de l'appareil d'État, inventif, fougueux, stimulant, riche d'une expérience internationale acquise dès sa jeunesse, peu enclin à masquer ses convictions ou à atténuer ses jugements, Dominique de Villepin est un excellent antidote à cet esprit courtisan où la servilité le dispute toujours au conformisme », écrivait Chirac dans ses Mémoires[1].

Huit ans plus tard, le président sollicitera une nouvelle fois Mazeaud, au sujet de Villepin. On dit aujourd'hui encore que c'est par défaut que ce dernier a été nommé Premier ministre en remplacement de Jean-Pierre Raffarin en 2005. Mazeaud confirme : « Chirac m'a dit : “Je n'ai personne d'autre, tu en penses quoi ?” J'ai répondu : “Oui, pourquoi pas ?” Au final, ce fut une erreur. Villepin n'a pas été un bon Premier ministre, il faut dire qu'il n'avait jamais été élu, lui qui passait son temps à dire que les députés étaient des cons. Il a pris tout le monde de haut, il n'a pas compris les banlieues, l'éducation, les jeunes et au bout du compte a entraîné Chirac dans cette incompréhension de la société française[2]. »

En 1997, la thèse prônée par Villepin l'emporte donc. Chirac appelle les électeurs aux urnes et s'inflige une sévère déculottée. Malgré les demandes répétées de Bernadette, qui le surnomme « Néron », et de nombreux députés battus de se débarrasser de Villepin, Chirac le conserve près de lui à la présidence de la République, toujours comme secrétaire général, poste hautement stratégique, tout près du président. Il y demeurera jusqu'à la réélection de Chirac en 2002, face

1. Jacques Chirac, *Le Temps présidentiel : Mémoires*, *op. cit.*
2. Entretien avec l'auteur.

à Jean-Marie Le Pen, et sa nomination au poste de ministre des Affaires étrangères. Lorsque, en 1997, Lionel Jospin est nommé Premier ministre et s'annonce comme le futur candidat de la gauche à la présidentielle de 2002, Villepin se méfie jour et nuit. À lui d'éviter que les affaires, que la gauche ne manquera pas de faire remonter à la surface, notamment du temps où Chirac régnait impunément sur la mairie de Paris, empêchent son mentor d'être réélu dans cinq ans. C'est alors qu'apparaissent les premières accusations au sujet du cabinet noir que Dominique de Villepin animerait en compagnie de quelques fidèles de Chirac, dans le but de permettre sa réélection et de salir par la même occasion l'immaculée réputation du si raisonnable, honnête et austère Lionel Jospin. Dans un beau (quoique très flatteur) double portrait d'Olivier Schrameck (alors directeur de cabinet de Lionel Jospin, Premier ministre) et de Dominique de Villepin (alors secrétaire général de l'Élysée), Philippe Labro écrit : « Il court sur lui toutes sortes d'histoires. Des revirements brusques, des jugements à l'emporte-pièce, un goût des secrets, une prédilection pour les "on-dit", les embrouilles, un don inouï pour les mauvais choix ("La dissolution, c'est lui", affirment ses détracteurs), une faculté extraordinaire à envelopper son interlocuteur de théories éblouissantes, de visions de notre société et de notre époque dont on ressort en dissipant la fumée des mots et l'envol des mains et en s'interrogeant : "Mais qu'a-t-il voulu me faire passer comme message ?"[1] »

Villepin, l'aristocrate lettré amateur de poésie mais au langage très cru, tiendrait une grande partie de la classe politique par les couilles. « Fantasme ou réalité, de fidèles chiraquiens l'accusent avec gravité d'un trouble jeu, lit-on dans *L'Express*. "Il a créé un climat de paranoïa autour du président pour se mettre en valeur", avance ainsi un ancien ministre, qui le

1. « Le hussard et l'horloger », *Le Monde*, 19 septembre 2000.

soupçonne d'avoir un penchant pour les “milieux de renseignement et de police.” Un autre élu de l'opposition affirme, en pesant ses mots, que le secrétaire général insinue qu'il pourrait être l'objet de représailles autres que politiques. “Je ne sais pas quelles sont les barbouzes de Villepin mais elles doivent exister”, se hasarde un député[1]. » Un mois plus tôt (nous sommes fin 1999), un autre grand news magazine français, *Le Nouvel Observateur*, écrivait peu ou prou la même chose : « Son credo : connaître la faille de l'adversaire pour prendre l'ascendant. Villepin confesse qu'il a accumulé depuis près de vingt ans une imposante documentation sur la face noire de la République. La force de cet animal doté de mémoire : il est capable de retrouver dans sa banque de données personnelle la moindre mise en cause publique d'un leader politique[2]. » Dès 1997, l'actuel premier secrétaire du Parti socialiste Jean-Christophe Cambadélis frappe dur. « Groupe de travail » ou « cabinet noir » à l'Élysée ? Cabinet noir, évidemment. Dans *Libération*, « Camba » lance : « Il est de notoriété publique qu'il existe à l'Élysée un “cabinet noir” dirigé par Dominique de Villepin. Il instrumentaliserait des affaires, qui ont une réalité, pour leur donner des prolongements politiques. Il serait gravissime que le secrétaire général de l'Élysée anime une structure clandestine, avec les moyens matériels de l'État, pour déstabiliser des adversaires politiques[3]. »

Il faut dire que l'intéressé cultive lui-même cette réputation. Par plusieurs biais. La théorie d'abord : dans son livre *Les Cent-Jours*[4] il décrit de façon admirative Joseph Fouché,

---

1. Éric Mandonnet, « Le voltigeur de Chirac », *L'Express*, 9 décembre 1999.
2. Hervé Algalarrondo, « Villepin le pyromane », *Le Nouvel Observateur*, 11 novembre 1999.
3. Renaud Dely, « Chirac doit dissoudre le “cabinet noir” », *Libération*, 20 juin 2001.
4. Dominique de Villepin, *Les Cent-Jours ou l'esprit de sacrifice*, Perrin, 2001.

redoutable ministre de la Police sous le Directoire, le Consulat et l'Empire : « Ce génial tacticien s'impose surtout par son art du secret [...] Silence, cloisonnement, double jeu, rumeur, faux-semblants, bouc émissaire, leurre : il excelle dans ces délicates pratiques. » Une admiration que ne partageait pas Chateaubriand, qui écrivait ces mots demeurés célèbres : « Ensuite, je me rendis chez Sa Majesté : introduit dans une des chambres qui précédaient celle du roi, je ne trouvai personne ; je m'assis dans un coin et j'attendis. Tout à coup une porte s'ouvre : entre silencieusement le vice appuyé sur le bras du crime, M. de Talleyrand marchant soutenu par M. Fouché ; la vision infernale passe lentement devant moi, pénètre dans le cabinet du roi et disparaît. Fouché venait jurer foi et hommage à son seigneur ; le féal régicide, à genoux, mit les mains qui firent tomber la tête de Louis XVI entre les mains du frère du roi martyr ; l'évêque apostat fut caution du serment[1]. »

La pratique ensuite... Brillant, bel orateur, cultivé, Villepin, très sûr de lui, impressionne et veut impressionner. Le plus souvent, son but est atteint : il suffit de relire les nombreux portraits dithyrambiques qui lui sont consacrés dans la presse peu après la victoire de Chirac en 1995 ou lors de sa nomination à Matignon dix ans plus tard pour s'en convaincre. Mais avec le temps, il n'a pas laissé que de bons souvenirs à ses interlocuteurs d'alors. Albert du Roy : « Un qui était un spécialiste de la chose, c'était Dominique de Villepin, que j'ai rencontré deux ou trois fois alors qu'il était secrétaire général de l'Élysée sous Chirac. Il recevait régulièrement les directeurs des journaux. Vous passiez une heure avec lui, il vous dézinguait vingt-cinq personnes, souvent de son propre camp et vous repartiez avec votre lot de rumeurs[2]. »

1. Chateaubriand, *Mémoires d'outre-tombe.*
2. Entretien avec l'auteur.

Bruno Jeudy, alors au *Parisien*, désormais rédacteur en chef politique de *Paris-Match* après l'avoir été au *JDD* le décrit ainsi : « Villepin, c'est à la fois le génie diplomatique et les basses œuvres, Fouché et Talleyrand réunis en un seul homme. Mais un Fouché/Talleyrand de pacotille, un peu version télé-réalité en vérité. Il disait ou laissait dire, construisant peu à peu son image, racontant comment, en 2005, il avait convaincu Chirac qui hésitait vraiment, de le nommer à Matignon, affirmant que Michèle Alliot-Marie, qui était pressentie, allait mettre les banlieues à feu et à sang. On a vu ce que ça a donné[1]... » Christine Clerc : « Villepin était à la fois vantard et imprudent. Je l'ai entendu dire des horreurs par exemple sur François Léotard. Il me rappelait dans la violence de ses propos Michel Charasse sous Mitterrand[2]. » Alain Duhamel : « Il agissait comme Marie-France Garaud des années avant lui. À un déjeuner, alors qu'il savait que j'avais de l'affection pour Jospin, il m'a raconté par le menu comment il allait le déstabiliser psychologiquement puis le détruire[3]... »

Un autre journaliste politique raconte : « Villepin avait une obsession, faire tomber Jospin. "Il est cuit, il est cuit !" répétait-il tout le temps. C'est une belle langue de vipère. Il chargeait les députés de poser les questions les plus embarrassantes possibles à l'Assemblée lors des questions au gouvernement. Nous, journalistes, il nous faisait régulièrement venir à l'Élysée. Nous repartions tous la sacoche bourrée de ragots, cinq ou six à chaque fois. Mais gare à ceux qui ne les relayaient pas : on se faisait traiter de tous les noms, notamment de connards ! Il était tellement excessif dans sa haine de Jospin et de tout le monde à vrai dire, Chirac excepté, qu'il devenait impossible à la longue d'accorder du crédit à ces

1. *Ibid.*
2. *Ibid.*
3. *Ibid.*

confidences. Sa personnalité décrédibilisait ces propos. On passait du temps dans son bureau, on se disait : “Il est vraiment brillant” mais en en sortant, inévitablement, vous vous demandiez quelle valeur accorder à de tels propos. Il méprisait vraiment tout le monde sauf Chirac[1]. » Avec comme têtes de turc préférées Jospin et Balladur, au sujet duquel Villepin disait des horreurs, lesquelles sont revenues à l'ancien Premier ministre. Aujourd'hui encore, les proches de ce dernier ne cachent pas le « mépris » que lui inspire « M. de Villepin » au point que Balladur a toujours boycotté les déjeuners ou dîners officiels entre anciens Premiers ministres, par refus de s'asseoir à la même table que lui.

Colombani : « Villepin m'a dit : “On vous tient ! On sait avec qui vous partez en vacances !” »

Le Monde a souvent eu la réputation, à tort ou à raison, d'être partial. Nous l'avons écrit, lors des années 1993-1995, des leaders socialistes accusent le quotidien de vouloir « tuer Mitterrand avant le cancer ». Durant la cohabitation qui suit, à partir de 1997, les choses s'inversent. Au tour de la droite d'estimer que le journal fondé par Hubert Beuve-Méry et dirigé par Jean-Marie Colombani roule pour Jospin. Mais aussi de la gauche d'accuser Edwy Plenel d'être à la solde du secrétaire général de l'Élysée. Compliqué… D'autant qu'à la tête du journal, le duo Colombani-Plenel ne fonctionne plus. Les deux hommes finiront d'ailleurs par partir, se reconvertissant avec succès : Plenel fondera Mediapart ; Colombani prendra lui aussi la tangente numérique avec un autre site d'information « pureplayer », Slate. À en croire l'Élysée, durant la cohabitation, *Le Monde* roulait donc pour Jospin.

1. *Ibid.*

Ce qui valut à Jean-Marie Colombani une scène qu'il n'est pas près d'oublier. « Chirac est un tueur absolu. Il a tué tout le monde. Villepin aussi se situe dans cette tradition, on peut dire que c'est même la seule chose qu'il a gardée de Chirac. Je ne sais pas trop ce qu'il a apporté mais en tout cas, il a pleinement joué son rôle d'officier traitant. Aujourd'hui Sarkozy s'inscrit un peu dans cette lignée, je trouve. À peine Chirac élu, j'avais écrit un éditorial assassin intitulé : “Le contentement de peu.” Je connaissais Chirac depuis longtemps, je l'avais vu à l'œuvre, je me souviens que depuis son bureau de l'hôtel de ville de Paris, il demandait tout le temps : “Mitterrand, comment il fait ? Comment il fait pour garder ce lien avec les Français ? C'est un sacré bestiau tout de même !” Toujours est-il qu'un jour, je me retrouve convoqué par Villepin dans un hôtel près de l'Élysée. L'entretien, je m'en souviens, a duré une heure. Ce fut surréaliste. Il m'a très clairement menacé en ces termes : “On vous tient ! On sait qui vous êtes. On sait avec qui vous partez en vacances.” Il laissait clairement entendre que j'étais surveillé par les services. J'en ai averti mon ami Alain Minc[1] qui a demandé à Villepin de changer d'interlocuteur au *Monde.* » À en croire Colombani, Minc aurait ajouté : « Vous devriez arrêter. Avec Colombani ça ne sert à rien. Allez plutôt trouver Plenel. »

« Il a séduit Edwy en le flattant, en l'invitant, en lui expliquant qu'il était un grand intellectuel, ce à quoi Edwy a été très sensible, poursuit Colombani. Aujourd'hui encore, il affirme que le seul homme politique digne de confiance, c'est Villepin[2]. » Une accusation que reprend Alain Duhamel : « Edwy Plenel a écrit sur lui le papier le plus extravagant que j'aie jamais lu, une critique d'un de ses livres, dithyrambique

1. Président à partir de 1985, de la Société des lecteurs du journal *Le Monde ;* président du conseil de surveillance de la SA *Le Monde* de 1994 à 2008.

2. Entretien avec l'auteur.

pour un livre aussi nullissime[1]. Une page entière dans *Le Monde*[2] ! » Plenel, bien sûr, se défend de ces accusations, affirmant ne pas être intéressé par les bruits et les on-dit mais seulement par les faits. Le fondateur de Mediapart en profite pour poser une question des plus pertinentes : « Pourquoi les journalistes politiques sont-ils les colporteurs de rumeurs et laissent passer sous cette étiquette des informations qui devraient être vérifiées[3] ? »

Villepin et Bertrand, le cabinet noir de Chirac

À entendre nos interlocuteurs, Villepin, durant la cohabitation, jouait donc du charme, de la proximité (invitations à l'Élysée, confidences, déjeuners…) mais aussi de l'intimidation. Ressurgissent alors les accusations de constitution d'un « cabinet noir » dans lequel se seraient régulièrement retrouvés le secrétaire général de l'Élysée, les avocats Mes Szpiner, Herzog et Haïk ainsi qu'Yves Bertrand, alors patron des RG et auteur des célèbres carnets qui firent trembler le Tout-Paris politico-médiatico-people-judiciaire[4]…

Dans leur enquête intitulée « Les carnets noirs de la République[5] », les trois journalistes Jean-Michel Décugis, Christophe Labbé et Olivia Recasens évoquent la surveillance dont fera l'objet, en 2008, le couple Sarkozy[6] puis écrivent : « Beaucoup, à gauche comme à droite, soupçonnent Yves

1. Dans l'article « Villepin, le pari de l'inattendu », paru le 10 juin 2005, deux livres de Dominique de Villepin sont en réalité cités : *Le Requin et la Mouette* (Plon-Albin Michel, 2004) et *Le Cri de la gargouille* (Albin Michel, 2002).
2. Entretien avec l'auteur.
3. *Ibid.*
4. Yves Bertrand est décédé le 3 juin 2013.
5. *Le Point*, 9 octobre 2008.
6. Lire le chapitre 13 : « Heureux en affaires, malheureux en amour ».

Bertrand d'avoir été la pièce maîtresse d'un cabinet noir piloté par Dominique de Villepin au service de Jacques Chirac. En essayant d'étouffer certaines affaires ou au contraire en soufflant sur les braises, Yves Bertrand aurait protégé l'ancien président de la République et déstabilisé ses ennemis ou concurrents. Des accusations réfutées en bloc par les intéressés, qui parlent d'une "théorie du complot" : "On ne peut pas rester douze ans à la tête des RG et servir sous autant de gouvernements sans susciter d'inévitables jalousies et laisser derrière soi un parfum de mystère…", ironise Yves Bertrand dans son livre *Je ne sais rien… mais je dirai (presque) tout*[1]. Une confession dans laquelle il se donne le beau rôle, très loin de ce qu'on lit dans les carnets. L'ombre de ce cabinet noir plane sur ces écrits. Les initiales "DV", pour Dominique de Villepin, tour à tour secrétaire général de l'Élysée puis ministre des Affaires étrangères, apparaissent régulièrement au fil des pages. Souvent soulignées, ce qui dans les habitudes de Bertrand signifie que la personne lui donne des informations ou lui fait une demande. Dans les deux éphémérides saisies avec les cahiers, on compte plus d'une trentaine de rendez-vous avec "DV" souvent en début de soirée, en 2001 et 2002. »

Autres courroies de transmission entre l'Élysée et Yves Bertrand : Philippe Massoni, successivement préfet de police de Paris et chargé de mission pour les questions de sécurité auprès de Chirac à l'Élysée. Interrogé par *Le Point*, Massoni a indiqué que ses contacts avec Yves Bertrand entraient strictement dans le cadre de sa mission, « essentiellement orientée vers la lutte contre le terrorisme ».

Intouchable, Yves Bertrand ? Il est vrai que Jacques Chirac, tant qu'il est resté à l'Élysée, a soutenu le patron des RG contre vents et marées. Dans son livre, Bertrand s'amuse à

1. Yves Bertrand, Éric Branca, *Je ne sais rien… mais je dirai (presque) tout*, Plon, 2009.

raconter cette scène. En 2001, le socialiste Daniel Vaillant, installé place Beauvau, le convoque et exige sa lettre de démission. Yves Bertrand botte en touche : « Demandez au président de la République de mettre fin à mes fonctions ! [...] Vaillant se tasse sur lui-même et me répond : "Vous savez bien que pour cela il faut un décret pris en Conseil des ministres ! Et ce décret, voilà des semaines que je le présente au président de la République et qu'il refuse de le signer... Convenez qu'à la fin, cela devient très humiliant pour moi !" Finalement, Bertrand restera en poste. Pour faire la sale besogne, le patron des RG pouvait compter sur une poignée de fonctionnaires dévoués dont les noms apparaissent régulièrement dans ses carnets. On y croise aussi des barbouzes et quelques journalistes affidés qui sont parfois rémunérés, comme le montrent les sommes d'argent en regard de certains noms. La presse, Yves Bertrand la fréquente assidûment. Chaque jour, il déjeune avec un journaliste ou en reçoit un dans son bureau. Certains le voient entre une et trois fois par mois. »

Lionel Jospin : « Valérie Trierweiler drague tout le monde ! Des ministres, ma sœur, ma mère ! »

Interrogé par *L'Express* en octobre 2008, Yves Bertrand se défend. Question des journalistes :

« Dominique de Villepin était secrétaire général de l'Élysée entre 1995 et 2002, et pas ministre de l'Intérieur. Pourtant, vous l'avez vu plusieurs dizaines de fois... Nicolas Sarkozy vous soupçonne d'avoir monté avec lui un "cabinet noir" et d'avoir participé à l'affaire Clearstream...

— Je n'ai rien fait dans cette affaire. Il s'agit d'une rumeur rocambolesque. Je n'ai jamais ajouté de nom sur la liste. Je l'ai dit deux fois à Nicolas Sarkozy, qui m'avait convoqué avant son élection, une fois à la présidence de l'UMP, une fois au conseil général des Hauts-de-Seine. Il m'accusait d'avoir rencontré deux personnages qui lui étaient hostiles. C'était faux. Je n'ai pas non plus été l'instrument d'une machination. Mes rapports avec Dominique de Villepin remontent à la période de cohabitation (de 1997 à 2002). J'ai servi Jacques Chirac, je considère que c'était mon devoir d'informer le chef de l'État. J'allais donc voir Villepin régulièrement, il m'accueillait toujours d'un : "Alors, camarade, quoi de neuf ?" Quand j'avais des renseignements, je les lui donnais. Mais il ne m'a jamais rien demandé sur Jospin. Chirac, je ne l'ai vu qu'une fois. Il m'a dit : "Bertrand, je n'oublierai jamais ce que vous avez fait pour moi."[1] »

Les carnets secrets d'Yves Bertrand révèlent aussi l'ampleur des moyens déployés pour mettre hors jeu Charles Pasqua et surtout Lionel Jospin dans la course à la présidentielle de 2002. Dès janvier 2000, le Premier ministre et son entourage (jusqu'à sa cousine germaine) font l'objet d'un véritable acharnement. La vie privée de chacun est passée à la loupe. Ainsi, en janvier 2000, Yves Bertrand note à propos d'un proche collaborateur de Lionel Jospin qu'il « a une maîtresse polonaise ». Jospin devient une obsession pour le secrétaire général de l'Élysée. Le Premier ministre s'en ouvrira plus tard, dans son livre *Lionel raconte Jospin*[2] : « Avec Jacques Chirac, les relations ont été courtoises, elles ont rarement été vives, elles ont été peu confiantes, et, de ma part, respectueuses, sans que je sente une supériorité du président [...]. Les affaires qui concernaient l'autre camp sont venues pourrir notre action. Le président se sentait menacé [...]. Le pouvoir en place, Jacques Chirac, Dominique de Villepin et leurs amis ont systématiquement cherché à me mettre en cause, à m'affaiblir, à me salir. » Villepin a toujours rejeté ces accusations. « Ce

1. Pascal Ceaux, Jean-Marie Pontaut, « Yves Bertrand : Personne ne m'a jamais dit d'arrêter », *L'Express*, 21 octobre 2008.

2. Lionel Jospin, Pierre Favier, Patrick Rotman, *Lionel raconte Jospin : entretiens avec Pierre Favier et Patrick Rotman*, *op. cit.*

cabinet noir n'a jamais existé. Nous tentions d'organiser des ripostes à toutes ces attaques qui déferlaient sur le président. C'est tout. Et chaque fois que le président s'en sortait, tout Paris disait : "Il y a un cabinet noir." Mais nous n'avions strictement aucun moyen pour monter un tel cabinet noir. Et d'abord nous n'avions aucun réseau, contrairement à Balladur et Pasqua. Or, pour avoir un cabinet noir, il faut avant tout des réseaux[1]. »

Il est vrai que Jospin n'est pas un ange non plus. La droite l'accusera de posséder lui aussi son cabinet noir, notamment en la personne de l'actuelle secrétaire d'État chargée de la Réforme de l'État et de la Simplification Clotilde Valter, alors conseillère à Matignon pour suivre les affaires intérieures – et notamment le dossier corse (affaire des paillotes, assassinat du préfet Érignac) – et d'Alain Christnacht, nommé en 2015 directeur de cabinet de Christiane Taubira. En 2001, au sujet de Valter, *Libération* écrivait : « C'est elle qui était en contact téléphonique quotidien avec le préfet Bonnet et s'était vue accusée, lorsqu'avait éclaté l'affaire des paillotes, de faire partie du "cabinet noir" de Matignon. Un baptême du feu médiatique qu'elle raconte avec beaucoup de distance : "Je savais que, derrière moi, c'était le Premier ministre que l'on voulait atteindre. Et puis j'ai été très entourée, soutenue, par le Premier ministre, par le directeur de cabinet, par les ministres...[2]" » Jospin accusera ses adversaires d'avoir inventé un cabinet noir socialiste et d'avoir prétendu que lui aussi possédait ses propres hommes de l'ombre : « Ils ont cherché à créer fictivement de mon côté une sorte d'équivalence. Si sont utilisées des méthodes de voyou, répondre par des méthodes de voyou ne fait pas avan-

1. Thierry Desjardins, *Villepin, le cauchemar de Sarkozy*, Fayard, 2012.
2. « Clotilde Valter à Lisieux. Du cabinet Jospin au grand bain », *Libération*, 27 février 2001.

cer la République. C'est le côté crasseux de la politique que je n'ai jamais voulu utiliser[1]. »

Lionel Jospin entend aussi faciliter le travail des juges enquêtant sur les emplois fictifs à la mairie de Paris sous Jacques Chirac. Nous l'avons dit, Jacques Chirac le soupçonne d'être à l'origine des révélations sur son supposé compte bancaire au Japon[2]. Reste que le Premier ministre va être exposé à une rafale de rumeurs (fausses pour la plupart, vraie pour l'une d'entre elles) : liaisons avec Isabelle Huppert ou Nathalie Baye ; passé trotskiste ; emploi fictif au Quai d'Orsay ; état de santé ; conditions d'achat de sa maison à l'île de Ré, tout y passe. Le passé du Premier ministre ? Pour le coup, cette rumeur est vraie et va (bêtement) nuire à Lionel Jospin. Car bien qu'il le nie, l'ancien Premier secrétaire du PS a bien été trotskiste dans sa jeunesse. Rien de dramatique. Et pourtant, Jospin va démentir, voire mentir. Une attitude que certains de ses amis ne comprennent toujours pas aujourd'hui. Tels Jean-Louis Bianco : « Que Jospin n'ait pas assumé son passé trotskiste, je ne le comprends pas, vu l'homme droit qu'il est. C'est très étonnant d'autant que cela n'a rien de honteux[3]. »

En 1996, les journalistes Florence Muracciole et Gérard Leclerc publient une biographie de Jospin intitulée *L'Héritier rebelle*[4]. Le livre revient sur une vieille histoire, souvent racontée, son passé trotskiste. Durant leur enquête, les auteurs se retrouvent face à des interlocuteurs qui nient ce passé, ou refusent d'en parler. « Tous sauf une personne, qui nous donne tous les détails dont nous avions besoin, reprend

1. Lionel Jospin, Pierre Favier, Patrick Rotman, *Lionel raconte Jospin : entretiens avec Pierre Favier et Patrick Rotman, op. cit.*

2. Chapitre X : « Le Japon, l'autre pays de la rumeur ».

3. Entretien avec l'auteur.

4. Florence Muracciole, Gérard Leclerc, *Lionel Jospin : L'héritier rebelle*, Jean-Claude Lattès, 1996.

Florence Muracciole. Nous revoyons Lionel Jospin qui est alors premier secrétaire du PS et lui disons : “On a fini notre enquête. On sait que vous avez été trotskiste, qu'en est-il ?” Il nie : “ Ce n'est pas moi, c'est mon frère.” Nous insistons, nous disons qu'avoir été trotskiste, ce n'est pas une tare, il ne veut rien reconnaître. Tout juste concède-t-il : “J'ai eu des amitiés trotskistes par mon frère.” »

Face à une avalanche de nouveaux témoignages, Jospin sera obligé de reconnaître son passé en juin 2001 devant l'Assemblée nationale : « Sans regrets ni excuses », il reconnaît avoir, dans les années 1960, « marqué de l'intérêt pour les idées trotskistes » et « noué des relations avec l'une des formations de ce mouvement ». Un passé dont il estime ne pas avoir « à rougir », avant d'ajouter : « Honnêtement, je pensais que tout cela n'intéressait personne. » Pourquoi ne pas avouer ce passé ? « Pour être tranquille. Ce que je peux me reprocher, c'est de ne pas avoir répondu en 1995 à une question du *Monde*. » Le journal lui avait alors demandé s'il avait été trotskiste, Jospin avait répondu que non et qu'il ne fallait pas le confondre avec son frère, Olivier. « J'ai répondu non, j'aurais dû répondre oui[1]. » À l'époque, nombreux sont les observateurs à entendre Dominique de Villepin évoquer l'encombrant passé du leader socialiste. Michèle Cotta : « Il a, j'en suis sûre, été à l'origine de cette histoire. J'ai vu un jour un ancien ami de Jospin venir à l'Élysée, sous Chirac, apporter des photos d'époque de Jospin, de son frère Olivier, de Lambert[2]... Je l'ai dit à l'entourage de Jospin, à Clotilde Valter : “Ça va sortir !” Ils m'ont ri au nez[3]. »

1. Lionel Jospin, Pierre Favier, Patrick Rotman, *Lionel raconte Jospin : entretiens avec Pierre Favier et Patrick Rotman*, *op. cit.*

2. Lambert, ou Pierre Lambert : pseudonymes de Pierre Boussel (1920-2008), l'un des principaux dirigeants du mouvement trotskiste international.

3. Entretien avec l'auteur.

Lors de la campagne de 2002, certains journalistes continueront de vouloir décortiquer les jeunes années du candidat socialiste. Dont une, devenue célèbre depuis… À Muracciole et Leclerc, Jospin dit « beaucoup de mal » d'une consœur de *Paris-Match*, une certaine Valérie Trierweiler, qui écrit un long article sur lui. « Elle drague tout le monde ! Des ministres, ma sœur, ma mère ! Elle a même donné mon emploi du temps dans *Paris-Match*[1] ! » Jospin s'énerve alors, se met à crier : s'il n'a pas voulu s'étendre sur son passé, c'est pour se protéger de ses adversaires politiques. « On voit que vous ne le connaissez pas. L'autre, là, il ment tous les jours[2] ! » Par « l'autre », comprenez Jacques Chirac…

En mai 1998, à l'Assemblée, le député RPR des Hauts-de-Seine Patrick Devedjian accuse cette fois-ci Jospin d'avoir occupé « un emploi totalement fictif » au ministère des Affaires étrangères entre 1994 et 1997. En réalité, Jospin, diplomate de formation, avait été réintégré au ministère (alors dirigé par Alain Juppé) mais ses demandes d'affectation avaient toutes été refusées. Le contraignant à n'occuper aucun poste… « En se souvenant de l'anecdote avec délectation, Villepin est cependant obligé de reconnaître que “cela a été non seulement assez inélégant, mais pour le moins maladroit” », écrit Thierry Desjardins[3].

Nouvelle attaque, cette fois-ci au sujet de sa maison de l'île de Ré. Le Premier ministre l'aurait acquise à (trop) bas prix. En janvier 2001, Lionel Jospin et son épouse achètent une maison à l'île de Ré, pour un montant de 1,97 million de francs[4]. Très vite, il est mis en cause par Gisèle Néron, secrétaire générale de la Ligue européenne de défense des victimes de notaires, qui écrit au procureur de La Rochelle,

1. Propos rapportés par Florence Muracciole. Entretien avec l'auteur.
2. *Ibid.*
3. Thierry Desjardins, *Villepin, le cauchemar de Sarkozy*, *op. cit.*
4. Soit 300 325 euros.

affirmant que la valeur réelle de la maison est de 4,15 millions de francs[1]. Le procureur de La Rochelle diligente une enquête préliminaire. Lionel Jospin est contraint, au cours d'un Conseil des ministres, de rendre public le plan de financement de l'achat de sa maison… La justice classera sans suite l'histoire, montée de toutes pièces et condamnera Gisèle Néron, accusée d'avoir produit un faux document, à un mois de prison avec sursis. Florence Muracciole, journaliste de la Chaîne parlementaire, ancienne chef du service politique du *Journal du Dimanche*, s'indigne des méthodes employées : « Jospin, pas plus que Hollande, n'est un homme d'argent. Son entourage disait toujours : "Il n'a rien d'autre que sa Renault 19 et sa maison à l'île de Ré."[2] »

Florence Muracciole se souvient enfin des bruits que fait courir l'entourage de Chirac en 2002 sur la santé du Premier ministre : « Ils le décrivaient comme tout le temps colérique parce qu'atteint d'une maladie de la thyroïde. Cela expliquait, à les entendre, pourquoi il avait les yeux exorbités. En réalité, leur message était clair : "Ce type est malade, il est médicalement inapte à garder ses nerfs et donc à gouverner la France. Jospin, lui, n'a jamais balancé sur les autres, c'est un type trop droit, trop carré pour cela."[3] » C'est surtout la presse anglaise qui reprendra ces insinuations sur la santé de Jospin, notamment le *Sunday Times* en mars 2002, soit en pleine campagne présidentielle. *Le Figaro*, également. *Libération* s'en étonne dans un article titré « Jospin grand malade, le scoop imaginaire »[4]. « Hier, la rumeur l'a à son tour atteint. *Le Figaro* a publié un article sur la "maladie" du candidat socialiste. Il se réfère aux informations publiées sous un titre

1. Soit 633 000 euros.
2. Entretien avec l'auteur.
3. *Ibid.*
4. Éric Aeschimann, « Jospin grand malade, le scoop imaginaire », *Libération*, 27 mars 2002.

affriolant "La presse française cache la maladie de Jospin" par le *Sunday Times*. » Et le journaliste de *Libé* de préciser, à juste titre, que le *Sunday Times*, supplément dominical du *Times*, « n'a pas toujours la même qualité » que le prestigieux quotidien conservateur. Qu'écrit son correspondant à Paris, Matthew Campbell ? Que les médias français, par sympathie supposée avec le Premier ministre, ont « relégué le sujet au rang des affaires privées » alors même que « dans les cercles politiques, ce n'est pas un secret que la maladie a déjà affecté la campagne de Jospin ». Et de citer des sources familières selon lesquelles Jospin, avec ou sans médicaments, « c'est le jour et la nuit. »

Depuis 1987, Jospin souffre bien d'une forme d'hyperthyroïdie appelée « maladie de Basedow », un dysfonctionnement hormonal héréditaire qui l'a amené à être opéré en 1994. Mais de là à être incapable de maîtriser ses nerfs et de gouverner le pays… *Libération* poursuit : « En soi, l'épisode aurait pu rester marginal aux yeux d'une équipe PS requinquée par la publication, hier, d'un sondage favorable à Lionel Jospin. Mais l'importance accordée à l'article du *Sunday Times* par *Le Figaro*, qui reste marqué nettement à droite, a poussé certains à voir, derrière l'affaire, une manipulation chiraquienne orchestrée à l'Élysée. Une interprétation qu'a pris soin de démentir hier Antoine Rufenacht, le directeur de campagne de Jacques Chirac, lors d'une réunion des parlementaires et correspondants départementaux du candidat RPR, au Tapis rouge, le QG de campagne des chiraquiens. "Il ne faut pas reprendre les arguments sur la santé de Jospin. Chirac souhaite que nous fassions une campagne digne", a-t-il expliqué en substance à ses troupes. » Les bruits sur l'état de santé d'un candidat en pleine campagne électorale, un grand classique chez les chiraquiens : souvenons-nous de celles sur Giscard et Mitterrand en 1981. « À l'approche d'une élection, on note toujours un regain de rumeurs (commérages, fuites organisées, tracts anonymes…). Ces boules puantes font partie des règles officieuses du combat politique. Les candidats s'abaissent rarement à pratiquer eux-mêmes ce travail de sape. Ils restent dans la dignité du débat de fond et délèguent les bruits de caniveau aux seconds couteaux », explique l'universitaire Philippe Aldrin, directeur du Département de science politique à Sciences Po-Aix[1].

Le « coup de main » de Chirac à Taubira

La campagne présidentielle de 2002 est violente. Jospin doit aussi affronter la concurrence de sept « petits candidats » de gauche qui, au bout du compte, affaibliront son score au premier tour et contribueront à faire de lui le malheureux troisième homme pour 194 600 malheureuses voix : Jean-Pierre Chevènement, Daniel Glusckstein (Parti des travailleurs), Robert Hue, Arlette Laguiller, Olivier Besancenot, Noël Mamère et Christiane Taubira. Un record.

Durant l'hiver, plusieurs sondages donnent Jospin vainqueur au deuxième tour face à Chirac. À droite, c'est la panique. Est-il vrai, comme certains l'affirment depuis, que les chiraquiens ont aidé certains candidats de gauche à recueillir les 500 signatures nécessaires pour que certains candidats de gauche figurent au premier tour et compromettent les chances de Jospin d'être présent au second tour ? Il a été dit que deux hommes à droite, deux anciens ministres de Chirac (parmi lesquels ne figure pas Dominique de Villepin), se sont chargés de convaincre des maires de droite de signer en faveur de la candidature de Christiane Taubira. Contacté par nos soins, l'un des deux anciens membres du gouvernement le confirme : « Oui, nous avons appelé des élus RPR pour qu'ils donnent leur signature à Taubira. Et on a fait la

1. « Le phénomène des rumeurs en politique », *Télérama*, 30 juillet 2011.

même chose avec Bruno Mégret pour faire chier Le Pen. On savait que Besancenot, Mamère, Hue, Chevènement allaient les avoir sans problème mais Taubira avait besoin d'un petit "coup de main", quelques dizaines de signatures. Alors on les lui a données, dans l'espoir évident que Jospin en pâtisse. Et ça a marché au-delà de nos espérances. Alors oui, ça a donné Le Pen au deuxième tour, avec Villepin et Chirac bouche bée devant leur télé et d'autres terrifiés, les larmes aux yeux. Mais on a été quelques-uns à sauter de joie et à se réjouir de ce bon gros doigt d'honneur fait au bon Dr Jospin. Et puis de se dire qu'après tout, Le Pen au second tour, ça signifiait Chirac réélu président de la République[1] ! »

Interrogée à l'automne 2015, la garde des Sceaux a opposé un haussement d'épaules à ce témoignage. « Qu'un élu se vante d'un exploit imaginaire, qu'est-ce que vous voulez que ça me fasse ? Ce n'est pas vrai et puis après[2] ? »

Le conseiller de Raffarin arrêté

En avril 2004, le conseiller en communication du Premier ministre Jean-Pierre Raffarin, Dominique Ambiel, ancien producteur de télévision, est surpris par la police à Paris en compagnie d'une prostituée mineure roumaine âgée de 17 ans. Dominique Ambiel affirme avoir pris la jeune femme en stop. Mais les policiers et le parquet de Paris ne l'entendent pas de cette oreille. Le conseiller est placé en garde à vue puis convoqué devant le tribunal. La presse est informée de l'affaire. Il a beau jurer « sur l'honneur » n'avoir « jamais fréquenté de prostituée de [sa] vie », le mal est fait. Contraint à la démission, son pourvoi en cassation rejeté, il sera définitivement condamné en 2006 à 2 500 euros pour « sollicitation

---

1. Entretien avec l'auteur.
2. *Ibid.*

de prostituée mineure ». Un banal microfait divers qui tourne mal ? Ou une mini-affaire d'État ? Ambiel pointera très clairement du doigt Dominique de Villepin, tout fraîchement nommé ministre de l'Intérieur quelques semaines plus tôt. Avant de se rétracter. « Longtemps, je penserai que (le ministre de l'Intérieur) Dominique de Villepin n'est pas étranger à cette affaire », écrira-t-il dans son livre *Fort Matignon*[1]. L'ancien conseiller écrit alors que le ministre de l'Intérieur « peut avoir [eu] des raisons » de souhaiter l'écarter de Matignon. Dominique Ambiel souligne notamment sa « proximité » avec Nicolas Sarkozy. À la page 346 de son livre, on peut lire : « Dans l'épreuve que j'ai vécue, il y a ceux dont je soupçonnerai à jamais l'implication : le procureur de la République de Paris, le préfet de police, le ministre de l'Intérieur, son directeur de cabinet, la direction du journal *Le Monde.* » Une accusation grave sur laquelle il revient aussitôt, entretenant une ambiguïté difficile à saisir… « Mais de là à monter une manip' pour me détruire, cela paraît énorme. Je ne crois pas que le ministre de l'Intérieur soit à l'origine d'un montage. »

Le ministère de l'Intérieur préférera ne faire aucun commentaire. Dix ans après les faits, que pense de cette affaire l'ancien patron de Dominique Ambiel, Jean-Pierre Raffarin, remplacé un an plus tard à Matignon par Dominique de Villepin ? « Disons que j'ai été étonné de la façon dont les choses se sont passées. Quand Nicolas Sarkozy était à l'Intérieur, dès qu'il se passait quelque chose même en pleine nuit, j'en étais immédiatement informé. Un secrétaire d'État qui conduit dangereusement, un député ayant bu plus que de raison… Là, les faits se sont produits au beau milieu de la nuit et je ne les ai sus que le lendemain en déjeunant, ce qui est tout de même étonnant. Il a été dit que mon pôle de communication, que dirigeait Dominique Ambiel, irritait. Il y avait

1. Dominique Ambiel, *Fort Matignon*, Plon, 2005.

trop, paraît-il, de “jeunes giscardiens”. Alors cette affaire a-t-elle été alimentée par des sphères identifiées, qui l'ont utilisée pour me déstabiliser ? Qui était vraiment au courant ? Comment savoir[1] ? »

Clearstream ou la haine Villepin-Sarkozy

Clearstream constitua une ténébreuse affaire qu'il serait difficile de ne pas évoquer. Rappelons que cette machination a consisté à faire croire que de nombreuses personnalités politiques, à commencer par Nicolas Sarkozy, auraient possédé un compte secret dans la banque basée au Luxembourg. Mis en cause par ce dernier et par des journalistes ou personnages centraux de l'affaire tels que le général Rondot ou l'informaticien Imad Lahoud[2], Dominique de Villepin, mis en examen en juillet 2007 pour complicité, a été acquitté une première fois en 2010 puis définitivement par la cour d'appel en septembre 2011. Une double décision que certains avaient devinée longtemps à l'avance car comment condamner sans preuves ? Malgré les accusations répétées et les on-dit qui continuent d'être véhiculés aujourd'hui par des journalistes ou des personnalités politiques, Dominique de Villepin n'a écopé d'aucune condamnation dans l'affaire Clearstream. Qu'en dire, près de dix ans après les faits ?

Le journaliste Michel Deléan, de Mediapart, l'évoque dans sa passionnante enquête sur Jean-Claude Marin, longtemps

---

1. Entretien avec l'auteur.

2. Imad Lahoud a été suspecté d'être l'auteur des lettres anonymes et des CD-Rom envoyés au juge Van Ruymbeke, documents à l'origine de l'affaire « Clearstream 2 », ou « EADS-Clearstream », liée à l'affaire des frégates de Taiwan. Il a été reconnu coupable de complicité de dénonciation calomnieuse, de faux, d'usage de faux et de recel d'abus de confiance et condamné à trois ans de prison dont dix-huit mois avec sursis et 40 000 euros d'amende par le tribunal correctionnel de Paris en janvier 2010. Son pourvoi en cassation a été rejeté en 2013.

procureur de Paris, désormais procureur général auprès de la Cour de cassation[1]. « Il est certains moments qui disent beaucoup d'un homme. Un tournant à négocier, qui révèle les ressorts cachés d'une ambition. [...] Face à l'adversité et aux pressions, faut-il plier ou rompre ? Composer ou se raidir ? Paraître se déjuger ou donner l'impression de se barricader derrière ses certitudes... ? [...] Depuis plus de deux ans, en bon pédagogue soucieux de son image, le procureur de la République de Paris répète à ses interlocuteurs que rien de probant ne peut être retenu contre Dominique de Villepin dans le dossier Clearstream[2], une affaire qui affole plus que de raison la classe politique et les médias. Au comble de l'excitation, Nicolas Sarkozy demande la tête de Villepin, que les juges d'instruction parisiens Jean-Marie d'Huy et Henri Pons ont déjà mis en examen. [...] Avec les journalistes (dont l'auteur), qu'il reçoit parfois de façon informelle dans son vaste bureau donnant sur le quai des Orfèvres, sur les bords de Seine, en plein cœur de la capitale ou qu'il prend quelquefois au téléphone, le plus puissant des procureurs de France use alors volontiers de formules imagées pour dégonfler le dossier d'instruction de Jean-Marie d'Huy et Henri Pons, avec lesquels son parquet entretient des rapports très tendus, voire exécrables. [...] De cette affaire, il ne restera qu'un petit pois ratatiné », sourit-il un jour. Ou encore : « La

1. Michel Deléan, *Un magistrat politique : enquête sur Jean-Claude Marin, le procureur le plus puissant de France*, Pygmalion, 2015.

2. « Des listings bancaires trafiqués, envoyés à la justice par un mystérieux "corbeau", attribuent des comptes cachés au sein de la chambre de compensation luxembourgeoise Clearstream à des dizaines de personnalités de l'industrie, des affaires, de la politique, du renseignement, de l'édition et des médias. Deux proches de Dominique de Villepin, Jean-Louis Gergorin et, dans une moindre mesure, le général Philippe Rondot, ont eu en main ces documents falsifiés, qui semblent être l'œuvre de l'informaticien Imad Lahoud. Gergorin finit par apparaître comme le corbeau. » *In* Michel Deléan, *op. cit.*

montagne accouchera d'un souriceau malformé. » Une prémonition politiquement et judiciairement assez juste, dans la mesure où Villepin sera relaxé en première instance (le 28 janvier 2010) puis en appel (le 14 septembre 2011)...

Et Michel Deléan de narrer les « pressions incessantes de Nicolas Sarkozy » que doit subir le procureur de la part d'un homme devenu en 2007 président de la République. « Sarkozy veut alors pendre son ancien rival à un "croc de boucher", nul ne l'ignore, et lui-même ne s'en cache guère. Empêcher ce caprice présidentiel reviendrait à s'opposer à lui, fût-on un haut magistrat[1]. » Le procureur de Paris va alors demander aux juges Jean-Marie d'Huy et Henri Pons d'approfondir le rôle joué par Dominique de Villepin d'une part, dont il souligne le « traitement singulier » de cette affaire de listings trafiqués, et de le réentendre notamment sur ses relations avec Imad Lahoud et Jean-Louis Gergorin[2], d'autre part. Finalement, le procureur recommande le renvoi de l'ancien Premier ministre devant le tribunal correctionnel pour le seul délit de « complicité de dénonciation calomnieuse par abstention ». Et Villepin sera innocenté.

Mais au fait, pourquoi tant de haine de la part de Nicolas Sarkozy ? L'enquêteur de Mediapart croit tenir une réponse : il était « persuadé que Villepin animait un "cabinet noir"

1. Propos rapportés par Franz-Olivier Giesbert, *La Tragédie du président*, Flammarion, 2006.

2. Polytechnicien et énarque, Jean-Louis Gergorin a eu sous ses ordres le jeune Dominique de Villepin au Centre d'analyse et de prévision du ministère des Affaires étrangères, qu'il a dirigé de 1973 à 1984, et où il a fait la connaissance du général Philippe Rondot. Puis il intègre le groupe Matra et en devient l'un des principaux dirigeants. Dans l'affaire Clearstream, il apparaît en 2006 être celui qui a remis les listings truqués à Dominique de Villepin et au juge Van Ruymbeke. Condamné à trois ans de prison dont six mois fermes pour « faux », « usage de faux » et « dénonciation calomnieuse », il verra son pourvoi en cassation rejeté en 2013.

chiraquien voué à lui nuire. Il tenait cette équipe pour responsable des rumeurs colportées sur son couple à l'époque où il était marié à Cécilia. » La suite va nous prouver qu'au-delà de la seule personne de Villepin, c'est à une véritable traque des auteurs et colporteurs des ragots au sujet de son couple que le futur président de la République va se consacrer[1].

1. Lire le chapitre 13 : « Heureux en affaires, malheureux en amour ».

12

« Une histoire faite pour tuer »
Quand l'affaire Alègre devient l'affaire Baudis

Rarement sous la Ve République la calomnie et l'ignominie auront atteint de tels sommets que lors de la mise en cause de Dominique Baudis à Toulouse en 2003. Auteure et éditrice[1], Ysabel Baudis, son épouse, la mère de leurs deux garçons Pierre et Benjamin, ne s'était jamais exprimée sur l'interminable, épouvantable et inimaginable cauchemar qu'elle a vécu aux côtés de son mari, de leurs enfants et de tous leurs proches... C'est un témoignage exclusif qu'elle nous livre ici, s'exprimant sur l'affaire « pour la première et la dernière fois ».

Le 21 février 2002, la cour d'assises de Haute-Garonne condamne Patrice Alègre, 34 ans, à la réclusion criminelle à perpétuité, assortie d'une période de sûreté de vingt-deux ans pour le meurtre de cinq femmes, une tentative de meurtre et six viols. Mais les gendarmes, qui soupçonnent Alègre d'autres assassinats, entendent l'année suivante deux anciennes prostituées toulousaines. Au début du mois d'avril 2003, la presse – à commencer par le puissant quotidien local *La Dépêche du Midi* dirigé par Jean-Michel Baylet, président du Parti radical de gauche, alors président du

1. Dominique Baudis, *Dans ses yeux,* Orients Éditions, 2015.

conseil général et sénateur du Tarn-et-Garonne[1] – révèle qu'une ex-prostituée affirme que Patrice Alègre bénéficiait de protections policières, et l'accuse d'avoir été un des « hommes de main » du trottoir toulousain. Elle l'accuse aussi de l'assassinat de Line Galbardi, une autre prostituée. Quinze jours plus tard, le procureur de la République de Toulouse annonce l'ouverture d'une information judiciaire « contre Patrice Alègre et tous autres » pour viols aggravés et complicité et proxénétisme en bande organisée. Alègre va nier les accusations mais lâcher, au cours d'une confrontation, avoir pris un apéritif par le passé avec un substitut du procureur, Marc Bourragué. Qui reconnaît une rencontre fortuite avec le tueur dix ans plus tôt mais nie toute protection d'Alègre. Le magistrat est le premier d'une longue liste de « notables » bientôt cités au cours d'une effroyable affaire qui va enflammer la France et faire perdre la raison, et tout sens moral et déontologique, à bon nombre de médias et de journalistes.

De toutes les personnalités impliquées malgré elles dans ce dossier sordide, un nom va ressortir, celui de Dominique Baudis. Au point que l'on parlera bientôt d'une « affaire Baudis » en lieu et place de l'affaire Alègre. Ancien journaliste (grand reporter puis présentateur des journaux télévisés) à TF1 puis FR3, Baudis succède en 1983 à son père Pierre au Capitole, l'hôtel de ville de Toulouse. Dominique Baudis demeurera maire de la Ville rose jusqu'en 2001, quand il décidera de céder son fauteuil à Philippe Douste-Blazy[2]. Également député, puis député européen, il présidera le Conseil supérieur de l'audiovisuel (CSA) de 2001 à 2007, l'Institut

1. Jean-Michel Baylet a également été ministre sous François Mitterrand, député-maire de Valence d'Agen, sénateur et président du conseil général du Tarn-et-Garonne. Battu en 2014 puis 2015, il a perdu ces deux derniers mandats.

2. Ancien maire de Lourdes puis de Toulouse (2001-2004), ministre de la Culture, de la Santé, des Affaires étrangères. Actuel conseiller spécial du secrétaire général des Nations unies et président de Unitaid.

du monde arabe à Paris, retournera devant les électeurs lors des Européennes de 2009 (il est élu vice-président de la commission des Affaires étrangères du Parlement européen) avant d'être nommé Défenseur des droits par Nicolas Sarkozy en 2011. Atteint d'un cancer, Dominique Baudis décède le 10 avril 2014. Cinq jours plus tard, un hommage solennel lui sera rendu aux Invalides par le président de la République, François Hollande, qui déclara : « Il savait ce que signifiaient l'injustice et la cruauté. Il les avait éprouvées dans son être même, dans sa chair quand accusé par une rumeur ignoble il avait dû défendre lui-même, et parfois un peu seul, son honneur. »

Le 1er avril 2003, La Dépêche du Midi, Le Figaro *et* Sud-Ouest *révèlent que, selon d'anciennes prostituées, Patrick Alègre aurait bénéficié de « protections policières » allant jusqu'à avoir couvert certains meurtres. Le lendemain, nouvelles « révélations » : le serial killer aurait servi de rabatteur pour des parties fines et de « fournisseur de cocaïne dans les cercles branchés ». Le 4 avril,* La Dépêche *évoque des « notabilités toulousaines dont certaines très haut placées » et publie un éditorial intitulé : « À nos lecteurs, la vérité, toute la vérité ». Président du CSA, Dominique Baudis est informé le 12 mai par son plus proche collaborateur, Camille Pascal, que son nom circule dans l'affaire Alègre. Réponse de Baudis : « La rumeur, Camille, la rumeur. J'ignore tout de ces histoires de soirées sadomasochistes qui sont peut-être complètement imaginaires[1]. » Puis l'avocat Serge Didier, qui fut l'un de ses adjoints à la mairie, l'appelle à son tour le même jour.*

Ysabel Baudis[2] : « En 1986, Lionel Jospin débarque en Haute-Garonne pour se faire élire député lors d'une élection législative partielle. Très étonnamment, son slogan de campagne est "un homme en vrai", ce qui ne correspond pas forcément

1. Dominique Baudis, *Face à la calomnie*, Fixot, 2005.
2. Entretiens avec l'auteur en juin et juillet 2015.

à l'image que l'on pouvait se faire de la communication politique de Jospin. Dominique, qui avait été réélu une nouvelle fois et effectuait alors son troisième et dernier mandat de maire, a toujours privilégié les slogans consensuels, "Allez Toulouse" ou "Toulouse pour tous". Il ne faut pas être grand clerc pour deviner ce qu'il pouvait y avoir derrière le slogan de Jospin : un sous-entendu aux rumeurs d'homosexualité propagées sur mon mari. D'autant que ses affiches étaient recouvertes la nuit du mot "Cocotte" et de traces de rouge à lèvres. Dominique et moi vivions ensemble, de façon tout à fait officielle. Simplement, nous n'étions pas encore mariés puisque nous nous sommes épousés deux ans plus tard. À Toulouse, cela n'avait l'air de choquer personne, mais certains ont voulu en profiter pour le discréditer. Nous avons pris conscience de la portée que pouvait avoir ce type de bruits. Aussi avons-nous posé ensemble pour *Paris-Match*, histoire de dire : "Nous sommes un couple et nous vivons ensemble." Ce faisant, je me suis affichée pour la première fois. C'était mieux ainsi. »

Depuis le début du mois d'avril, La Dépêche du Midi *multiplie les articles sur les « révélations » qu'ont faites les prostituées aux enquêteurs. Le quotidien fait pression sur la justice pour que celle-ci ouvre rapidement une information judiciaire, ce qui sera chose faite le 15 avril. On apprendra plus tard que le nom de Dominique Baudis a été cité pour la première fois le 10 février 2003 dans un bureau de la gendarmerie de Toulouse par Patricia, l'une des deux prostituées accusatrices*[1]. *« Il m'est arrivé de monter avec Dominique Baudis et Patrice Alègre, à l'hôtel de l'Europe, pour une partie à trois sadomasochistes avec objets. Durant ces moments, Baudis est "Nénette" du moins c'est le nom que lui donnait Patrice. »* La Dépêche *publie de*

1. En 2005, Chrystèle Bourre, alias « Patricia » et Florence Khelifi, alias « Fanny », seront condamnées à trois ans de prison ferme (assortis d'un sursis de dix-huit mois pour la seconde) pour témoignages mensongers.

nouveaux articles. Le 14 mai, Marianne *publie un article de Frédéric Ploquin titré « Une histoire trop belle pour être vraie ». Vers la fin de l'article, le journaliste écrit : « Dans l'emballement, le nom du maire de Toulouse est même cité. »*

Ysabel Baudis[1] : « C'est la première secousse tellurique. Nous sommes au Festival de Cannes. Dominique me demande : "Tu as compris ce qui est en train de nous arriver ?" Je réponds : "Oui, mais tu dois d'abord vérifier." Nous décidons de rentrer à Toulouse. Avant cela, j'appelle un commissaire de Toulouse, que je connais bien. Il me confirme que quelque chose va sortir et que nous allons entrer dans le dur. Il me dit : "Courage !" Nous voyons s'ouvrir devant nous un film d'horreur, sans être du tout capables de connaître la teneur de l'événement. Ni son ampleur. Nous n'avions pas suivi de très près l'affaire Alègre, les faits divers ne nous passionnaient guère. Nous entrons donc dans une zone de turbulences mais je n'en évalue ni la gravité ni la violence. Le 16 mai, Dominique appelle Jean-Paul Besset, le correspondant du *Monde*[2], qui lui confirme les ragots qui circulent et le fait que des prostituées, interrogées par la police sur des actes d'une extrême gravité, ont cité son nom.

— Dominique : Le rôle que me donnent ces filles est-il accessoire ou central ?

— Besset : Il est central.

— Dominique : De quoi parlons-nous exactement ?

— Besset : Viols de mineures et tortures...

— Dominique : Sans exclure d'autres crimes ?

— Besset : Oui, monsieur Baudis...

C'est l'anniversaire de notre fils aîné Pierre, ses 15 ans. Quand mon mari rentre le soir à la maison vers 20 h 30, j'ai prévenu

1. Entretiens avec l'auteur en juin et juillet 2015.

2. En juin 2009, Jean-Paul Besset, qui n'est plus journaliste, a été élu député européen Europe-Écologie-les Verts. Joint en octobre 2015, il n'a pas souhaité répondre à nos questions.

tous les invités de la rumeur. Dominique m'a raconté le coup de fil à Besset, qui lui a confirmé : "Ça va sortir !" J'ai dit aux invités : "On va rentrer dans une grande tourmente" et j'ai expliqué à mon fils de 15 ans, comme je l'ai pu, que son père était accusé à tort d'une chose terrible. Ce fut une soirée horrible. Je connaissais un peu les "risques du métier", j'avais choisi de vivre avec le député-maire de Toulouse en connaissance de cause. Je savais que la politique est un monde qui n'est pas très doux. Maintenant, de là à imaginer la suite, des accusations de viols, de meurtres d'enfants, de tortures… L'impensable faillite du système démocratique dans son ensemble, médiatique, politique, judiciaire, policier (je parle de la première enquête de gendarmerie). Nos enfants, âgés de 15 et 5 ans, qui n'ont pas choisi cette vie et risquent d'entendre, chaque jour, les détails distillés par la presse à commencer par *La Dépêche* qui parle de viols, d'assassinats d'enfants ; Florence, la fille aînée de Dominique, qui est alors enceinte ; nos mamans : tous se retrouvent désormais impliqués dans cette affaire où les détails sordides s'ajoutent quotidiennement aux autres… »

Dominique Baudis décide de s'exprimer le dimanche 18 mai lors du JT de 20 heures présenté par Claire Chazal. Il en informe le président de la République Jacques Chirac qui apprend par la même occasion les rumeurs. « Je tombe de l'armoire, qu'est-ce que c'est que ces histoires ? Personne ne m'en a parlé. Tu as complètement raison de prendre ça de front. Tu dois te battre et je te sens combatif. » Avant cela, le samedi 17, Baudis a publié un communiqué destiné à l'AFP.

Ysabel Baudis[1] : « Il m'a dit : "Tu te rends compte, on me fait passer pour un monstre qui martyrise des femmes,

1. Entretiens avec l'auteur en juin et juillet 2015.

des enfants. Pourquoi faire ça contre moi, contre nous ?" Et il s'est mis à pleurer doucement contre mon épaule. Je lui ai dit : "Tu verras, dès que tu auras dénoncé cette folie, tu te sentiras mieux." Le dimanche, dans l'avion pour Paris, j'ai vu son angoisse, sa peur de mal faire. "Tu ne vas pas te planter, tu sais ce que tu veux dire, tu es impatient de le dire et le plateau du 20 heures, tu connais." J'ai suivi sa prestation depuis les loges en compagnie de François Hollande, alors premier secrétaire du Parti socialiste et qui était également invité du 20 heures, et de Ségolène Royal. Tous deux ont eu des mots bienveillants à mon égard et pour Dominique. Hollande m'a dit : "C'est horrible, ça peut arriver à tout le monde." Et il a encore parlé à Dominique après l'émission. »

L'intervention de Dominique Baudis, jurant à TF1 « la calomnie, je vais la prendre à la gorge » ne met pas fin au délire qui s'est emparé d'une bonne partie des médias. Bien au contraire. Un déferlement médiatique attend le couple Baudis, désormais épaulé par trois avocats dont Me Szpiner. Le 19 mai, Patricia parle à France 2 et accuse à son tour. Le 20 mai, le journaliste de La Dépêche *Gilles Souillés, qui s'illustrera tout du long de cette affaire par la dureté de ses articles à l'égard de l'ancien maire, évoque un supposé accès illicite de Baudis au dossier d'instruction. Le 22 mai, au 20 heures de TF1, Patrick Poivre d'Arvor diffuse un témoignage de « Djamel », un travesti mythomane, qui assure que des parties fines assorties de scènes de torture mortelles se sont déroulées au château d'Arbas, Djamel jurant avoir filmé « des personnes politiques, des personnes bien placées qui étaient en train de se faire des prostituées ». PPDA : « Un témoin qui nous a contactés […] un travesti qui évoque lui aussi ces soirées et la présence de notables. » Parmi les pseudos de personnalités que cite Djamel, « Nénette », celui dont les ex-prostituées ont affublé Baudis dans leurs élucubrations. Djamel sera de nouveau interviewé par France 2 au 20 heures du*

24 mai. Rappelons que Dominique Baudis préside le Conseil de surveillance de l'audiovisuel, le CSA…

Ysabel Baudis[1] : « Le soir du premier témoignage de Patricia, je suis à Paris avec Dominique. J'appelle immédiatement à Toulouse à la maison, et demande à la nounou, Marie, d'éloigner les enfants de la télévision. Pierre nous dira plus tard avoir regardé le 20 heures de TF1 en pleurant… Dominique et moi avons alors compris que nous changions d'époque, TF1 donnait le signal du déchaînement médiatique, on entrait dans une époque où le voyeurisme et l'irrespect de la vie privée allaient atteindre des sommets et pourtant, nous n'avions pas encore vu les interviews des prostituées que Karl Zéro allait bientôt diffuser sur Canal+. Face à cela, pour tenir, ne pas sombrer dans la folie et avancer, nous avons décidé de nous battre, d'attaquer tout le monde et tout le temps. Mon mari avait été journaliste du service public, puis un homme public. Tout ce sur quoi il avait bâti sa vie s'écroulait, et il aurait fallu rester les bras croisés à contempler le désastre ? Signifier ainsi que sa vie avait été inutile ? Et devenir fous ? On a tout regardé ensemble, toutes les émissions. J'avais envie de hurler, de pleurer mais ce n'est pas ce qui allait nous sauver. Se battre, se battre : je me rendais compte que si on ne se battait pas, on était cuit. Nous avons refusé de faire comme les deux autres élus qui étaient eux aussi cités par les prostituées, Philippe Douste-Blazy[2] et André Labarrère[3], qui ont choisi de se cacher. Je parlerai plus tard de Douste… Mon mari a écrit à Labarrère pour lui proposer une réponse commune, il ne lui a jamais répondu. À la tête du CSA, Dominique ne s'est jamais arrêté de travailler,

1. *Ibid.*
2. Successeur (UMP) de Dominique Baudis à la mairie de Toulouse de 2001 à 2004.
3. Maire (PS) de Pau de 1971 à sa mort en 2006.

menant de front deux batailles : imposer une nouvelle réglementation pour les films pornographiques diffusés à la télévision et faire avancer l'immense chantier de la TNT, auquel TF1 était opposé. Se battre contre tout le monde et travailler tout le temps. De mon côté, je note tout, je découpe, je classe, je lis tout ce qui est publié sur l'affaire. J'essaie de comprendre. Et de garder une vie normale. La seule modification que nous apportons, c'est le retrait de l'école de notre plus jeune fils, pour le protéger des on-dit. Les journalistes se sont mis à camper devant la maison, à nous épier. Un soir, je suis sortie. J'ai marché jusqu'à la grille, des journalistes m'ont demandé : "Votre mari vous avait parlé de ses soirées ?" Et j'ai hurlé : "Vous êtes ignobles !" Ils sont partis et ne sont plus revenus. »

Le soir de son intervention au 20 heures de TF1, le 18 mai, Dominique Baudis dîne avec son épouse au domicile parisien de son successeur à Toulouse, Philippe Douste-Blazy. Il reçoit des messages de soutien du Premier ministre Jean-Pierre Raffarin, d'Alain Juppé, François Bayrou et Jean-Jacques Aillagon, ministre de la Culture. Cette soirée mise à part, les marques de soutien de Philippe Douste-Blazy à son prédécesseur se feront rares… Dans son livre, Baudis écrira, faisant parler son épouse : « Je dis à Dominique qui comprend de qui je veux parler : "Il y en a un qu'on ne voit pas dans l'arène et qu'on n'entend pas beaucoup. Les gens ne comprennent pas son attitude." » La Dépêche du Midi *comme France 3 ont de fait relayé ce qu'ils appellent « le silence des élus ». C'est pourtant Philippe Douste-Blazy qui, le premier, a parlé de la rumeur à Camille Pascal, à Pâques. Baudis, citant dans son livre son collaborateur : « Il [Douste] m'a dit : "Pas un mot. Ni à Dominique ni à Ysabel ni à qui que ce soit. C'est une histoire toulousaine à laquelle tu ne comprendras rien. C'est moi qui en parlerai à Dominique si ça devenait nécessaire." Il ne l'a jamais fait. »*

Ysabel Baudis[1] : « Dominique et Douste, pour qui il avait tant fait, étaient censés être assez proches pour que les choses se passent en direct, sans intermédiaire. J'aurais évidemment aimé que lui, plus qu'un autre, nous prévienne, nous avertisse du danger et de l'horreur. Il ne l'a pas fait. On lui avait tellement donné et lui ne nous a rien rendu. Si je veux être gentille et indulgente, je me dis que c'est peut-être parce qu'il savait qu'il était cité par les prostituées et qu'il voulait se protéger… Nous lui avons demandé de venir chez nous, il est venu. Nous lui avons demandé : "Pourquoi ne nous l'as-tu pas dit ? Pourquoi ne nous as-tu pas prévenus ? Et que fais-tu pour nous maintenant ?" Il a dit qu'il ferait, qu'il se battrait. Il n'a rien fait. Dans son livre, à la date du 27 mai, mon mari explique qu'ils sont désormais trois à Toulouse à être salis par la rumeur : Marc Bourragué, procureur adjoint ; Jean Volff, procureur général ; Dominique. De Douste, je lui dis : "Il savait tout ce qui allait nous tomber dessus et il ne nous disait rien." Dominique raconte alors que pour la première fois depuis les premières révélations, j'ai les larmes aux yeux devant lui. Je pleure tandis que je rentre seule à Toulouse retrouver nos enfants. Dominique s'est retrouvé seul homme politique à se battre, le seul à s'exposer. Nous nous sommes retrouvés acculés par le gendarme Roussel qui accordait tant de confiance aux déclarations des prostituées, par la presse qui nous attaquait, par tous ceux qui nous lâchaient. Et en même temps à Toulouse, dans la rue, au marché, je sentais que les gens n'y croyaient pas. Nous étions encerclés, nous étions en guerre mais nous n'étions pas seuls et dès que je sortais, je recevais des marques de soutien et d'estime merveilleuses. »

Le 24 mai, la police judiciaire interroge Gilles Souillés, le journaliste de La Dépêche *chargé du dossier. Celui-ci est soupçonné de recel de violation du secret de l'instruction. Le quotidien se fend*

1. Entretiens avec l'auteur en juin et juillet 2015.

d'un éditorial intitulé « À nos lecteurs : la vérité, toute la vérité », plein de sous-entendus : « Toutes les vérités ne seraient-elles pas bonnes à dire ?... Les hautes personnalités toulousaines qui côtoyaient Patrice Alègre et auraient pu lui dispenser leur protection seraient-elles hors d'atteinte de la justice de la République ?... La Dépêche du Midi *reste insensible aux intimidations et aux pressions dont elle pourrait faire l'objet*[1]*. » Le journal ne prend guère de précautions avec les faits supposés, reprenant, au conditionnel certes mais tout de même, les abracadabrantesques rumeurs de « parties de sexe » au sein même du palais de justice de Toulouse ! Il y a plusieurs années, certains médias nationaux avaient déjà retracé la guerre ancestrale entre les familles Baudis et Baylet, entre les maires père et fils et les propriétaires, mère puis fils (Jean-Michel) du quotidien.* Le Monde *du 8 mars 1997 : « Les fins limiers de la rédaction [de* La Dépêche*] sont chargés de dénicher des "affaires" si possible touchant [...] la municipalité de Toulouse*[2]*. » De son côté, dans un article cruel pour Jean-Michel Baylet (« Depuis toujours, on lui reproche ce qu'il n'a pas demandé. Et il traîne ces surnoms humiliants : "le fils à maman", "le veau sous la mère", "le fistonné", etc. Mais que peut-on contre l'amour maternel ? Il y a aussi ce boulet "douloureux" : les relations de sa mère avec René Bousquet, qu'elle fit siéger au conseil d'administration de* La Dépêche *dans les années 1960 »),* L'Express *évoquait « des mises en cause aussi systématiques que gratuites de la municipalité de Dominique Baudis*[3]*. »*

Ysabel Baudis[4] : « J'ai lu des histoires de haine de génération en génération entre les Baudis et les Baylet[5]. Je peux

1. *La Dépêche du Midi*, 4 avril 2003.
2. Annick Cojean, « Péril en *La Dépêche* », *Le Monde*, 8 mars 1997.
3. Éric Conan, « Toulouse : la chute de l'empire Baylet », *L'Express*, 27 mars 1997.
4. Entretiens avec l'auteur en juin et juillet 2015.
5. Nous n'avons pas obtenu de réponse à notre demande d'entretien formulée auprès de la chargée de communication de J.-M. Baylet.

jurer que chez les Baudis je ne les ai jamais senties ni entendues évoquer. Je sais par contre que les Baudis et les Baylet s'opposaient politiquement ; que le père de Dominique[1] était rarement nommé dans *La Dépêche*, le plus souvent il n'avait pas de nom, c'était “le maire” ; que parfois Dominique était coupé sur des photos de façon à ne pas apparaître. Ce genre de méthodes… Je sais que *La Dépêche*, qui s'est toujours opposée aux Baudis alors qu'ils ont été maires pendant trente ans, est un journal dont le PDG est par ailleurs un homme politique. Et personne n'a jamais rien trouvé à redire… Élu maire de Toulouse, mon mari a mis fin aux privilèges dont jouissait *La Dépêche du Midi* auprès de la municipalité : les annonces légales, les espaces publics, les contrats lors des foires, des marchés… Une perte conséquente pour le journal. Dominique s'est aussi opposé à ce que la régie publicitaire de la chaîne de télévision locale, TLT, soit confiée à celle de *La Dépêche*. Il avait toujours le souci de casser des marchés réputés joués d'avance. Journaliste avant d'être politique, Dominique estimait que les monopoles étaient aberrants et les monopoles de presse liés à un pouvoir politique malsains. Dans l'affaire des rumeurs ayant frappé mon mari, *La Dépêche* a allumé le feu. Pourquoi ? Je me le demande toujours. *La Dépêche* a allumé le feu et l'a alimenté mais d'autres l'ont aidée. *Le Monde* a écrit un article honteux dans lequel le correspondant, Jean-Paul Besset, décrit la soi-disant chambre des horreurs du château d'Arbas en s'appuyant sur les déclarations des gendarmes[2]. Le journal s'excusera et

1. Pierre Baudis, maire de Toulouse de 1971 à 1983.

2. « Les gendarmes ont découvert dans les murs plusieurs fixations d'anneaux qui avaient été meulés. Ces anneaux étaient situés bas, à une cinquantaine de centimètres du sol, à hauteur d'enfants… […] Les gendarmes sont convaincus qu'outre les soirées sadomasochistes, ce qu'ils appellent des messes rouges, avec sacrifices d'animaux, se tenaient dans la maison », Jean-Paul Besset et Nicolas Fichot, *Le Monde*, 17 juin 2003.

reconnaîtra sa faute[1], mais Besset ? Je l'ai revu plus tard au Parlement européen, je voulais aller lui dire qu'un mot d'excuse aurait fait du bien à la famille, aux enfants, Dominique a pensé que c'était inutile, que nous nous étions bien battus. Et Plenel ? Colombani ? Pas un mot, rien[2]. Et Poivre d'Arvor, qui avait travaillé avec Dominique, qui a eu le culot de témoigner à la télé le jour de sa mort[3] après avoir diffusé dans son JT le témoignage de Djamel ? Jamais un mot d'excuses. Et si la journaliste de France 2 qui a diffusé le témoignage délirant de Fanny s'est excusée personnellement auprès de mon mari, elle a souri quand ce dernier lui a demandé de reconnaître son erreur à l'antenne : “Vous savez bien qu'on ne fait jamais ça !” On ne méritait pas ça. Une seule personne m'a présenté ses excuses, l'éditeur Michel Lafon, qui a publié les Mémoires de Patricia[4] après avoir été le premier éditeur de Dominique pour son livre *Raimond le Cathare*. Je l'ai croisé un jour dans la rue par hasard, il m'a dit : “J'ai été un salaud, pardonne-moi !” et je lui ai pardonné. Le seul. Aucun des autres salauds qui ont sali mon mari ne nous a jamais écrit, ni aux enfants ni à moi. Mon mari n'était

1. Gérard Davet, « Il faut se rappeler qu'en ce triste printemps 2003, les reporters débarquent par palanquées, à l'avion du lundi matin, pour ne quitter Toulouse qu'en fin de semaine, repus de pseudo-révélations. *Libération*, *Le Parisien* et *Le Monde* – qui se fourvoie, dans un article de juin 2003, en inventant une maison de l'horreur – tombent dans le piège », *Le Monde*, 10 avril 2014, au moment de la mort de Dominique Baudis.

2. « *Le Monde* s'est fait balader, reconnaîtra pourtant Jean-Marie Colombani lors d'un entretien avec l'auteur en mars 2015. Nous nous sommes trop appuyés sur nos sources chez les gendarmes et avons très mal géré ce dossier. C'est le plus grand regret de mes années au *Monde*. Mais l'attitude la plus odieuse à l'égard de Dominique Baudis a été celle de *La Dépêche du Midi* de Jean-Michel Baylet qui avait engagé un combat politique contre lui. »

3. « Dominique Baudis était un humaniste. Il était toujours très soucieux de réparer les injustices », I-Télé, le 10 avril 2014.

4. Fanny, *Mes nuits noires dans la ville rose*, Michel Lafon, 2004.

pas un sanguin, il estimait qu'aller casser la gueule de certains aurait été primaire. Moi qui me suis battue derrière lui, je serais bien montée en première ligne plus d'une fois. Un jour je me suis renseignée pour savoir si cracher sur quelqu'un était punissable mais Dominique m'a calmée. »

Nouvelle escalade dans le délire et l'obscénité médiatique. Le dimanche 1er juin, Karl Zéro lit une lettre qu'Alègre lui a adressée personnellement : « Une soirée a eu lieu dans une maison de maîtres non loin de Toulouse. Il y avait Patricia, M. Machin et moi-même ainsi que deux couples. » Dimanche suivant, interview de Patricia avec lunettes noires et visage masqué. Puis Fanny le 15 juin… Dans le même temps, un comité contre la calomnie, pour la vérité et pour l'honneur de Dominique Baudis a été créé. Claude Nougaro écrit à l'ancien maire le 15 juin : « Cher Dominique, fils du bel canto, je connais bien l'air de la calomnie. Il affiche avec toi une cruauté dont l'espèce humaine, hélas, a le secret. Sympathie, un mot grec qui signifie, je crois : souffrir avec. Reçois dans ton cœur, cher Dominique, toute ma sympathie. » L'Express, Le Canard enchaîné, L'Humanité, Le Nouvel Observateur *(dont la journaliste Marie-France Etchegoin écrira avec le journaliste de France Info Matthieu Aron un livre remarquable[1]), commencent à émettre de très sérieux doutes sur la véracité de l'histoire, soulignant l'absence de faits, d'éléments matériels et rappelant les tensions entre Baudis et* La Dépêche. *Une nouvelle équipe de gendarmes de la section de recherche a aussi été nommée, qui remet en cause la piste suivie depuis le début par l'adjudant Roussel. Le vent tourne-t-il enfin ? Pas sûr. Patricia accuse nommément Dominique Baudis : « Le soir de mon anniversaire, il m'a essayée. »*

---

1. Marie-France Etchegoin, Matthieu Aron, *Le Bûcher de Toulouse : D'Alègre à Baudis, histoire d'une mystification*, Grasset & Fasquelle, 2005.

Ysabel Baudis[1] : « Le soir de ses 20 ans, c'était le 20 novembre 1990. Il fallait donc prouver que Dominique, ce soir-là, n'était pas avec elle. J'ai fouillé tous les cartons. J'ai retrouvé tous ses agendas et suis tombée sur celui de l'année 1990 à la mi-juin. J'ai poussé un tel cri de joie ! Le 20 novembre 1990, Dominique recevait une délégation de maronites libanais à l'Assemblée nationale à 18 heures Je l'ai appelé, j'étais folle de joie. Mais pourquoi les ai-je gardés ? Vous vous rendez compte ? Vous devez d'avoir la vie sauve au fait d'avoir gardé un agenda. Ensuite, les images des séances à l'Assemblée ont confirmé la présence de Dominique à Paris, et non à Toulouse le 20 novembre. Alègre est aussi revenu sur ses accusations et a disculpé mon mari. Quant à moi, j'ai été entendue par les gendarmes le 4 juillet. Où étais-je la nuit du 20 novembre 1990 ? Avec Dominique ? En suis-je sûre ? S'est-il absenté ? Une convocation que mon mari avait jugée "saumâtre". De mon côté, je pensais qu'il fallait envisager cette audition comme une étape utile pour démontrer que les filles mentaient. Et puis je voulais qu'on me permette de dire la vérité, que l'on m'entende. Ma parole ne valait-elle pas autant que celles des deux accusatrices ? Pourquoi l'adjudant Roussel leur accordait-il plus de crédit ? Parce qu'elles étaient des prostituées, donc des victimes de la société ? C'était trop injuste. Les gendarmes étaient tout péteux, "quand ce sera dégonflé, on vous dira tout". En rentrant de l'audition, j'ai enfin eu l'impression d'exister, d'être reconnue et entendue. On avait assez entendu ces menteuses ! Le 22 juillet nous sommes partis en vacances en Tunisie avec les enfants. Nous avons emporté un sac pesant plusieurs kilos : tous les articles de presse que j'avais sélectionnés, triés et classés chronologiquement, ainsi que les scripts des journaux télévisés et radio. Dominique a écrit son livre à la main

1. Entretiens avec l'auteur en juin et juillet 2015.

et moi je l'ai tapé sur la plage. Le soir venu, des Tunisiens nous apportaient des bougies pour que je puisse continuer de taper… »

À la rentrée, des confrontations demandées par la juge d'instruction permettent de démonter la machination et de prouver que les deux prostituées ont menti. Le 18 septembre, Le Monde *titre : « Dominique Baudis innocenté dans l'affaire Alègre ». Le quotidien va reconnaître avoir commis « des approximations et des erreurs »… En mars 2005, le juge Thierry Perriquet rendra une ordonnance de non-lieu dans le volet de l'affaire Alègre concernant les faits supposés de « viols et proxénétisme aggravé commis par les "notables" de Toulouse… »*

Ysabel Baudis[1] : « Le 27 septembre, nous nous promenons avec notre fils de 5 ans. Qui, à un moment, nous dit : "Ouf ! C'était terrible pour nous cette affaire Alègre. Heureusement que c'est fini." Jamais notre famille, nos avocats, nos amis comme Claude Llabrès et tous ceux du comité de soutien ne nous ont lâchés. À un moment, j'ai même réalisé que plus la chose devenait ignoble, plus les journaux et les télés devenaient fous et plus la rue était avec nous. Le non-lieu sera prononcé bien plus tard et honnêtement, je ne sais plus si nous l'avons fêté. Je l'ai dit : jamais personne ne s'est excusé de nous avoir délaissés ou accusés à tort. On nous a laissés marcher sur un champ de mines. Combien de membres de la famille politique de Dominique, qui était alors au pouvoir je le rappelle, ont "oublié" de nous avertir ? Moi, si j'ai un copain qui va sauter sur une bombe, j'essaie de le prévenir… Ils étaient nombreux à le savoir à Paris et personne ne nous a rien dit. C'est terriblement long, deux ans, entre les premières rumeurs et le non-lieu. C'est interminable, six mois entre les premiers articles de

1. *Ibid.*

La Dépêche et d'autres et les accusations qui s'écroulent enfin. Six mois d'horreur et nous deux qui, chaque jour, nous demandions comment protéger nos enfants de cette merde infâme. Comment leur dire qu'il ne fallait pas se résigner ? Que nous vivions un film d'horreur, que chaque « révélation » ressemblait au type qui surgit à nouveau pour vous poignarder mais que ça va bien finir. Le second non-lieu prendra la forme d'un téléfilm très fidèle à la réalité, *Notable donc coupable* réalisé par Francis Girod et produit par Jean-François Lepetit[1]. »

Dominique Baudis meurt le 10 avril 2014 d'un cancer. Cinq jours plus tard, le président de la République François Hollande lui rend un hommage solennel aux Invalides : « Je me souviens de ce journal de TF1 au printemps 2003. Il se trouve que j'étais présent sur le plateau ce soir-là. J'ai vu Dominique Baudis proclamer face à la calomnie, et devant des millions de Français son innocence, son indignation et en même temps sa confiance dans la justice de son pays. Des médias, parfois parmi les plus prestigieux, étaient tombés dans un piège diabolique, et l'avaient entraîné. Avaient sali l'honneur d'un homme qui croyait plus que tout à la liberté et qui était même chargé, par ses fonctions mêmes, de la défendre, cette liberté. Et pour quelques gouttes de sueur à son front, des procureurs de caniveau l'avaient déclaré coupable. C'est la justice, avec quelques journalistes courageux, qui imposa la vérité et écrasa l'infamie. Je sais que Dominique Baudis resta, tout au long de son existence, marqué par cette épreuve, elle ne le quitta plus. Il raconta d'ailleurs dans un livre la leçon qu'il en avait tirée, non pas pour lui-même, c'était trop tard mais pour les autres, tous ces citoyens sans appui qui paient de leur réputation et parfois de leur vie, les conséquences d'une rumeur destructrice… »

1. Diffusé en 2007 sur France 2, avec Charles Berling. Le film est la dernière œuvre de Francis Girod, mort avant la fin du tournage.

Ysabel Baudis[1] : « On me dit que des gens sont venus me parler le jour de la cérémonie aux Invalides mais je ne m'en souviens pas. Je ne me souviens que des mots empreints d'humanité que François Hollande a prononcés puis est venu me dire à la fin de la cérémonie. Je me dis aujourd'hui que cette histoire était faite pour tuer un homme. Un homme politique, un homme tout court. Tuer aussi son couple, sa famille. Une histoire faite pour tuer. Je ne suis pas assez vicieuse pour concevoir les raisons qui vous poussent à vouloir tuer quelqu'un. C'est la question de ma vie : comment peut-on autant en vouloir à quelqu'un qui ne vous a rien fait ? D'autres n'ont pas résisté à la rumeur et se sont donné la mort. Dominique a trouvé la force de se battre jusqu'au bout. De se battre, de demeurer concerné par la vie de famille, les enfants, les vacances, on a même pu continuer à rire avec nos copains, ils me disaient "Comment ça va la femme d'Outreau, la femme du Monstre ?" et nous aidaient à évacuer tout ce stress. Cette histoire horrible aurait pu nous faire exploser, elle nous a rapprochés. Il n'a pas gardé de rancune mais comme Georges Pompidou, il a noté des noms sur une liste. Je ne les dirai pas, même si je les connais bien. Disons qu'il y a celui qui a lancé l'affaire, celui qui a dérapé en premier, celui qui l'a répandu à la télévision, celui qui l'a écrite dans un supposé grand journal, un des hommes politiques qui ont "oublié" de nous prévenir… On a tout noté. Des gens sont venus me raconter des trucs incroyables, des conversations privées tenues par certains de ses ennemis ou supposés amis politiques ou journalistiques… Des gens nous ont détestés, ont voulu nous détruire mais d'autres nous ont beaucoup aidés et aimés. Je m'accroche à la théorie du boomerang, que j'avais expliquée à Philippe Douste-Blazy : "Quand on lance un boomerang plein de merde, il vous

1. Entretiens avec l'auteur en juin et juillet 2015.

revient toujours, tôt ou tard, en pleine face." C'est peut-être de l'auto-persuasion, n'empêche, ça me fait du bien.

Le temps a passé. Certaines choses n'ont pas changé. L'année de ses 18 ans, une nuit, mon fils aîné appelle la police parce qu'une voiture brûle. Les pompiers arrivent, les policiers aussi. Comme ils trouvent mon fils près de la voiture, ils l'embarquent pour être sûrs qu'il n'est pas le pyromane, l'interrogent puis le relâchent. Le lendemain, un article dans *La Dépêche* évoque, sans donner de nom, le fils d'une grande personnalité toulousaine interrogé par la police. Mon fils a écrit un droit de réponse, c'était tellement transparent qu'on parlait de lui, il n'a jamais été publié. Depuis nous avons quitté Toulouse. Les Toulousains ont été merveilleux avec nous mais j'y ressens toujours la douleur. La torture laisse des traces.

Le jour de la mort de mon mari, les articles qui lui ont été consacrés ont montré que cette tragique affaire s'était comme détachée de lui. Les articles évoquaient souvent le type aux dix vies et oui, il a vécu dix fois et c'est tant mieux, il les a bien réussies, ces dix vies. Contrairement à tous ces pauvres mecs à qui je ne souhaite surtout pas qu'une telle chose les frappe un jour. Moi je sais juste que mes fils sont fiers de leur père et de moi quand, au printemps 2015 à Toulouse, j'ai dit que le grand regret de Dominique "a été de ne pas avoir mis à mal ce système malfaisant qui règne de façon monopolistique sur les médias et la politique et qui jouit ici d'un silence très complice." Mes enfants m'avaient lancé un défi. Ils m'ont demandé : "Tu l'as fait ?" "Oui, je l'ai fait." Tout comme j'ai accepté leur demande le jour où nous avons quitté Toulouse. Ma cave était pleine de tous les articles collectés sur l'affaire : mes enfants m'ont demandé de tout brûler. Alors j'ai tout brûlé. J'ai juste gardé l'avis de non-lieu. Ce sont aussi mes enfants qui m'ont convaincue d'évoquer cette affaire ici, pour la première et la dernière fois… »

« Mon ami s'est transformé en ennemi sans pitié » par Philippe Douste-Blazy

Ancien ministre des Affaires Étrangères et de la Santé, président de Unitaid et conseiller spécial du Secrétaire général des Nations Unies, Philippe Douste-Blazy était maire de Toulouse au moment de l'affaire Alègre. Pour la première fois, il livre son témoignage sur cette période de sa vie ainsi que sur les rumeurs dont il fit l'objet par la suite.

« C'est la première fois que je m'exprime sur ce que j'estime avoir été l'une des pires épreuves que j'ai traversées durant ma vie politique nationale. Terrible avant tout parce qu'elle m'a enlevé un ami. Un ami qui s'est transformé en ennemi déterminé, sans pitié, cruel. Cet ami s'appelait Dominique Baudis. Il fut, pendant plus de vingt ans, l'un des hommes que j'ai le plus respecté. Les choses étaient claires entre nous. Une amitié sincère, une complémentarité et un respect mutuel. Au milieu des années 1990, il avait souhaité quitter la mairie de Toulouse et, ne voyant personne dans son équipe municipale pour le remplacer, m'a proposé de me "parrainer" afin de lui succéder. C'était un cadeau qu'il me faisait. Il l'a fait, tout comme son épouse d'ailleurs, avec une énorme générosité. Ensemble, nous avons ri et travaillé. Et ensemble, nous avons gagné. Tout allait bien. C'est tellement bon d'avoir de vrais amis. Jusqu'à ce jour que je n'oublierai jamais.

Tout avait commencé par un appel de Dominique à propos de cette horrible affaire Alègre. Il venait m'annoncer qu'il ne se laisserait pas faire et qu'il partait à Paris "faire le 20 heures". Immédiatement j'ai décidé de l'accompagner. Après son émission, dont tout le monde se souvient, nous avons dîné chez moi, à Paris, Ysabel était présente, comme toujours. Après dix jours sans nuages, du jour au lendemain, je ne parviens plus à joindre Dominique au téléphone. Impossible. Vingt, trente appels, Dominique demeure injoignable. Très inquiet qu'il soit arrivé quelque chose de plus grave, je prends le prochain vol de Toulouse.

Je sonne plus de vingt minutes à la porte de la rue des Potiers. Elle finit par s'entrebâiller. Dominique Baudis me dit : "Bonjour Monsieur, que venez-vous faire ?" Il ajoute : "Je ne vous parlerai qu'en présence de ma femme." Je suis sidéré. Je ne sais pas s'il s'agit d'une mauvaise blague ou bien si ce que j'entends est vrai. Nous nous asseyons à la table de la salle à manger. Dominique a un cahier sur lequel il écrit les réponses aux questions qu'il pose à tous ceux qu'il rencontre, vieux réflexe de grand reporter : "Quand avez-vous su qu'il y avait ce type de rumeurs sur ma personne, monsieur ?" Et là je comprends tout.

Trois semaines auparavant, mon directeur de cabinet de l'époque, Pierre Chabanne, m'avait parlé d'un fou qui se répandait dans Toulouse rapportant des rumeurs effroyables sur Dominique Baudis. Après m'être assuré qu'il l'avait sorti de son bureau, je n'ai jamais plus entendu parler de cela. Mais un soir, comme tous les jours, j'appelais un de mes anciens collaborateurs. À la fin de notre conversation, je lui raconte ces rumeurs infondées et tellement effroyables. Il me dit alors : "Veux-tu que je prévienne Dominique ?" Connaissant les rumeurs qui existent sur tous les hommes politiques, et je suis bien placé pour le savoir, je lui réponds, de bonne foi : "Surtout, ne l'ennuie pas avec ça. C'est tellement n'importe quoi que le mieux est de traiter tout cela par le mépris." Quelle erreur avais-je commise !

Quelques jours après, quand Dominique Baudis a posé la question à ce collaborateur, il a dû certainement être abasourdi en se disant : “Philippe le savait et ne m’a rien dit !” Voilà la base de toute cette affaire. Voilà la vérité. Commence alors cette campagne innommable à mon endroit, pour laquelle Dominique Baudis n’est pour rien. Deux personnes se sont saisies de ces faits pour glisser à l’ancien maire de Toulouse que mon jeu était de tout faire pour éviter qu’il ne revienne à la Mairie. Ceci est d’autant plus ridicule que j’ai toujours su que Dominique Baudis, qui était un homme de parole, avait bel et bien arrêté sa vie politique. Pire, certains ont même accrédité auprès de lui la thèse suivante : je voulais salir son image pour ne plus avoir “la statue du Commandeur” en face de moi tous les matins à Toulouse… Quelle folie ! Malheureusement, Dominique s’en est progressivement convaincu. Étant lui-même l’un des meilleurs journalistes de notre pays, il a, à son tour et à sa manière, répandu l’idée d’une traîtrise de ma part. Ses confrères, eux-mêmes culpabilisés par cette terrible affaire, qu’ils avaient contribué à propager, ont relayé cette thèse. En quinze jours, j’ai compris : j’étais devenu le traître qui avait profité de la générosité d’un homme et qui lui plantait un couteau dans le dos à la première occasion !

Des livres, un film, des articles reprenaient cette épouvantable théorie. Je ne pouvais rien faire. J’étais cloué. Cette rumeur était impossible à arrêter. Que fallait-il faire ? Parler, donner ma version des faits ? Elle aurait été totalement inaudible. J’ai tout de même tenté de le faire, dans une émission de télévision, avec le seul journaliste qui a bien voulu me donner la parole : Serge Moati. Je lui en suis reconnaissant. Mais c’était trop tard. Personne ne pouvait toucher à la version d’un homme auquel on avait fait tant de mal. Je comprenais ce réflexe. Ce fut rédhibitoire, l’opprobre m’avait déjà atteint… La machine infernale s’est enchaînée et je n’ai jamais pu rétablir la vérité. Aujourd’hui avec le recul, je conseillerais à toute personne mise au courant de rumeurs sur ses propres amis, y compris des personnages publics, de les prévenir im-mé-dia-te-ment.

La suite de ma vie politique m'a d'autant mieux fait comprendre ce que Dominique avait subi que j'ai été, à mon tour, l'objet de rumeurs terribles. Mais, à l'inverse de l'affaire Alègre, ces rumeurs n'étaient relayées ni dans la presse écrite, ni à la télévision, mais uniquement sur les réseaux sociaux. Je me souviendrai toujours de la rumeur lancée par Luc Ferry sur le plateau du *Grand Journal* de Canal+ disant que « tout le monde connaissait le nom d'un ancien Ministre qui avait été trouvé en flagrant délit de pédophilie à Marrakech ». Quelle n'a pas été ma stupéfaction lorsque j'ai reçu une centaine de SMS d'amis me disant que mon nom figurait dans les plus cités sur les réseaux sociaux ! J'étais à New York avec ma collaboratrice Laurence Thurion. Nous étions abasourdis, écœurés. Je me souviens de ces conversations avec Luc Ferry, de ces messages échangés où il m'assurait, la main sur le cœur, qu'il ne pouvait absolument pas dire le nom de ce ministre mais que, bien sûr, chacun savait que ce n'était pas moi. J'ai d'ailleurs donné à mon avocat ces SMS afin de les mettre au dossier. Ils ont été authentifiés par huissier.

Imaginez un instant ce qui peut se passer dans la tête de quelqu'un de normalement constitué à la suite de telles rumeurs… Encore une fois, faut-il en parler ? Si vous ne parlez pas, vous accréditez la rumeur et vous êtes considéré comme coupable. Si vous en parlez, vous faites connaître la rumeur aux 98 % de la population qui ne la connaît pas encore… J'avais toujours opté pour cette option. Désormais, si demain, la moindre rumeur devait surgir à nouveau, j'irai immédiatement demander à la justice de régler le problème. Oui, j'ai évolué sur la question. C'est Dominique Baudis qui avait raison : il faut réagir immédiatement. »

VI

LES ANNÉES SARKOZY

13

Heureux en affaire, malheureux en amour

On peut parler de tout sauf du couple Sarkozy

Le 6 mai 2007, Nicolas Sarkozy[1] est élu président de la République avec 53,06 % des voix. Vainqueur de Ségolène Royal, il succède à Jacques Chirac et prend ainsi sa revanche sur l'homme qui disait de lui : « Sarkozy, il faut lui marcher dessus pour deux raisons : d'une part, il ne comprend que cela et en plus il paraît que ça porte bonheur[2]. » Du 6 mai, on se souvient de la soirée triomphale place de la Concorde, de l'apparition surréaliste de Mireille Mathieu, puis du Fouquet's. Et de l'affaire Cécilia. Car pour Nicolas Sarkozy, à l'heure d'accéder enfin à la fonction suprême tant désirée, un drame est en train de se jouer : la séparation définitive d'avec son épouse.

Deux ans que le couple bat sérieusement de l'aile et que les bruits au sujet de leur divorce n'en finissent pas de courir depuis qu'en 2005 Cécilia est partie rejoindre son amant en Jordanie, Richard Attias, président de Publicis Event Worldwide. Le lendemain, samedi 21 mai 2005, le président de l'UMP annule l'interview qu'il devait accorder au journal de 20 heures de TF1. Son conseiller spécial en communication

1. Sollicité via sa chargée de communication Véronique Waché, l'ancien président de la République n'a pas souhaité répondre à nos questions.

2. Patrice Duhamel et Jacques Santamaria, *Les Flingueurs*, Plon, 2014.

de l'époque, Franck Louvrier[1], se souvient : « Vous avez beau dire que vous ne voulez pas parler publiquement de votre vie privée, à un moment, vous y êtes obligé. Sur les histoires avec Cécilia, des gens ont été vite au courant, ont fait des allusions, lui en ont parlé. Ce qui était au début un sujet purement privé ne l'est pas demeuré. Il a fallu se résoudre à aller devant les médias. Il était prévu qu'il aille sur TF1 le samedi mais j'ai annulé, il n'était pas en état de le faire. Le 26 mai, il devait parler à France 3 et là Nicolas a dû s'exprimer à la télévision alors que lui et Cécilia se trouvaient dans un entre-deux. Du coup, que devait-il dire ? Rien et entretenir la rumeur sur les tensions conjugales ? Ou dire la vérité ? On a choisi la vérité[2]. » Ce qui donnera la fameuse phrase : « Comme des millions de familles, la mienne a connu des difficultés. Ces difficultés, nous sommes en train de les surmonter. »

Qui est à l'origine des fuites au sujet du couple ? Nous sommes en pleine affaire Clearstream et Sarkozy a de bonnes raisons de se méfier de la Terre entière, à commencer par Dominique de Villepin qui, début juin, va passer du ministère de l'Intérieur à l'hôtel Matignon. Sarkozy part alors en guerre contre ceux qu'en privé il nomme les « manipulateurs » et qu'il soupçonne de répandre les bruits sur ses soucis conjugaux. « Le drame familial qu'il traverse, visiblement, l'éprouve, écrit Frédéric Charpier dans son livre *Les Officines*[3]. Il a perdu de sa superbe, pâle, les traits du visage tirés, les yeux pochés, Nicolas Sarkozy n'est que l'ombre de lui-même. Ses ennemis s'en réjouissent sans vraiment se cacher. Ils se délectent de la crise qu'affronte son couple. Mieux, ils l'attisent. Ils colportent

---

1. Directeur de la communication de Nicolas Sarkozy au ministère de l'Intérieur puis à l'Élysée, Franck Louvrier est conseiller régional (LR) des Pays de la Loire.

2. Entretien avec l'auteur.

3. Frédéric Charpier, *Les Officines, 30 ans de barbouzeries chiraquiennes*, Seuil, 2013.

avec avidité les rumeurs : Sarkozy aurait perdu son sang-froid, Cécilia se serait rendue à l'hôpital du Val-de-Grâce, elle y aurait fait constater des coups et blessures. Il y aurait une trace écrite, une main courante même, voire un procès-verbal. Rien de cela ne sera jamais établi mais la rumeur s'emballe. Il se pourrait d'ailleurs qu'avant de souffler sur les braises, ceux qui se réjouissent aient eux-mêmes allumé le feu – qu'ils soient à l'origine de la discorde conjugale. Dès l'automne 2002, alors que Nicolas Sarkozy occupe le poste de ministre de l'Intérieur dans le gouvernement de Jean-Pierre Raffarin, des experts en filatures des réseaux policiers parallèles espionnent et épient le couple. Les spécialistes des basses œuvres collectent les informations exploitables contre lui, qu'il s'agisse de ses affaires (on parle beaucoup alors de sa collection de timbres, de ses "banquiers" et de son duplex de l'île de la Jatte à Neuilly) ou de sa vie privée (on lui prête un nombre incalculable de maîtresses ou d'aventures). On cherche la faille. Ne dit-on pas que tout homme a ses faiblesses ? Certains sont à l'affût. [...] Persuadé qu'il est victime d'un complot, Nicolas Sarkozy établit des similitudes entre son histoire et celle des photomontages de l'affaire Markovic... [...] L'on évoque également à son sujet, il est vrai, l'existence de "photos compromettantes..." »

Persuadé de la volonté des chiraquiens de le détruire, Sarkozy reprend le ministère de l'Intérieur et se promet d'enquêter sur un cabinet noir qui alimenterait des dossiers contre sa vie de famille. « Je vais redevenir le patron de ceux qui font actuellement des enquêtes sur moi », assure-t-il[1]. Très vite, il congédie un conseiller du préfet de police Philippe Massoni, le sous-préfet Gérard Dubois, ancien directeur central des Renseignements généraux, accusé d'avoir alimenté les ragots sur la crise conjugale que traverse son couple. Dubois a beau nier, il est limogé. Le nouveau ministre se

1. *Ibid.*

dit en effet convaincu d'avoir été longtemps surveillé par les sbires de Chirac et de Villepin. Des accusations que confirmera la publication des carnets du commissaire Yves Bertrand, en 2008. Deux mille quatre cents pages d'annotations dans lesquelles Sarkozy figure en bonne place : dès le 27 janvier 2003, le patron des Renseignements généraux relate en détail dans son carnet à spirales les conditions de la séparation de Nicolas Sarkozy de sa première femme, sur fond d'adultère. « Le tout complété de renseignements sur Cécilia, ses parents et son ex-mari, Jacques Martin, écrit l'hebdomadaire *Le Point.* À cette époque, Bertrand collectionne toutes les informations, même anciennes, susceptibles de pouvoir déstabiliser son ministre de l'Intérieur, futur candidat à la présidentielle[1]. » Il recense aussi les préférences sexuelles (la bisexualité de tel ministre) ou les informations sur la santé des personnalités publiques, la consommation de cocaïne ou les problèmes fiscaux de tel autre, l'ardoise laissée par un ancien Premier ministre dans un grand hôtel parisien… Les trois journalistes du *Point* détaillent également les écrits concernant Nicolas Sarkozy lors de son premier passage au ministère de l'Intérieur, de 2002 à 2004. Au final, c'est le ministre qui aura la peau du vieux flic « qui avait résisté à huit ministres de l'Intérieur et deux cohabitations, en l'exilant, en janvier 2004, à l'Inspection générale de l'administration. Atteint par la limite d'âge, Yves Bertrand est relégué dans un petit bureau au fond d'un couloir. »

Sarkozy a-t-il viré Alain Genestar ?

Le jeudi 29 juin 2006, pour la première fois depuis mai 1968, la rédaction de *Paris-Match* (propriété d'Arnaud Lagardère) a décidé de se mettre en grève. La façade vitrée

1. Jean-Michel Décugis, Christophe Labbé et Olivia Recasens, « Les carnets noirs de la République », *Le Point*, 9 octobre 2008.

du bâtiment hébergeant les rédactions de *Match*, *Elle*, *Le JDD*, *Télé 7 jours* est recouverte de banderoles de soutien. En cause : l'éviction, « pour des raisons politiques », assurent les grévistes, d'Alain Genestar. Neuf jours plus tôt, le patron de *Match*, ancien directeur de la rédaction du *Journal du Dimanche*, a refusé de quitter son poste pour devenir directeur des rédactions du groupe de presse. Le voici viré après vingt-huit années passées au sein du groupe Hachette. Que s'est-il passé ? Un effondrement des ventes du prestigieux hebdomadaire ? Oui, selon Pierre Leroy, cogérant du groupe Lagardère, « M. Genestar a simplement quitté *Paris-Match*, quelles que soient les qualités professionnelles de journaliste que nous lui connaissons et que nous estimons, parce que les ventes du journal s'étiolant, il n'arrivait pas à lui donner le nouveau souffle capable de le faire repartir de bon pied et de reconquérir son public, en accord avec l'air du temps[1]. » Dans un contexte morose pour la diffusion de la presse magazine en France, *Paris-Match* a pourtant vu ses ventes progresser de 1,5 % en 2005[2]. Et si la raison de la crise était ailleurs et s'expliquait plus simplement par le crime de lèse-majesté qu'Alain Genestar a commis le 25 août 2005, en osant publier en une de son magazine une photo où l'on voit Cécilia Sarkozy au côté de Richard Attias, présenté comme son « compagnon » ? Arnaud Lagardère n'aurait pas apprécié et Nicolas Sarkozy encore moins...

En 2008, Patrick Poivre d'Arvor assurera que sa propre éviction du JT de 20 heures de TF1 n'est justifiée que par la volonté de Nicolas Sarkozy, que PPDA avait qualifié de « petit garçon dans la cour des grands », après le premier sommet du G8 du nouveau président de la République. Poivre d'Arvor reliera sa déchéance à celle subie deux ans plus tôt

1. Pierre Leroy, « En réaction à *L'Expulsion*, le livre d'Alain Genestar », *Le Figaro*, 17 juin 2008.
2. Source OJD.

par Genestar : « Après avoir obtenu le scalp d'Alain Genestar, le directeur de *Paris-Match* [...] le chef de l'État avait souhaité le mien, écrit-il. Et Dieu sait que le scalp est un sujet délicat[1]. » Le ministre de l'Intérieur a-t-il réellement obtenu le limogeage du patron de *Paris-Match*, le news magazine français le plus connu au monde ? Démenti formel chez Lagardère : « M. Sarkozy n'a jamais demandé à Arnaud Lagardère la tête d'Alain Genestar pour avoir fait la une de *Match* avec une photo qui lui déplaisait, que ce soit au nom de l'amitié ou d'un banal renvoi d'ascenseur, assure Pierre Leroy. Non, M. Lagardère n'a pas "obéi", ce qu'il n'aurait ni aimé ni accepté de faire à une injonction directe ou seulement subliminale du ministre qui allait devenir président de la République[2]. »

Alain Genestar dirige désormais la revue *Polka*, qu'il a créée en 2006 et installée dans de sublimes anciens ateliers dans le quartier du Marais, à Paris. Assis au milieu des œuvres exposées, il se souvient de son « expulsion », pour reprendre le titre de son livre paru en 2008[3] dans lequel il écrit : « Je ne suis pas un héros. Ni une victime. Les victimes du journalisme sont dans les prisons, les martyrs de la liberté de la presse dans les cimetières. Moi, j'ai juste eu un problème avec Nicolas Sarkozy. Je voudrais vous en parler pour que mon "expulsion" serve à quelque chose. »

« La rumeur, pour nous journalistes, est à la fois notre compagne et notre ennemie, explique-t-il aujourd'hui. Elle nous nourrit, nous entoure, nous envahit mais si elle est publiée sans avoir été vérifiée, c'est une faute et une catastrophe. C'est exactement comme si vous preniez pour argent comptant un coup de fil anonyme[4]. »

---

1. Béatrice Gurrey, « PPDA : Narcisse sans miroir », *Le Monde*, 29 mars 2013.
2. *Le Figaro*, 17 juin 2008.
3. Alain Genestar, *Expulsion*, Grasset, 2008.
4. Entretien avec l'auteur.

Juin 2005, Chicago : réunion au sommet des cadres du groupe Lagardère. Des bruits courent sur la séparation du couple Sarkozy. *Match* ne publie rien sur le sujet mais les on-dit s'amplifient. « Au début de l'été 2005, toute la France est au courant, reprend Genestar, mais aucune photo du couple que forment désormais Cécilia Sarkozy et Richard Attias n'a été publiée. » *Paris-Match* a acheté des dizaines de photos de paparazzi montrant le couple en vacances dans le sud de la France, fonçant à bord de rutilantes décapotables ou dînant en terrasse. Les clichés demeurent « bloqués » à la rédaction, de façon à éviter que d'autres publications, notamment britanniques qui en sont friandes, ne les achètent. Genestar : « Les paparazzi passaient à la caisse les uns après les autres. À un moment, la question n'a plus été : "Faut-il publier ces images ?" mais : "Quand va-t-on les publier ?" Cécilia Sarkozy était une actrice de la vie publique et politique, elle avait travaillé au cabinet au ministère de l'Intérieur, elle l'avait réellement conseillé... En août, des photos d'elle et Richard Attias ensemble sont prises à New York. J'apprends que des photographes amateurs les ont également shootés. Puis, un lundi soir, des agences photo nous informent que le *Times* va publier des images du couple. Nous nous réunissons dans mon bureau le lendemain matin. À 14 heures, je prends la décision de changer la une de *Match* et de publier les photos de New York. » La une fait l'effet d'une bombe : « CECILIA SARKOZY, l'heure du choix. Avec Richard, elle a passé l'été entre New York et Paris. Le temps de la réflexion. » Troublante coïncidence, PPDA figure aussi sur la une de *Match* sous ce titre : « François, le fils que j'ai eu avec Claire Chazal[1]. » Un ancien collaborateur de Nicolas Sarkozy que nous avons rencontré se trouvait ce jour-là dans le bureau du ministre de l'Intérieur. « Je m'en

1. *Paris-Match*, 25 août 2005.

souviendrai toute ma vie. Il allait et venait dans le ministère, un lion en cage, qui n'arrivait pas à joindre Lagardère au téléphone. Il hurlait "Arnaud ne veut pas me prendre ! Arnaud ne veut pas me prendre !" Il était totalement aux abois, éructant, conservant ses lunettes de soleil à l'intérieur, se montrant incapable de se concentrer sur quoi que ce soit[1]. »

Dix mois plus tard, Genestar quittera la direction de *Paris-Match*. « Je sais qu'à La Baule, lors des fameuses journées de l'UMP où l'on voit Villepin sortir de l'eau en courant puis déjeuner avec Sarkozy, Sarkozy s'est vanté devant des journalistes : "Ça y est, Alain Genestar est viré, j'ai eu sa peau !" Une consœur m'a raconté la scène à laquelle elle a personnellement assisté. Ensuite, c'est Gérald de Roquemaurel[2] qui, à la demande d'Arnaud Lagardère, a décidé de me virer[3]. » Pour la petite histoire, Roquemaurel sera lui aussi, du moins l'assurera-t-il, victime de la fureur du ministre de l'Intérieur. Dans son livre *La Presse dans le sang*[4], il racontera comment Nicolas Sarkozy avait juré, devant témoins – des journalistes de *Match*, en l'occurrence – qu'il aurait sa tête et celle d'Alain Genestar. Ce fut chose faite dès septembre 2006, quand Roquemaurel, descendant de Louis Hachette, fut remplacé par Didier Quillot, lui-même écarté en 2012. Dans *Expulsion*, Genestar a raconté un coup de fil de Sarkozy juste après la publication de la fameuse une : « Il ne s'agissait pas d'une "engueulade", mais d'une menace glaçante sur mon avenir. [...] "Tu seras responsable d'un drame. Jamais je n'oublierai ce que tu as fait." Il faisait chaud et j'avais froid. Promesse tenue. Sarkozy a armé, Arnaud Lagardère, propriétaire de *Match*, a tiré. » En novembre 2006, Genestar accusait déjà

1. Entretien avec l'auteur.

2. Alors PDG de Hachette Filipacchi Médias, le pôle presse de Lagardère.

3. Entretien avec l'auteur.

4. Gérald de Roquemaurel, *La Presse dans le sang*, Robert Laffont, 2007.

nommément le ministre de l'Intérieur qui, « quand il affirme n'être pour rien dans mon licenciement, ne dit pas la vérité. [...] Dans un grand pays libre et démocratique comme le nôtre, il n'est pas concevable qu'un ministre de l'Intérieur puisse être à l'origine du limogeage d'un journaliste[1]. » La journaliste Florence Muracciole se souvient, elle, d'un déjeuner à cette époque au Fouquet's aux côtés de Jean-Noël Tassez[2], l'ex-directeur général de RMC, ancien PDG de la Sofirad[3], par ailleurs mari de l'actrice Charlotte Rampling et ami de Sarkozy. « Je lui ai raconté les soubresauts causés par le départ annoncé et forcé d'Alain Genestar de la direction de *Paris-Match*. Que c'était une vraie connerie que de faire ça. Je l'ai alors vu appeler quelqu'un au téléphone (était-ce Sarkozy ?) et il a dit : "Il faudrait repousser l'expulsion de Genestar[4]." »

Le non-vote de Cécilia, premier cas de censure

D'autres journalistes vont subir l'ire sarkozienne. Telle Christine Clerc : « Dès que j'ai parlé de Cécilia dans mes articles, j'ai été bannie de l'Élysée. Alors que la séparation était notoire. Mais j'écrivais pour des publications (*Le Figaro*, *Valeurs actuelles*) censées soutenir le pouvoir et il ne me l'a jamais pardonné. Lors de la conférence de presse où il avait parlé de Cécilia, je me suis dit : "Nous allons nous déshonorer si nous ne parlons pas du pouvoir d'achat", j'ai dû demander cinq fois le micro pour l'avoir et quand j'ai pu lui poser ma question, il s'est montré très agressif, "Qu'est-ce que j'y peux si les caisses sont vides ?!" À la fin, quand il

1. *Le Monde*, 17 novembre 2006.
2. Jean-Noël Tassez est décédé en octobre 2015.
3. Société financière de radiodiffusion.
4. Entretien avec l'auteur.

est venu bavarder avec quelques journalistes, dont moi, il m'a marché sur les pieds[1]. »

Au *JDD*, le journal dont elle dirige alors le service politique, Florence Muracciole va souffrir elle aussi, un an après Genestar, de la colère du président nouvellement élu. Tout Paris bruisse de on-dit fort désagréables aux oreilles du chef de l'État dont celui selon lequel son épouse n'aurait pas voté pour lui le jour du deuxième tour de l'élection présidentielle. Une abstention très particulière qui fait mauvais genre... Pour son numéro du 13 mai, une semaine après la victoire de Sarkozy, *Le Journal du Dimanche* a prévu de publier une enquête sur ses premiers jours dans la peau du nouveau président. Le service politique est mobilisé. L'un de ses membres, Denis Boulard, a une idée toute simple : vérifier que Cécilia Sarkozy a bien voté le jour du second tour. Les listes d'émargement étant publiques, rien de plus facile. Le journaliste n'en croit pas ses yeux : la case est vide de toute signature ! La nouvelle première dame n'a pas déposé son bulletin de vote dans l'urne le 6 mai dernier. Un très beau coup pour Boulard qui en avertit sa responsable hiérarchique, Florence Muracciole. Celle-ci se souvient : « Toute la semaine, Denis m'a dit : "On a le non-vote, on a le non-vote !" Je lui ai demandé de faire la photo du registre. Personne d'autre que lui n'avait songé à se rendre sur place. Le samedi, jour de bouclage au *JDD*, j'ai évidemment proposé ce sujet au directeur du journal, Jacques Espérandieu. Comme il n'était pas présent, j'ai cherché à le joindre, sans succès. Puis vers 17 heures, je me suis retrouvée convoquée dans son bureau. Il a fermé la porte, lui qui ne le faisait jamais, et m'a lancé :

"On ne passera pas ce papier !

— Tu as reçu un coup de fil ?

— Non.

1. *Ibid.*

— C'est Anne-Marie Couderc[1] ?
— Non.
— Lagardère ?"

Il n'a pas répondu. J'ai évidemment protesté mais rien n'y a fait, l'article a été censuré. Espérandieu avait promis de me recevoir plus tard ainsi que les membres de la Société des journalistes, mais il ne l'a jamais fait. Du coup, Denis Boulard a contourné l'interdiction en publiant son article sur le site internet du journal qui, à l'époque, n'intéressait pas du tout la direction. Cécilia, de son côté, n'a jamais démenti l'information. Et c'est seulement après que nous avons su que non seulement elle n'avait pas voté mais qu'elle n'était pas non plus allée à la soirée célébrant la victoire au Fouquet's[2]. »

C'est le site Rue89 qui, le premier, va révéler au grand jour – le site internet du *JDD* étant alors très peu fréquenté – le premier cas de censure des années Sarkozy et confirmer l'absence de Cécilia Sarkozy au bureau de vote de l'école Édith Gorce Franklin, sur l'île de la Jatte à Neuilly. Interrogé par Rue89, Espérandieu[3] choisit alors de confirmer qu'un article a bien été en préparation mais qu'il a décidé seul de ne pas le publier après avoir demandé à ses journalistes de contacter Cécilia le samedi, jour de bouclage du *JDD*. Celle-ci ne répondant pas, l'article n'a pas été publié… « Plusieurs

1. Ancienne secrétaire d'État puis ministre d'Alain Juppé, Anne-Marie Couderc a été directrice générale de la presse magazine France chez Hachette Filipacchi Associés.

2. Entretien avec l'auteur.

3. En mai 2008, un an après les faits, Jacques Espérandieu sera débarqué du *JDD*, officiellement pour ne pas avoir su présenter un plan de relance des ventes crédible à la direction du groupe Lagardère. En privé, l'intéressé ne cachera pas que depuis mai 2007 et l'affaire de l'article censuré, « ce n'était plus tenable ». Lui succéda Christian de Villeneuve, remplacé moins de deux ans après par son adjoint Olivier Jay, lui-même congédié en 2011.

membres de la garde rapprochée de Nicolas Sarkozy interviennent alors », affirme Rue89[1] qui cite notamment Claude Guéant, le directeur de campagne de Nicolas Sarkozy, et Franck Louvrier. Finalement, Arnaud Lagardère, patron du groupe Lagardère, a « exig[é] que l'article soit remisé dans un tiroir ». Démenti d'Espérandieu : « Je n'ai reçu aucun ordre d'Arnaud Lagardère. J'assume totalement la décision qui a été prise par moi en mon âme et conscience. Je voulais que Cécilia Sarkozy soit prévenue et qu'elle commente son absence de vote ou son vote, en tout cas qu'on l'ait au téléphone sur cette affaire [...] Je n'ai eu d'ordres de quiconque [...] L'après-midi, on m'a annoncé que ça n'avait pas été possible d'avoir Cécilia Sarkozy. [...] Quand j'ai vu qu'elle n'avait pas réagi, j'ai décidé de ne pas le passer[2]. » Un témoin se souvient de l'angoisse du directeur au moment du bouclage : « Il répétait en boucle : "Quelle merde ! Mais quelle merde[3] !" » La Société des journalistes du *JDD*[4] aura beau protester, rien n'y fera. Pas plus que les indignations en novembre 2008 lors de la parution d'un extravagant reportage au sommet du G20 à Washington de Claude Askolovitch sobrement titré : « Sarkozy en maître du monde ». « Pourtant, la France agace à force de voler le show », écrit l'envoyé spécial du *JDD*, qui traitera avec mépris les protestations d'une partie de la rédaction après la parution de son article. « Les sherpas tricolores le sentent. Ils exigent trop, leur chef est trop visible. À Washington, vendredi soir, quand Sarkozy a débarqué, l'ambiance a monté d'un cran[5]. »

1. « Cécilia Sarkozy n'a pas voté... scoop censuré du *JDD* », Rue89, 15 mai 2007.
2. « Un article du *JDD* sur Cécilia Sarkozy aurait été censuré », *L'Express*, 14 mai 2007.
3. Entretien avec l'auteur.
4. Dont l'auteur de ces lignes a fait partie avant de la présider plus tard.
5. Claude Askolovitch, « Sarkozy en maître du monde », *Le JDD*, 16 novembre 2008.

Maître du monde, vraiment ? Sur un plan personnel, Sarkozy vit un cauchemar : une Cécilia glaciale le jour de la prise de fonctions, le président faisant mine d'essuyer sur la joue de sa femme une larme qui n'a jamais coulé. Bruno Jeudy, qui deviendra chef du service politique du *JDD* en 2010, travaille alors au *Figaro*, où il suit l'Élysée et Matignon : « Sarkozy aura été en tête des sondages tout au long de la campagne de 2007 contre Ségolène Royal. Le seul souci pour lui, finalement, c'était qu'on ne voyait jamais Cécilia. Puis nous apprenons, une semaine après l'élection, par lejdd.fr, qu'elle n'a pas voté. Une question se pose alors : viendra-t-elle à la cérémonie d'investiture ? Les conseillers refusaient d'en parler. J'ai réalisé sa première interview une fois élu président de la République pour *Le Figaro*. Nous lui avons posé une question sur le non-vote, suite aux révélations de lejdd.fr : il a fait enlever la question et la réponse lors de la relecture avant parution[1]. » Nerveux, Sarkozy ? Oui, d'autant que son épouse pose au dernier moment un lapin aux Bush, qui avaient invité le couple présidentiel français dans leur ranch durant l'été 2007. Puis survient l'interview orageuse réalisée par CBS le 5 octobre[2] et son fameux clash final avec cette scène culte que la chaîne américaine utilisera dans la bande-annonce de l'interview : une colère froide à l'égard de David Martinon, porte-parole de la présidence de la République : « C'est un imbécile, c'est stupide ! *He's stupid, it is a big mistake*[3]. Ouais, ouais, OK, mais moi je n'ai pas de temps, j'ai du boulot, *very busy*[4], je ne suis pas en colère, je suis pressé. Quel imbécile ! » S'indignant que l'on puisse l'interroger au sujet de Cécilia, le président bout de colère. Et quand Lesley Stahl, journaliste vedette de « 60 Minutes »,

1. Entretien avec l'auteur.
2. Diffusée sur CBS le 28 octobre 2007.
3. « Il est stupide, c'est une très grosse erreur. »
4. « Je suis très occupé. »

émission regardée chaque semaine par près de 15 millions d'Américains, ose lui dire : « Depuis que nous sommes ici, nous entendons parler partout d'une rumeur évoquant une séparation avec votre femme. Que se passe-t-il ? », Sarkozy ouvre de grands yeux et lui répond : « Si j'avais des choses à dire à propos de Cécila, je ne le ferai certainement pas ici.

— Mais c'est un grand mystère, tout le monde en parle. Que se passe-t-il ?

— *No comment.* Je vous remercie. »

Sarkozy décroche son micro, se lève, serre la main à la journaliste, lui lance : « Bon courage », puis s'en va, non sans avoir taclé Martinon, pétrifié et mortifié : « Tu es vraiment un enfant ! » Cet esclandre survient juste après la visite de Sarkozy en Bulgarie, à laquelle Cécilia n'a finalement pas participé alors qu'elle devait y être remerciée pour sa participation au sauvetage des infirmières détenues en Libye. Toute la presse ne parle que de cette absence et des conclusions à en tirer… Bruno Jeudy, présent à Sofia, se souvient que l'absence de la première dame relève d'un coup de colère de dernière minute : « Les infirmières étaient là, elles lui avaient apporté des cadeaux, tout le monde était très gêné. Tout le voyage présidentiel en a été parasité[1]. »

Dans son commentaire, Lesley Stahl décrira Sarkozy comme un homme « énergique, mais parfois instable », ayant « l'habitude de perdre son calme », dont les relations de couple sont « tumultueuses » et la vie privée ressemble à un « *soap opera* ». Deux semaines plus tard, le 18 octobre, l'Élysée annoncera officiellement le divorce par consentement mutuel. Franck Louvrier : « Je pense que ni Nicolas Sarkozy ni François Hollande en 2014 n'ont eu envie d'être obligés de publier un communiqué pour évoquer leur séparation. Pourquoi l'ont-ils fait à un moment ou à un autre ? Pour tenter

1. Entretien avec l'auteur.

de tuer la rumeur. C'était pour eux la meilleure et unique solution[1]. »

Fin donc de la tumultueuse story avec Cécilia. Ou presque… Au mois de septembre 2014, sept ans plus tard, dans leur livre *Une France sous influence*, Pierre Péan et Vanessa Ratignier écriront : « En 2008, l'émir de Doha raconte que le président français en a même pleuré sur son épaule : "Il m'a raconté que sa femme Cécilia lui demandait 3 millions d'euros pour divorcer. C'est moi qui ai payé", confie-t-il à l'ancien activiste libanais Anis Naccache, condamné à la réclusion criminelle à perpétuité en 1982 pour avoir tenté d'assassiner l'ancien Premier ministre du shah d'Iran, Shapour Bakhtiar[2]. » Nicolas Sarkozy a évidemment démenti ces affirmations, en réalité déjà parues dans *Le Monde* deux ans et demi plus tôt : « En 2008, des dirigeants du Golfe non-qataris affirment devant des diplomates de l'ONU que Doha "a payé le divorce" du chef de l'État d'avec Cécilia, ajoutant, goguenards, qu'"elle n'a pas coûté cher". D'autres bruits, plus insistants, évoquent des financements de campagne électorale. L'Élysée balaie en bloc ces "sornettes"[3]. »

La séparation Royal-Hollande passée sous silence

L'épreuve vécue par Nicolas et Cécilia Sarkozy durant la campagne présidentielle de 2007 explique-t-elle un fait bien étrange ? Le fait que l'équipe Sarkozy ne se soit jamais saisie d'un bruit aux airs de bombe atomique, la séparation au même moment du vrai couple phare de la politique française,

1. *Ibid.*

2. Vanessa Ratignier et Pierre Péan, *Une France sous influence. Quand le Qatar fait de notre pays son terrain de jeu*, Fayard, 2014.

3. Christophe Ayad, Benjamin Barthe et Natalie Nougayrède, « Notre ami l'émir du Qatar », *Le Monde*, 22 mars 2012.

Ségolène Royal et François Hollande ? Le journaliste Stéphane Denis penche pour cette hypothèse, écrivant : « Dans d'autres cas, les journalistes sont carrément absents. Ainsi la candidature de Ségolène Royal. [...] Vivant maritalement avec un autre leader socialiste, François Hollande, elle découvre sa liaison avec une journaliste. [...] Les journalistes au courant des amours de leur consœur ne pipent mot. Toute la campagne se déroule sur fond de règlement de comptes conjugal mais le seul qui l'ignore, c'est le public. [...] Le journal où j'écrivais à l'époque[1] eût sans doute adoré publier l'histoire Royal-Hollande car il faisait vivement campagne pour le candidat de droite ; mais comme il n'aurait rien dit de l'histoire Cécilia-Sarkozy, il n'y avait d'autre solution morale, pour un journaliste, que de s'abstenir sur le tout[2]. » Spécialiste du Parti socialiste au *Journal du Dimanche*[3], Cécile Amar confirme que « 2007 et même 2012 n'ont pas constitué des campagnes bâties sur la calomnie ou la rumeur, mais plutôt, de la part des sarkozystes, sur le dénigrement. En 2007, leur discours se résumait à : “Elle est nulle”, alors qu'ils auraient très bien pu balancer sur la séparation Hollande-Royal[4]. » Et du coup sur la liaison que Hollande entretenait avec Valérie Trierweiler, ce qu'ils ne feront pas.

À cette époque, l'équipe Royal, qui ne dit mot de la situation, gère tant bien que mal le chagrin et l'épuisement de la candidate. « On avait compris qu'elle habitait désormais dans son QG de campagne, situé au 282 boulevard Saint-Germain, “le 282” comme on disait, se souvient un de ses collaborateurs. Elle s'y était aménagé une chambre. On voyait bien qu'elle restait quand on partait tard le soir et qu'elle était déjà là très tôt le lendemain matin, les yeux rougis par

1. Au *Figaro*.
2. Stéphane Denis, *Rumeurs, Sexe et Affaires d'État*, *op. cit.*
3. Auteur de *Jusqu'ici tout va mal*, Grasset, 2014.
4. Entretien avec l'auteur.

les larmes et la nuit sans sommeil. Mais nous nous gardions bien de poser la moindre question et au moins les apparences étaient-elles préservées[1]. »

Un député socialiste, alors proche de Royal et Hollande, se souvient de cette période douloureuse : « Il ne fallait pas que ça se sache de trop. Alors elle a fait semblant, donné le change sur sa vie privée alors qu'elle était dévastée. Parfois, pendant la campagne présidentielle, on croisait François qui nous disait : "Tu devrais en parler à Ségolène !" Nous, on s'étonnait, on lui répondait : "Mais pourquoi tu ne lui en parles pas toi-même ?" "Non, nous n'en avons pas parlé ensemble", répondait-il[2]. » Des témoins assurent avoir eu la même discussion, presque mot pour mot avec Ségolène Royal, au point que certains, sans y croire, en venaient à se dire : « Ce n'est pas possible ! Ils ne vivent pas sous le même toit[3]... » Des ragots circulent. Un jour, des membres de sa garde rapprochée entendent des mauvaises langues dire que la présidente de Poitou-Charentes se consolerait dans les bras de l'acteur Philippe Torreton ou bien encore avec l'ancien PDG de Renault Louis Schweitzer. Une autre fois qu'elle est tellement affaiblie que sa vie est en danger. Tout cela est faux. Les proches de Royal se méfient de Sarkozy et des siens, d'autant qu'elle est victime d'un mystérieux cambriolage et de la mise à sac de l'appartement qu'elle occupait avant avec Hollande en août 2006. Un domicile qui sera deux autres fois « visité » en 2008 puis 2010. « Ils ne l'ont peut-être pas fait, mais tout de même, trois fois en quatre ans, c'est troublant, non ? » s'interroge un proche de François Hollande. « Reste qu'à l'été 2006, nous avons appris qu'ils savaient que les affaires de François n'étaient plus dans l'appartement et

1. *Ibid.*
2. *Ibid.*
3. Élise Karlin, « L'histoire vraie d'une rupture », *L'Express*, 20 juin 2007.

que donc tous deux ne vivaient plus ensemble. Je vous le demande : comment ont-ils pu savoir que François avait vidé ses affaires[1] ? »

Royal piégée par les siens

Mais finalement, plus que du côté de l'UMP, c'est au sein de sa propre famille politique que la candidate socialiste à l'élection présidentielle va trouver ses pires ennemis. Le 8 novembre 2006, à huit jours de la primaire socialiste, une séquence postée sur la plateforme de partage vidéo Dailymotion par un certain « Jules-Ferry » fait l'effet d'une bombe. On y voit Ségolène Royal exiger des professeurs une présence de 35 heures dans les collèges pour combiner cours et soutien scolaire gratuit. Ceux qui la diffusent accusent Royal d'avoir conçu un « plan caché » pour réformer le temps de travail des enseignants. De fait, dans cette vidéo de mauvaise qualité visiblement tournée en cachette, à son insu, Royal émet une opinion qu'elle qualifie de « révolutionnaire ».

« On est quand même dans un système absurde où aujourd'hui en France, on a maintenant des entreprises de soutien scolaire cotées en Bourse, qui donnent droit à des déductions fiscales, et ceux qui font cours dans ces entreprises c'est les profs du secteur public. Alors comment se fait-il que des profs du public aient le temps d'aller faire du soutien individuel payant mais n'ont pas le temps d'en faire du gratuit dans les établissements scolaires ? » Quand on connaît le poids des enseignants au sein de l'électorat socialiste, du moins en 2006, l'étonnante mise en ligne de la vidéo, dix mois après la tenue

1. Entretien avec l'auteur.

de ces propos en janvier lors d'une table ronde à Angers, ne peut qu'inquiéter le camp Royal. Et réjouir ses deux adversaires ? Si Laurent Fabius condamne cette diffusion, déclarant sur Europe 1 qu'il « ne faut pas taper en dessous de la ceinture », le strauss-kahnien Jean-Christophe Cambadélis, aujourd'hui premier secrétaire du PS, se montre plus ironique. « Si elle ne l'a pas dit, il n'est pas tolérable de faire courir des bruits. Mais si elle l'a dit, le moins qu'on puisse dire c'est que ce n'est pas tout à fait le programme socialiste[1]. »

Chez les partisans de Royal, c'est la panique. LCI, puis TF1 puis tous les médias s'emparent de la vidéo. Son directeur de campagne Christophe Chantepy appelle immédiatement Gérard Aschieri, secrétaire général du tout-puissant syndicat d'enseignants FSU pour dégonfler l'affaire. Le reste du staff n'a qu'une idée en tête : remonter la piste de ceux qui ont mis en ligne la vidéo. Benoît Thieulin, fondateur et directeur de l'agence d'innovation numérique, La Netscouade, président depuis 2013 du Conseil national du numérique, est alors responsable de la campagne internet de Ségolène Royal. Dans ses bureaux situés à un étage de la rédaction de Mediapart, il se remémore cette journée d'affolement : « La priorité a d'abord été de savoir où et quand avait été tournée cette vidéo sortie de nulle part. En vingt minutes, on a retrouvé ces éléments. Puis on a cherché à se procurer l'intégralité du film afin de savoir ce qu'elle disait d'autre : des choses encore plus explosives ? Ou au contraire un souci de nuancer les choses, ce qui était le cas. On a donc procédé à un montage du film pour dire : "Certes, elle a bien dit ça mais regardez, elle ne dit pas que ça, bien au contraire..." Son discours d'ensemble n'était pas du tout défavorable aux enseignants, contrairement à ce que laissait

1. Déclaration à l'AFP.

entendre la minute et demie diffusée sur internet. Tout ceci nous a pris entre trois et quatre heures, je pense. Ensuite, on a diffusé notre vidéo sur différents canaux afin de rétablir la vérité[1]. » Ce que Benoît Thieulin ne veut pas ajouter, à la différence d'un autre membre de l'équipe chargé de l'enquête que nous avons également rencontré, c'est que celle-ci démontrera que c'est bien « un des bras droits de DSK qui a posté cette vidéo à huit jours de la primaire socialiste. Nous l'avons identifié. Il s'était procuré les images tournées en douce par l'un de ses amis présent ce soir-là à Angers. Nous l'avons fait savoir en interne. Au final, le boomerang est revenu en pleine figure de ceux qui l'avaient lancé[2]. » Avec 60,65 % des voix, Ségolène Royal qui, dans la vidéo tronquée, exposait en effet avec quels moyens supplémentaires elle entendait appliquer les 35 heures au collège, remporte la primaire le 16 novembre 2006 dès le premier tour. Devant Dominique Strauss-Kahn (20,69 %) et Laurent Fabius (18,66 %).

« Nicolas Sarkozy est l'être le plus extraverti que je connaisse » (Alain Duhamel)

Novembre 2007, les compteurs s'affolent. On prête à Nicolas Sarkozy une myriade de liaisons. Louvrier : « J'ai observé une explosion des bruits de couloirs après sa séparation d'avec Cécilia. À un moment, j'ai regardé ça de plus près et j'ai réalisé qu'à chaque fois qu'il décorait une femme, ou qu'il se trouvait près d'une femme pour une cérémonie officielle, on retrouvait des insinuations au sujet d'une relation avec elle sur internet ou dans la presse people. » Le nom de la journaliste Laurence Ferrari, avec qui il serait parti en week-end au Maroc, est par ailleurs cité. Un on-dit jamais étayé par la moindre

1. Entretien avec l'auteur.
2. *Ibid.*

photo ni le moindre témoignage et que la journaliste a toujours fermement démenti. Puis la liste s'allonge : Rama Yade, Nathalie Kosziusko-Morizet, Rachida Dati, Carla Bruni… Carla Bruni ? Il se dit que le chef de l'État et l'ancien top-modèle se seraient rencontrés chez le publicitaire Jacques Séguéla et qu'ils seraient tombés follement amoureux. Vraiment ? Vraiment ! Place au grand spectacle à Euro Disney où Sarkozy et Bruni s'affichent en public le 15 décembre.

« Comment se sont-ils rencontrés ? Pourquoi Euro Disney ? Vont-ils se marier ? Internet s'est transformé en foire aux rumeurs depuis l'annonce de la liaison du président Nicolas Sarkozy avec la chanteuse Carla Bruni, écrit, le 17 décembre, *L'Express* dont le directeur de la rédaction, Christophe Barbier, est un ami de la belle Italienne. La presse people ne sait plus où donner de la tête. *Closer* croit savoir que le couple serait arrivé à 17 heures en compagnie du fils et de la mère de Carla Bruni, qu'il aurait assisté à la traditionnelle parade de Noël au beau milieu des badauds, en se laissant prendre en photo par les touristes avant de passer la nuit dans l'un des plus beaux hôtels du parc… Le président de la République aurait déjà fait sa demande en mariage, selon le site Backchich[1]… » Comme d'autres, Alain Duhamel est le spectateur consterné de cette « peopolisation » de la fonction politique : « Nicolas Sarkozy est l'être le plus extraverti que je connaisse, en politique mais aussi dans la vie tout court. Cet homme a été le premier président à faire de sa vie privée un instrument de conquête du pouvoir. Le souci est que les grands extravertis attirent la foudre[2]. »

Sur le point d'épouser la richissime Carla Bruni, à l'aise dans ses nouveaux habits de président, le chef de l'État

1. « Nicolas et Carla : les rumeurs s'emballent sur le net », *L'Express*, 17 décembre 2007.
2. Entretien avec l'auteur.

n'hésite pas à étaler son goût pour le luxe : ainsi s'ouvre l'ère du célèbre « bling ». Exige-t-il la rénovation de l'avion présidentiel ? La Toile et une partie de la presse en font un symbole de sa supposée folie des grandeurs. Le nouvel Airbus devient l'objet de tous les fantasmes. On apprend que les aménagements pour transformer cet A330-200 de ligne en avion VIP d'une soixantaine de places auraient coûté près de 180 millions d'euros. Au sujet du « Air Sarko One », comme l'a surnommé *Le Canard enchaîné* en référence au Air Force One américain, « Devinez ce que Sarko fait installer dans son nouvel avion ? » demande l'hebdomadaire *Marianne* en février 2010[1]. Réponse : « Un four à pizza. Eh oui. D'après une brève du quotidien régional *Les Dernières Nouvelles d'Alsace*, le réaménagement du futur avion présidentiel acheté à la compagnie Air Caraïbes est digne d'un chef d'État bling-beauf. [...] "Selon deux élus du secteur frontalier, les exigences de ce client dépassent toutes celles que la société a rencontrées jusque-là. Outre des douches, il aurait aussi commandé un four à pizza." [...] Pour sa petite Carlita ? Ça, c'est la grande classe ! La rumeur avait déjà couru que l'avion allait être équipé d'une cafetière à 25 000 euros. Maintenant on nous dit que le chef de l'État se verrait bien en bouffeur de calzone à 30 000 pieds... »

Rien de tout cela n'est fondé. L'avion n'est équipé ni d'un four à pizza, ni d'une baignoire, ni d'une cafetière à 25 000 euros... Mais Franck Louvrier comprend qu'« il est devenu impossible de connaître une journée sans rumeur. La nouvelle règle, c'est désormais une "info" + un démenti = deux "infos". Le laxisme l'emporte chez de nombreux journalistes, tant ils estiment pouvoir répercuter un simple bruit sans rien vérifier, quitte à le démentir plus tard. Quand j'ai entendu parler de la baignoire

1. Gérald Andrieu, « Devinez ce que Sarko fait installer dans son nouvel avion ? » *Marianne*, 1er février 2010.

dans le nouvel avion présidentiel un matin à 8 heures sur RTL, j'ai obtenu un démenti dans le 8 heures du lendemain. Mais le mal était fait[1]. » En réalité, Louvrier est allé plus loin. Le 6 octobre 2010, *Le Canard enchaîné* s'empare de l'affaire puis lemonde.fr qui écrit : « Franck Louvrier, le conseiller en communication de l'Élysée, avait immédiatement téléphoné à la direction de la radio, avertissant que Sarkozy “ne laissera[it] pas passer” le reportage de RTL, n'hésitant pas à brandir des menaces “professionnelles voire judiciaires” à l'encontre du journaliste. Ce dernier a finalement présenté ses excuses dès le lendemain de la diffusion du reportage, que la radio a supprimé[2]... »

Il ne fait pas toujours bon se moquer du Prince.

---

1. Entretien avec l'auteur.
2. « Y a-t-il une baignoire dans l'avion ? » lemonde.fr, le 6 octobre 2010.

14

Comme un boomerang

« Sarkozy s'est pris pour une vedette du show-biz. »
Christine Clerc

Au début, les magazines encensent le nouveau président, sa jeunesse, son modernisme, ses tee-shirts new-yorkais, ses Ray-Ban. Et surtout sa Carla, icône planétaire de la mode qui fut l'une des mannequins les plus en vogue de la si prestigieuse agence Élite. Sauf que le vent finit toujours par tourner. Jouer à l'apprenti sorcier avec la presse people qui, comme le pense l'ancien directeur du *Monde* Jean-Marie Colombani, « vise les politiques qui en retour l'instrumentalisent, l'ensemble consistant en une vraie perversion des mœurs, en une façon détestable de faire de la politique[1] » va s'avérer plus risqué qu'il n'y paraît pour Nicolas Sarkozy.

En 2007-2008, la presse people est toute-puissante, avec des chiffres de vente n'ayant rien à voir avec les mauvaises tendances actuelles[2]. Sur les petits écrans, BFMTV, créée en 2005, devient bientôt la chaîne d'info la plus regardée en France. Avec I-Télé et LCI, elle se lance dans une course effrénée au tout-info. La fin des années 2000 voit également surgir Twitter qui, né un an avant l'élection de Sarkozy,

1. Entretien avec l'auteur.

2. Tendances 2014-2015 : *Closer* -8,26 % ; *Voici* : -6,31 % ; *Gala* : -8,26 % ; *Public* -22,40 %. (Source : OJD).

voit son nombre d'utilisateurs exploser : 500 000 en 2009, 2,5 millions deux ans plus tard[1]. Le président qui souhaitait tant se mettre en scène et se placer sous la lumière ne va pas être déçu : les projecteurs vont être constamment braqués sur lui.

Franck Louvrier, son ancien directeur de la communication, confie qu'au moment d'accéder au pouvoir, l'équipe Sarkozy met en place une équipe de huit personnes pour surveiller internet. Mais fallait-il pour autant faire remonter au nouveau président tous les bruits circulant sur lui sur internet ? « Sûrement pas, sans quoi nous serions tous devenus fous. C'est pour ça qu'il ne surfait pas sur internet : "J'ai déjà tellement de sources d'information que je deviendrais dingue." Par contre, ce qui pouvait arriver, c'est l'ami, directement, qui le prévenait d'un SMS : "On m'a dit ça sur toi", ou "J'ai entendu parler de ça..." Mais en réalité, les rumeurs prenaient une telle ampleur que démentir était devenu un travail au quotidien. Vous êtes en permanence sous le feu du jugement et de l'interprétation des Français. La question n'est pas de savoir si ça va se savoir mais quand ça va se savoir. Le secret n'existe plus sur la durée, quelques minutes, quelques heures, quelques jours au grand maximum et encore. Et en même temps, vous êtes obligés d'occuper le terrain et de vous montrer. Si le président sort des radars, tout le monde se demande : "Qu'est-ce qu'il se passe[2] ?" » Dès mai 2007, le conseiller en com va rendre visite aux équipes de George W. Bush et d'Obama pour savoir comment ils géraient les vacances du président actuel ou en devenir. Les proches de Bush répondent à Louvrier : « Le président part avec son service de presse et communique au moins trois fois par jour. Sans quoi Wall Street va chuter.

1. Fin octobre 2015, Nicolas Sarkozy comptait 924 000 *followers*, François Hollande 1,15 millions.

2. Entretien avec l'auteur.

Si vous voulez jouer à cache-cache, la bataille est perdue d'avance parce que votre absence ou votre discrétion va donner libre cours à toutes les interprétations possibles. Du coup mieux vaut accompagner le bruit plutôt que de réagir[1]. » Au risque de laisser certains médias et internautes raconter n'importe quoi. « Battons d'emblée en brèche un préjugé : les croyances ne disparaissent pas avec les progrès de la science, écrivait en 2004 Catherine Halpern, journaliste et philosophe. L'information disponible est croissante mais n'a pas pour corollaire une diminution de la croyance. La surabondance même de l'information rend sa vérification difficile[2]. »

Biolay, Jouanno and Sarko

Même la santé du président devient un sujet de discussions… Fin juillet 2009, Sarkozy est victime d'un malaise à la Lanterne, la résidence que possède l'État à Versailles. « Malaise vagal », précise l'Élysée. Vraiment ? Pourquoi le député UMP Frédéric Lefebvre évoque-t-il un « accident cardiaque » ? Franck Louvrier se souvient : « J'étais à un mariage dans le Sud, j'ai sauté dans un TGV à Avignon… J'ai vidé toute ma batterie de téléphone portable dans le train. Il me fallait répondre à toutes les interrogations même si je n'avais pas la réponse, je devenais une chaîne d'infos continue, dans l'incapacité de dire : “Attendez le communiqué de 18 heures” sans quoi la situation devenait ingérable et tous les on-dit possibles. J'ai dû communiquer avec cent journalistes en une heure. J'ai aussi dû appeler l'AFP qui reprenait les propos d'un élu, proche du président, qui donnait des “informations” alors qu'il n'avait pas vu le président, pour les

1. *Ibid.*
2. « Les nouveaux visages de la croyance », *Sciences humaines*, n° 149, mai 2004.

démentir[1]... » Dans leur livre *Le Dernier Tabou*, les journalistes Denis Demonpion et Laurent Léger écriront aussi que durant la campagne de 2012, le président-candidat « avale des comprimés dépourvus d'autorisation de mise sur le marché en France, ce sésame indispensable à la commercialisation en pharmacie et à sa prescription médicale[2]. »

Mais plus que tout autre domaine, c'est la vie privée du président Sarkozy qui va décidément passionner les foules. Pour le meilleur et surtout le pire, si l'on en croit Pierre Mazeaud, grognard du gaullisme : « Il a déformé le mandat présidentiel, porté gravement atteinte à la fonction présidentielle en faisant du bling-bling, en lançant par exemple : "Avec Carla c'est du sérieux..." Un président de la République ne fait pas ce genre de choses. Hollande sur son scooter pour aller voir sa copine, c'est maladroit, de l'enfantillage, mais on s'en fout, nom de Dieu ! C'est des conneries. On a le droit encore à un peu d'intimité ou pas, merde ! Dans quel monde vit-on ? Tandis que Sarkozy, c'est autre chose. On ne parle plus d'un type qui va en douce acheter des croissants pour sa copine, mais d'un chef de l'État dont la femme pose un lapin au président des États-Unis, tout de même ! » Faut-il préciser que l'ancien président du Conseil constitutionnel a voté Hollande en 2012 ? Qu'il fut rendu furieux par la proposition de suppression du juge d'instruction ? « À ce sujet, Sarkozy m'a convoqué à l'Élysée, pour me demander : "C'est quoi ce truc ? Tu réunis les docteurs en droit pour t'opposer à la suppression du juge d'instruction ? J'ai décidé de le faire, donc ce n'est pas la peine de les convoquer ou de faire je ne sais quoi ! J'ai décidé ! Bon, allez, viens, on va boire un whisky." Ridicule ! Mais bon, dans la vie, on n'a que ce qu'on mérite : si on a eu droit à lui, ça prouve qu'on est des cons[3] ! »

1. Entretien avec l'auteur.
2. Denis Demonpion, Laurent Léger, *op. cit.*
3. Entretien avec l'auteur.

En 2010, les bruits autour du couple Sarkozy prennent une très mauvaise tournure qui va virer à l'affaire d'État, faire le délice de la presse people et même inspirer Eva-Marie Goepfert, de l'université Louis-Lumière Lyon 2, qui va consacrer sa thèse de doctorat au sujet suivant : « Médias, politique et vie privée, Analyse du phénomène de peopolisation dans la presse écrite française[1] ». La chercheuse reprend jour après jour les bruits qui, d'abord murmurés dans certaines salles de rédaction, vont enflammer la Toile et s'étaler au vu du monde entier, retraçant ce qu'elle appelle l'« itinéraire d'une rumeur d'infidélités au complot politique ». Quelles sont les différentes phases du processus ?

N° 1 (fin janvier 2010), un bruit que s'échangent des journalistes : Carla Bruni et Nicolas Sarkozy auraient chacun une relation extraconjugale. N° 2 et n° 3 (fin février, début mars) : des blogs et des comptes Twitter évoquent Carla Bruni, Benjamin Biolay et Nicolas Sarkozy, colportent des ragots parfois « entendus à la machine à café » ; puis, lors d'une interview, une journaliste anglaise de Sky News ose interroger Carla Bruni au sujet de son couple. Les choses sérieuses commencent avec cet invraisemblable article posté par un certain « Mikl07[2] » dans le blog « Actu vidéo » du site internet du *Journal du Dimanche* : « Breaking News ! Après Haïti, le Chili puis la Turquie, nous apprenons que l'Élysée est touchée par un séisme d'une magnitude de 9 sur l'échelle de Richter. » S'ensuit la description des déboires conjugaux présidentiels.

1. Sciences de l'éducation, Psychologie, Information, Communication, université Lumière Lyon 2, décembre 2010.

2. L'impertinent s'avérera être Arnauld Champremier-Trigano, neveu de Gilbert Trigano, fondateur du Club Méd et compagnon d'Elsa Wolinski, fille de Georges, dessinateur vedette du *JDD*, assassiné lors de l'attaque contre *Charlie Hebdo* le 7 janvier 2015. Ancien militant de l'Unef-ID, chroniqueur télévisuel (auprès de Michel Field ou de Nicolas Poincaré), il conseillera aussi Jean-Luc Mélenchon et Emmanuelle Cosse, la présidente d'Europe-Écologie-les Verts.

Nous sommes le 9 mars, jour de tempête à l'Élysée et à Levallois, siège du *JDD*, propriété, rappelons-le, d'Arnaud Lagardère, l'homme qui présentait Nicolas Sarkozy comme son « frère ». Le billet d'humeur, sobrement titré : « Rumeurs, Carla Bruni croque Benjamin Biolay, Sarkozy se console avec Jouanno[1] ? » va vite disparaître. À la place, ces mots d'explication : « En raison du caractère gravement attentatoire à la vie privée des propos tenus, la rédaction de lejdd.fr a décidé de supprimer ce post. » Trop tard : le site du tabloïd britannique *The Sun* cite déjà le « prestigious Sunday newspaper *Le Journal du Dimanche* ». L'incendie devient hors de contrôle et le président expérimente à ses dépens cette analyse énoncée par Marie-Bénédicte Allaire, journaliste politique à RTL : « Sa personne donne prise à la rumeur. Elle l'hystérise à souhait[2]. »

Le lendemain, l'affaire fait la une du *Sun*, du *Daily Telegraph*, de la *Tribune* de Genève, d'*El Mundo*, de la *Pravda*... Et en France ? Rien ou presque : la chaîne d'infos France 24 en fait état dans sa revue de presse internationale, tout comme France Culture. Seul Arnaud Leparmentier du *Monde* ose interroger le président lors d'une conférence de presse à Londres le 12 mars qui le battra froid durant des mois. Puis silence radio jusqu'au 22 mars et l'annonce de la « démission » de deux salariés de Newsweb, filiale du groupe Lagardère en charge, à l'époque, du site internet du *JDD*... Le directeur des opérations et l'auteur du fameux « post », que l'entreprise a d'abord présenté comme un internaute anonyme avant d'admettre qu'il s'agissait d'un employé chargé de faire parler du site. Auraient-ils été contraints à la démission par l'Élysée ?

---

1. Secrétaire d'État chargée de l'Écologie en 2009 puis ministre des Sports de novembre 2010 jusqu'en septembre 2011. Elle est aujourd'hui sénatrice (UDI) de Paris.

2. Entretien avec l'auteur.

La curieuse lettre d'excuses au couple présidentiel dont s'est fendu le directeur de l'hebdomadaire, Olivier Jay[1], une démarche qui choque une partie des journalistes puisque l'auteur du blog n'était nullement membre de la rédaction, n'a-t-elle pas suffi ? Visiblement non. Ni la plainte contre X déposée par HFA, la société éditrice du *Journal du dimanche* (groupe Lagardère). Les proches de Nicolas Sarkozy prennent l'affaire très au sérieux, suspectant un complot venu de l'intérieur du groupe Lagardère, puis de l'étranger. L'un des plus proches conseillers du président, Pierre Charon, évoque une piste délirante, une machination ourdie comme par hasard : « Alors que la France s'apprête en 2011 à prendre la présidence du G20[2]… » Puis ce même Charon va jusqu'à menacer la rédaction du *JDD*, affirmant : « Nous faisons de cette ignominie un casus belli, nous voulons aller jusqu'au bout pour que cela ne se reproduise plus jamais. Comme on dit, la peur doit changer de camp[3]. » Les choses s'enveniment : la Société des journalistes juge « inacceptable le ton menaçant et inquisiteur de ces propos sans précédent ». Mais Charon, qui évoque « un tsunami d'ignominies », en remet une couche, déclarant au site d'information Rue89 : « C'est pour signifier que maintenant, ça suffit les conneries de la part de tous ceux qui colportent ça. Ça dépasse l'entendement ! » Charon, que Bruno Jeudy, rédacteur en chef politique à *Paris-Match*, présente ainsi : « Son rôle, c'était de contrer les rumeurs, de les nourrir et de les faire sortir… Du moins jusqu'à sa disgrâce, quand il fut accusé d'avoir mal géré les rumeurs au sujet de Carla. Sarkozy l'a alors remercié pour l'ensemble de

1. Adjoint de Christian de Villeneuve (nommé à la place de Jacques Espérandieu en 2008), venu du monde de la communication et du journalisme, il le remplaça moins de deux ans après. Il sera congédié à son tour en 2011.

2. « "Nicolas Sarkozy ne peut pas cautionner les propos de Pierre Charon", selon Rachida Dati », lemondefr, 7 avril 2010.

3. *Nouvelobs.com.*

son œuvre. Avant cela, il était aussi chargé de savoir ce qui se disait dans le Tout-Paris politique et médiatique sur Sarkozy. Depuis, les deux hommes ont purgé la brouille : Pierre Charon a été élu au Sénat et a repris du service pour aider l'ancien président à revenir à l'Élysée en 2017[1]. »

Au dépôt d'une plainte contre X mais aussi, selon Olivier Jay, d'une seconde pour « introduction frauduleuse de données dans un système informatique », s'ensuit une enquête préliminaire menée par la police judiciaire. Les Renseignements généraux exigent aussi l'adresse IP de l'ordinateur de l'auteur du blog. La presse évoque alors une enquête de police à des fins personnelles. Cette fois-ci, c'est Sarkozy qui se retrouve dans le collimateur. Et quand Carla Bruni, interrogée par Europe 1, nie l'existence d'une enquête, elle est contredite par le directeur de la Direction centrale du renseignement intérieur, Bernard Squarcini. Ainsi en a en effet décidé le président de la République : tous les moyens sont bons pour savoir qui « balance » au sujet du couple présidentiel. Un nom a été cité par *Le Canard enchaîné* le 31 mars : Rachida Dati. L'ancienne protégée du président, membre de sa garde rapprochée durant la campagne victorieuse, ministre de la Justice de mai 2007 à juin 2009, serait à l'origine des ragots. Un membre de l'équipe Sarkozy de l'époque se souvient : « Le nom de Jouanno revient aux oreilles de Carla qui s'énerve et provoque la colère de son mari. Il hurlait après tout le monde notamment Brice Hortefeux, le ministre de l'Intérieur : "Tu es nul ! Vous êtes tous nuls ! Je veux leur tête, je veux des têtes !" Il voulait un nom, une tête à servir sur un plateau en argent à Carla. Alors moi j'ai demandé à Pierre Charon : "Tu sais quelque chose ?" Charon m'a juste dit : "La seule fois où j'ai entendu parler de Jouanno, c'est Dati qui me l'a dit." Entre nous, certains

1. Entretien avec l'auteur.

affirment que Rachida serait entrée un jour dans le bureau de Sarkozy rue d'Enghien et les aurait surpris en fâcheuse posture. Mais personne n'a rien pu vérifier, bien évidemment[1]. »

Hortefeux joue au flic

Après *Le Canard enchaîné*, c'est au tour du *JDD* d'affirmer qu'une « enquête des services de renseignement français, remise au chef de l'État [...] ciblerait notamment Rachida Dati. » Les accusations, notamment relayées par Pierre Charon, se font insistantes. L'amitié qui lie depuis longtemps l'ancienne ministre à Cécilia ex-Sarkozy, devenue Attias depuis 2008, devient un motif de trahison aux yeux des fidèles du président. Dati dément vivement : le 4 avril, la députée européenne publie un communiqué dans lequel elle « proteste avec indignation contre les allégations de certains organes de presse lui prêtant une quelconque responsabilité dans la propagation de rumeurs absurdes et inadmissibles sur la vie privée du couple présidentiel » et « se réserve le droit d'agir en diffamation contre ceux qui reprendraient cette allégation dénuée de tout fondement et la reliant de surcroît à la suppression naturelle de sa protection policière, présentée comme une sanction. »

Mais les sarkozystes n'en démordent pas et les services de contre-espionnage français poursuivent leur enquête. La presse s'empare de l'affaire, notamment la presse people, ce qui alarme de nombreux députés UMP, inquiets de la tournure que prennent les choses. Car le président a beau la qualifier de « clapotis », un témoin se souvient : « En fait il était comme un dingue. » Comme l'écrit alors *L'Express*, « le

1. Entretien avec l'auteur.

"clapotis" a, en réalité, toutes les apparences d'une tempête qui marquera le quinquennat de Nicolas Sarkozy[1]. » Renseignements généraux, police judiciaire mais aussi le ministre de l'Intérieur, Brice Hortefeux, en personne : les moyens engagés sont considérables. L'enquête se recentre sur deux personnalités, Rachida Dati[2] et son conseiller en communication, François-David Cravenne, par ailleurs conseiller spécial du ministre de l'Industrie, Christian Estrosi. Cet influent conseiller ministériel va voir la Direction centrale du renseignement intérieur (DCRI) éplucher sa vie personnelle et professionnelle à travers les communications émises ou reçues depuis son téléphone mobile BlackBerry.

Apparaissent alors de très nombreux échanges téléphoniques entre François-David Cravenne et Rachida Dati. « Bien qu'il n'existe aucune preuve formelle, cette dernière devient le suspect n° 1 de l'Intérieur, écrit *L'Express*. N'entretient-elle pas des relations très fraîches avec Carla Bruni ? N'est-elle pas en guerre ouverte avec certains conseillers du président ? Ne fréquente-t-elle pas des ennemis déclarés du chef de l'État ? »

La scène qui suit est stupéfiante. Elle nous a été racontée non par François-David Cravenne mais par un autre conseiller ministériel, qui garantit son authenticité. Voici le conseiller convoqué place Beauvau, dans le bureau de Brice Hortefeux. « Il s'est retrouvé seul à seul avec le ministre qui, en gros, lui a dit : "Écoute, on sait que c'est Rachida, elle t'en a parlé, on le sait, donc maintenant, tu vas arrêter de nous raconter des conneries et tu vas nous dire que c'est bien elle." C'était une scène digne d'un film. Chez les sarkozystes,

1. Éric Pelletier et Jean-Marie Pontaut, « Comment la police a enquêté sur la rumeur et pisté Dati », *L'Express*, 1er juin 2010.

2. Contactée par mail et Twitter, l'ancienne ministre de la Justice n'a pas répondu à notre demande d'entretien.

c'était très violent, on entendait dire : "On va tuer cette salope de Rachida !" »

Contacté par nos soins, Cravenne ne veut pas s'étendre sur le sujet et confirme juste avoir été « interrogé » par le ministre et jure « ne jamais avoir parlé de Rachida Dati[1] ». Ordre lui est pourtant donné de ne plus fréquenter l'ancienne garde des Sceaux. À l'évocation de cette affaire, Brice Hortefeux dégaine son sourire le plus ironique. Lové dans son canapé surplombé d'une immense reproduction d'une couverture du *Figaro Magazine* à sa gloire, il lance : « Cravenne est venu dans ce milieu par mon intermédiaire, il s'est grillé avec tout le monde… Nicolas souffrait de ces rumeurs, me demandait "C'est quoi ce merdier ?" La DCRI n'était pas très performante, il aurait pu y avoir des conséquences internationales graves pour l'image du président. Alors oui, j'ai convoqué Cravenne pour savoir si, comme certains le disaient, Rachida Dati était derrière ces histoires. Celle-ci a construit sa carrière dans l'ombre de Cécilia. Or, quand cette dernière s'en est allée, son monde s'est écroulé. Au Conseil des ministres, on aurait dit un oiseau apeuré sur sa branche[2]. »

Le 14 mars, au soir du premier tour des Régionales, Dati se voit retirer son chauffeur et ses gardes du corps. Officiellement, pour des motifs d'économie budgétaire… Un ancien conseiller d'Hortefeux l'affirme : « La décision de lui retirer gardes du corps et chauffeur a été prise par Nicolas Sarkozy. » Mais l'ancienne garde des Sceaux, qui pense avoir été placée sur écoutes, contre-attaque. Le 7 avril, sur RTL, elle lance : « Je connais assez bien le président de la République, y compris quand il était au ministère de l'Intérieur. Il a toujours combattu ce genre de pratiques et, donc, ça ne peut pas exister. » Carla Bruni est sommée de monter au front et d'assurer

1. Entretien avec l'auteur.
2. *Ibid.*

que « Rachida Dati reste [leur] amie[1] ». La tension retombe peu à peu. Quant au corbeau, il n'a jamais été identifié.

À trop vouloir jouer avec la presse people, Nicolas Sarkozy a failli se brûler… Christine Clerc raconte : « Il s'est pris pour une vedette du show-biz et la presse l'a traité comme tel ? Il n'aurait pas dû s'étonner de l'effet boomerang[2]. » « La presse people constitue une arme de destruction massive, affirme Pierre Mathiot, politologue et enseignant à Sciences Po-Lille. Elle bouffe la politique. En jouant le jeu de la peopolisation, en se montrant dans *Paris-Match*, *VSD*, *Gala* ou en se rendant chez Michel Drucker, les politiques prétendent se rapprocher des gens, sans voir le risque qu'ils courent. Ils s'estiment capables de contrôler la vitesse médiatique… Or le Moloch finit toujours par les dévorer. Tous ceux qui acceptent ces sollicitations et le font pour des raisons de carrière, pour se mettre les médias dans la poche, ne peuvent se plaindre à l'arrivée d'être essorés par la machine. S'ils s'exhibent, qu'ils ne viennent pas pleurnicher après[3]. »

Aubry mariée à un islamiste…

Directeur de Sciences Po-Lille de 2007 à 2014, Pierre Mathiot va assister aux premières loges au déballage d'une autre rumeur politique des années Sarkozy, celle (celles, parlons au pluriel) concernant Martine Aubry. Le 10 juillet 2011, à moins d'un an de l'élection présidentielle et à quelques mois de la primaire socialiste qui doit la départager de cinq autres candidats, la maire de Lille décide de révéler au grand public les bruits circulant avec une insistance grandissante sur sa vie privée.

1. Europe 1, 7 avril 2010.
2. Entretien avec l'auteur.
3. *Ibid.*

Cécile Amar, reporter au *Journal du Dimanche*, a obtenu qu'elle évoque pour la première fois les insinuations véhiculées sur elle et son mari, l'avocat Jean-Louis Brochen, au sujet duquel Google associe aujourd'hui encore prioritairement le mot « religion » à ses nom et prénom... « C'est sa "part non négociable", celle qu'elle défend comme une louve, celle sur laquelle elle ne plaisante plus, écrit la journaliste[1]. Aubry a choisi de monter en première ligne pour défendre son époux contre les rumeurs qui font de lui un avocat islamiste : "Sur mon mari, ça a commencé il y a deux ans. Je sais tout, je sais qui les lance, je l'ai appris avant que ça ne sorte de deux sources différentes, des fonctionnaires m'ont alertée ; un jour, on racontera tout..." » Ancien président du Syndicat des avocats de France, l'époux de la candidate à la primaire a défendu en 1993 des jeunes lycéennes portant le foulard islamique menacées d'exclusion ainsi qu'un jeune coiffé d'une kippa. De là à en faire un djihadiste...

Quand de nombreux politiques se retrouvent tétanisés par la calomnie, Martine Aubry décide de contre-attaquer : elle menace les sites qui diffusent les ragots de porter plainte. Cécile Amar raconte aussi que l'ancienne ministre du Travail ne se contente pas de s'en prendre aux sites Internet. « Elle a aussi décroché son téléphone, pour prévenir en personne certains de ceux qu'elle soupçonne de calomnier son époux ou de répandre des rumeurs sur son alcoolisme présumé à elle, sa prétendue tumeur au cerveau ou son imaginaire homosexualité. La candidate a ainsi alerté un haut responsable de l'Élysée, un préfet qu'elle a rencontré quelques années auparavant, lui disant en substance qu'elle était au courant de ses propos à son encontre, peu dignes de sa fonction. Son interlocuteur a été surpris par ce coup de fil. "Je ne reconnais pas votre voix", a-t-il

1. Cécile Amar, « Martine Aubry face aux rumeurs sur sa vie privée », *JDD*, 10 juillet 2011.

bredouillé. “Je suis bien Martine Aubry”, a-t-elle insisté recommençant sa tirade. “Le seul préfet qu'elle connaît bien, c'est Christian Frémont [directeur de cabinet du président]. Il a été en poste dans sa région. Et avant d'être à l'Élysée, il était de gauche”, raconte un proche du chef de l'État tout en réfutant les accusations d'Aubry[1]. » Effectivement préfet du Pas-de-Calais sous la gauche, au milieu des années 1990, Frémont sera nommé directeur de cabinet de Nicolas Sarkozy, président de la République, en remplacement d'Emmanuelle Mignon, le 28 juillet 2008. Un proche de Sarkozy a confirmé depuis que c'est bien lui qu'Aubry a appelé… tout en assurant que la maire de Lille s'était trompée de cible.

Cécile Amar raconte comment la maire de Lille a aussi joint au téléphone l'ancien ministre chiraquien Jacques Toubon, aujourd'hui Défenseur des droits[2] « qu'elle connaît bien et qui avait évoqué des rumeurs sur sa santé ». « La prochaine fois, appelle-moi avant de raconter des conneries dans un dîner ! » Des membres de son équipe remarquent ensuite que le statut Facebook de Pierre Masquart, qui se présente comme « membre de l'UMP Paris » et qui a animé le site juristespourpecresse au moment de la campagne régionale de Valérie Pécresse de 2009, vise personnellement Jean-Louis Brochen. Il est également contacté. En réalité, l'équipe de la candidate imite la stratégie envisagée par les proches de DSK, quand il se préparait à se lancer dans la course à l'Élysée et que circulaient sur lui moult bruits : menacer de porter plainte, passer à l'acte si nécessaire, attaquer le plus tôt possible avant qu'ils ne se transforment en questions, « nettoyer » les réputations… En clair, ne surtout pas se taire. Donner de la voix, s'emparer de tous les ragots à la fois et les purger le plus tôt possible. Et la journaliste d'expliquer que la

1. *Ibid.*

2. Jacques Toubon n'a pas donné suite à notre demande d'entretien.

candidate a raconté en plaisantant à sa mère tout ce qu'on colportait sur elle « et parfois elle en rit encore[1] ».

L'affaire n'en restera pas là : en novembre 2012, la cour d'appel de Paris va confirmer la condamnation d'un blogueur de Strasbourg à verser 1 euro de dommages et intérêts à Aubry pour atteinte à la vie privée. En juillet 2011, Francis Néri, retraité, avait posté sur son blog un texte intitulé « La Martine de Lille », qui affirmait que l'ancienne première secrétaire du PS était alcoolique, homosexuelle et proche des milieux islamistes. Un texte qu'il n'aurait pas écrit lui-même mais qui serait l'œuvre d'un ami, un certain « Bertrand ». Sur un post de blog publié le 11 novembre 2012, et toujours accessible au moment de la rédaction de ces lignes, Néri écrivait toutefois : « Ma foi, je ne sais toujours pas si vous êtes une salafiste confirmée ou complaisante, si vous êtes pour le mariage homosexuel parce que homosexuelle vous-même, je ne sais pas si vous avez fait des cures de désintoxication et bien d'autres histoires qui circulent à votre propos et à vrai dire je m'en moque absolument[2]. » Le blog de Francis Néri était toujours actif fin 2015. Sa photo figure en haut à gauche, lunettes sagement posées sur le bout du nez, chemise rose, nœud papillon. Ses derniers posts s'intéressent beaucoup à l'islam et à l'islamisme, que l'auteur a tendance à amalgamer à tout bout de champ. Néri clame par ailleurs haut et fort ses opinions politiques : « Il faut donc mettre à la tête de l'État français une équipe qui ait cette “mission”. Pour tout dire seul le FN avec son projet de gouvernance a une chance de parvenir au pouvoir pour la réaliser[3]. »

Pierre Mathiot voit dans ce déballage crapoteux un cas d'école : « Il faut toujours un fond de vraisemblance pour que l'incendie prenne : c'est vrai que le visage de Martine

1. *Ibid.*
2. semanticien.blogspirit.com.
3. Posté en mai 2015.

Aubry gonfle et dégonfle de temps en temps, sans que cela n'ait rien à voir avec l'alcool. Du coup, la rumeur a pris. Photos à l'appui. Même chose pour son mari, qui est avocat, qui a défendu des membres du gang de Roubaix, et du coup est devenu soi-disant islamiste. Si Aubry a choisi d'agir ainsi en attaquant, c'est que cela correspond à son tempérament mais qu'elle a aussi été bien conseillée, par son mari justement. À la différence de la plupart des politiques qui ne savent pas quoi faire en pareil cas[1]. » L'ancien patron de Sciences Po-Lille se souvient aussi que mis à part les blogs de Néri, ces ragots lui sont toujours revenus de la part de connaissances à Paris, jamais dans le Nord... « J'y vois une vraie fascination pour les rumeurs politico-médiatiques, un produit d'entre-soi, une capacité propre à reproduire la rumeur. Les journalistes lillois n'en parlaient pas, eux savaient que c'était bidon. En vérité, les médias locaux sont souvent plus respectueux, bien plus responsables que les nationaux. Eux savent à quel point publier un bruit de chiottes, c'est le rendre crédible[2]. »

« DSK ? Un complot évidemment ! »

Pourquoi Martine Aubry s'épanche-t-elle dans la presse en juillet 2011 ? La réponse est simple : deux mois plus tôt, la route vers l'Élysée s'est dégagée pour elle avec l'arrestation à New York de Dominique Strauss-Kahn. Une affaire, soit dit en passant, que certains ont pensée montée de toutes pièces pour empêcher DSK d'entrer à l'Élysée ? Contre toute évidence, certains hommes politiques continuent de le croire, tel cet ancien ministre de Jacques Chirac, croisé à Paris durant l'hiver 2015 : « C'était évidemment un complot ourdi

1. Entretien avec l'auteur.
2. *Ibid.*

de Paris, cette affaire du Sofitel. Vous croyez vraiment que DSK avait besoin de sauter sur une femme de chambre, pas jolie en plus, pour satisfaire ses besoins sexuels ? Il pouvait s'offrir qui il voulait. Tout ceci ne tient pas debout[1]. » Reste à savoir, dans ce cas, pourquoi les avocats de Strauss-Kahn et ceux de Nafissatou Diallo se seraient entendus sur un versement important (on parle d'1,5 million de dollars) après un arrangement secret à l'amiable, afin d'éviter un procès... Et au fait, ourdi par qui ? Sarkozy, bien sûr ! Brice Hortefeux a entendu cette hypothèse formulée des milliers de fois : « À l'époque où j'étais ministre de l'Intérieur, je lisais surtout les fiches de police sur les islamistes, bien davantage que sur DSK. À son sujet, je me souviens surtout d'un article du *Nouvel Obs* sur un club échangiste qui s'appelait les Chandelles, c'est à peu près tout[2]... » Depuis la publication, en juillet 2007, d'un texte prémonitoire de Jean Quatremer, correspondant de *Libération* à Bruxelles, la réputation de DSK était cependant clairement connue : « Le seul vrai problème de Strauss-Kahn est son rapport aux femmes. Trop pressant, il frôle souvent le harcèlement. Un travers connu des médias, mais dont personne ne parle (on est en France). Or le FMI est une institution internationale où les mœurs sont anglo-saxonnes. Un geste déplacé, une allusion trop précise et c'est la curée médiatique[3]. » Nous sommes quatre ans avant l'affaire du Sofitel...

Dans son livre *Sexe, Mensonges et Médias*, paru en 2012[4], Quatremer revient sur ce bruit que tout le monde entendait alors mais que personne ne voulait retenir : « À plusieurs reprises, j'ai vu DSK draguer ouvertement et lourdement des

1. *Ibid.*
2. *Ibid.*
3. Libé.fr, 9 juillet 2007.
4. Jean Quatremer, *Sexe, Mensonges et Médias*, Plon, 2012.

consœurs. [...] J'avais appris, sidéré, qu'il s'agissait d'un secret de polichinelle dans la profession : DSK avait depuis longtemps la réputation d'être un dragueur, chacun ayant une anecdote plus ou moins truculente à conter. Les femmes qui voulaient éviter des situations embarrassantes savaient qu'il valait mieux ne pas se retrouver seules avec lui. »

Le refrain est désormais connu : beaucoup savaient, nul ne l'a dit. Y compris les femmes journalistes victimes de telles attitudes. Difficile dès lors, avec la multiplication des témoignages détaillant les agissements passés de DSK, de brandir encore et toujours la thèse du complot politique. Et pourtant... Celle-ci fut relancée par Anne Sinclair elle-même sur France 2 en avril 2014 : « Je pense que les autorités françaises n'ont pas été totalement neutres. Mais je ne veux pas entrer là-dedans[1]... » Mais elle n'a jamais été étayée par le moindre début de preuve. Après, que le président de la République ait jubilé en voyant DSK arrêté est une autre chose... Anne Sinclair n'a sûrement pas tort quand elle ajoute : « Des conseillers de Sarkozy ont dit : “Oui, on savait que c'était notre cible, on le surveillait, on était aux aguets.” Je pense que c'est une affaire, pour Nicolas Sarkozy, qui est tombée comme du pain bénit[2]. » Cécile Amar le confirme : « Strauss-Kahn était la proie la plus facile pour eux, ils n'attendaient que ça, le faire tomber tôt ou tard sur une affaire privée. D'où les dossiers qu'ils bâtissaient sur lui. Mais ils n'ont pas vu venir l'affaire du Sofitel. Pas plus que la victoire de Hollande face à Aubry lors de la primaire des socialistes[3]... »

De Nicolas Sarkozy, on dit en effet qu'il n'aurait pas cru en la victoire de celui dont il disait tant de mal et que l'on surnommait « Monsieur 3 % ». Vrai ou faux ? Vrai, confirme Bruno Jeudy : « En 2011, Sarkozy sous-estime Hollande,

1. « Un jour, un destin », France 2, avril 2014.
2. *Ibid.*
3. Entretien avec l'auteur.

persuadé qu'Aubry remportera la primaire en l'absence de DSK. En réalité, au sujet de la primaire, il se trompe trois fois : non seulement Hollande bat Aubry mais la primaire est un énorme succès populaire qui permet à Hollande d'acquérir rapidement une vraie légitimité et d'enclencher une dynamique au final victorieuse, ce à quoi il n'a pas cru[1]. » Sous le sceau de l'anonymat, un des plus proches conseillers actuels du chef de l'opposition dit peu ou prou la même chose en soupirant : « Certes, il en a joué, il a même surjoué le mépris, pour qu'aucune inquiétude supposée ne se diffuse. Ne jamais rien laisser paraître, c'est l'une de ses règles d'or. Mais tout de même, soyons honnêtes, cette hypothèse est fondée. Il n'y a pas cru. DSK éliminé, on a tous pensé qu'Aubry allait se qualifier et là, c'était du pain bénit pour nous : on allait ressortir nos dossiers sur son alcoolisme supposé, les liens de son mari avec les islamistes, c'était du tout cuit ! Et puis Hollande l'a battue et a gagné une première fois. Mais là encore, Sarkozy n'y a pas cru et est resté persuadé de l'aplatir à la présidentielle. Il a dû être influencé par la plupart d'entre nous qui prenions Hollande pour un gros nul. Ce qu'il est loin d'être, reconnaissons-le, malgré tous ses nombreux défauts[2]. »

1. *Ibid.*
2. *Ibid.*

VII

LES ANNÉES HOLLANDE

15

« Tu es coupable puisque tu es puissant »
Il n'y a pas de fumée sans feu

Ils sont les deux enquêteurs vedettes, les deux stars de l'investigation journalistique en France. Deux journalistes du quotidien fondé par Hubert Beuve-Méry, Fabrice Lhomme et Gérard Davet, ne colportent pas de rumeurs mais des faits, rien que des faits, à la façon des journalistes d'enquête américains. Le people ne les intéresse ni ne les concerne, les affaires oui. Et plus particulièrement, les nombreuses concernant Nicolas Sarkozy.

Une rumeur ? En voilà une belle que leur a livrée, affirment-ils dans leur livre *Sarko s'est tuer*[1], l'ancien président en personne, lors d'un entretien le 18 novembre 2013 dans ses bureaux de la rue de Miromesnil, dans le VIIIe arrondissement de Paris. Deux mois avant la parution dans le magazine people *Closer* des photos assassines montrant François Hollande se rendant en scooter et en cachette retrouver Julie Gayet, Sarkozy leur livre un scoop en or, dont ils ne feront rien. Après s'être plaint que la presse soit « tellement sympa avec Hollande », Sarkozy balance : « Vous vous rappelez les rumeurs de Benjamin Biolay et Carla, ou Chantal Jouanno et moi ? Tout ce qui a été écrit ? Et lui, Hollande, qui sort trois fois par semaine de l'Élysée en scooter pour aller voir

1. Gérard Davet, Fabrice Lhomme, *Sarko s'est tuer*, Stock, 2014.

sa bonne amie… Que font les journalistes ? Rien, bien sûr… » Deux mois plus tard, le 10 janvier 2014, paraissent les photos et ce titre en une du magazine people, qui réalise là une vente historique avec ce titre « L'amour secret du président » : les ventes de l'hebdomadaire s'envolent à 600 000 exemplaires au lieu de quelque 330 000 habituellement. Auxquels il faut ajouter les 1,4 million de visites sur le site le seul jour de parution du magazine, soit + 800 % par rapport à sa fréquentation habituelle…

« Une histoire connue par beaucoup de monde », selon Laurence Pieau, la directrice de la rédaction de *Closer*. « Elle est connue de nombreux journalistes politiques et de journalistes tout court à Paris, bref elle circule… Donc c'est quelque chose qu'on sait, qui tourne », déclare-t-elle au micro de RTL, ajoutant : « Le cas de figure est le même quand, en 2007, on a publié les premières photos de Valérie Trierweiler avec François Hollande. » La rumeur d'une relation entre François Hollande et Julie Gayet court depuis plusieurs mois. Un an et demi avant les révélations de *Closer*, les deux amoureux avaient même déjà été repérés par les photographes… « C'est en tout cas ce qu'affirme Sébastien Valiela, qui a pris les fameuses photos du chef de l'État en scooter, publiées dans nos colonnes, écrit *Closer*. Dans son livre *Paparazzo*[1] […] le photographe raconte que dès le mois d'août 2013, il avait aperçu un garde du corps conduisant Julie Gayet jusqu'à la rue du Cirque. Et il n'était pas le seul. Car toujours selon Sébastien Valiela, une agence de photos s'était alors empressée de prévenir l'Élysée que certains photographes étaient sur la trace du président et de l'actrice… "Manifestement, personne n'en a tenu compte", ironise *Le Point*[2]. »

1. Sébastien Valiela, *Paparazzo : Du scoop au secret d'État*, Michalon, 2014.

2. « Affaire Hollande/Gayet : l'Élysée savait mais n'a rien fait », *Closer*, 2 octobre 2014.

« Si quelqu'un arrive à photographier Hollande et Gayet ensemble... »

Dans le milieu des paparazzi, Valiela est une star. L'homme qui, avec Pierre Suu, a photographié François Mitterrand et Mazarine Pingeot en 1994[1]. L'homme qui, lors d'un entretien informel avec le journaliste du *Monde* Michel Guérin en janvier 2013, un an avant la parution des photos dans *Closer* du président en scooter, lâchait : « Si quelqu'un arrive à photographier François Hollande et Julie Gayet ensemble, ce sera un coup énorme. Mais qui osera le publier[2] ? » A-t-il été informé de la liaison présidentielle par Nicolas Sarkozy, qui s'en ouvrait à l'automne 2014 aux journalistes du *Monde* ? Valiela jure que non.

Dans son livre *Scoop Story*[3], Laurence Pieau a livré sa version des faits : « C'est l'aboutissement d'un an d'enquête. Une enquête commencée en janvier 2013 après une confidence lâchée lors d'un dîner chez des amis bien renseignés. Comme souvent, avec les grosses histoires, la première info arrive quand on ne la cherche pas, lâchée au détour d'une conversation par quelqu'un qui n'a rien à voir avec le métier. [...] À la quatrième coupe de champagne, mais sachant parfaitement ce qu'il va lâcher, mon hôte me glisse : "J'ai un pote qui a croisé François Hollande plusieurs fois dans un immeuble de la rue du Faubourg-Saint-Honoré. Et tu sais qui habite là ? Julie Gayet." [...] Deux semaines plus tard, la rumeur cette fois court dans tout Paris. De façon si insistante que tout cela commence à sentir la légende urbaine. Pas un dîner en ville où l'histoire n'est pas évoquée, avec force gloussements. »

---

1. Lire le chapitre 7 : « Mazarine : "Oui, et alors ?" ».
2. Sébastien Valiela, « Paparazzi de Mitterrand à Hollande », *Le Monde*, 15 janvier 2014.
3. Laurence Pieau, *Scoop Story*, First Document, 2014.

Cela fait des mois que les on-dit se multiplient au sujet d'une relation entre le président de la République et l'actrice, alors même que François Hollande est toujours censé vivre avec Valérie Trierweiler. Depuis le vendredi 19 juillet 2013, quand Hollande s'est rendu sans prévenir la presse sur le marché de Tulle. Une journée banale a priori mais à laquelle il a associé une belle jeune femme que le maire de Tulle, Bernard Combes, ne reconnaît pas : l'actrice Julie Gayet. Aucun média n'a été prévenu. Dans la voiture, Bernard Combes pose une ou deux questions, plus par réflexe que par curiosité : qui c'est, ce journaliste ? Et la dame qu'il n'a pas identifiée ? Hollande passe rapidement : « C'est une actrice avec qui on m'a prêté une histoire… J'ai même dû démentir ! » L'explication suffit bien. Et le chef de l'État de conclure : « Toutes ces rumeurs, quelle plaie[1] ! »

Habituée à couvrir tous les déplacements du président, surtout les samedis, jour de bouclage de son journal, la journaliste Cécile Amar découvre par une dépêche de l'AFP la présence du chef de l'État à Tulle et trouve des détails sur le déroulement de sa journée. Quand elle contactera le président, il s'étonnera qu'elle soit au courant de sa présence. Mais celle qui suit l'Élysée pour le *JDD* ne sait rien de la présence de Gayet, qu'elle n'apprendra qu'en lisant un écho publié dans *La Montagne*. Car un seul journaliste est en effet présent sur place ce samedi de juillet 2013, Alain Albinet, du quotidien local *La Montagne*. À *Closer*, il a raconté cette journée finalement ordinaire : « Il y a eu des dizaines de photos prises et parmi ces photos, certaines avec ladite Julie Gayet mais qui est très peu connue ici et qui était très peu connue à l'époque. De toute façon, quelles que soient ces photos, aucune n'avait un caractère compromettant. […] À l'époque on avait signalé la présence de Julie Gayet dans le groupe et

1. Élise Karlin, *Le Président qui voulait vivre ses vies*, Fayard, 2014.

au concert du soir d'Olivia Ruiz [...] Personne ne soupçonnait qu'il puisse y avoir quoi que ce soit. »

Hollande sait que la rumeur court et qu'elle va vite franchir les 480 kilomètres qui séparent la préfecture de la Corrèze des rédactions parisiennes. Il sait que la direction du Brive Festival, où il a été vu le samedi soir avec Gayet pour assister au concert d'Olivia Ruiz, est harcelée par la presse people qui veut la photo. Le président n'ignore pas que des centaines d'habitants de Tulle et de Brive vont voir débarquer des journalistes et photographes de la capitale qui leur promettront beaucoup d'argent : *Paris-Match*, *Closer*, *Voici*, tous viendront fouiller en long et en large la Corrèze, à la recherche d'une photo prise ici en juillet 2013 que personne n'a dû prendre. « Vu les sommes qui ont été proposées, si la photo n'a jamais été publiée, c'est qu'elle n'a pas été prise parce que je suis sûr que tout le monde ce jour-là a dû bien éplucher les cartes mémoire des appareils photos et des smartphones », s'amuse un journaliste local[1]. Mais Hollande ne panique pas. Peu lui chaut. « Depuis des mois, on en parlait à son entourage, on leur disait : "Ça se sait, il devrait faire attention", mais eux répondaient par un haussement d'épaules et lui par le déni : "Mais non, c'est juste une amie." En réalité, Hollande et les siens se sont montrés incapables de mesurer les répercussions politiques de cette affaire », accuse un journaliste politique connaissant bien le président[2]. « Vingt fois, depuis un an et demi, son cercle de communicants est venu lui faire part de la "rumeur", confirment Raphaëlle Bacqué et Ariane Chemin dans *Le Monde*. François Hollande a souri et changé de sujet devant les uns, nié devant d'autres. Le président, apparemment, veut croire que l'époque où François Mitterrand pouvait garder secrète pendant vingt ans l'existence d'un enfant n'est pas tout à fait terminée. Pas davantage cette nuit qu'auparavant, ses

1. Entretien avec l'auteur.
2. *Ibid.*

conseillers n'oseraient faire reproche de son imprudence au chef de l'État. Y songent-ils seulement[1] ? »

Faut-il y voir une erreur de débutant ? Une méconnaissance de la presse people et des réseaux sociaux, qui vont s'emparer avec délectation des photos ? De leur fonctionnement et de leur force de frappe unique ? « Hollande connaît très bien la presse classique mais je pense qu'il n'a aucune idée de ce qu'internet et les réseaux sociaux ont changé, estime Raphaëlle Bacqué. L'histoire de *Closer* et de Julie Gayet est révélatrice ; jamais ni lui ni son équipe n'ont imaginé qu'un journal ou un magazine oserait publier de telles photos. Ils n'ont pas pris en compte la désacralisation du pouvoir qui est en marche depuis plusieurs années[2]. »

L'enfant caché refait surface

Hollande ne s'est pas méfié, s'est fait piéger et rattraper par la rumeur. S'est-il cru intouchable ? Il est vrai que lors de la campagne présidentielle, les sarkozystes n'ont pas exploité la moindre affaire ou ragot sur lui. Cécile Amar le confirme : « En 2012, ils ont forcément cherché sur Hollande, mais ils n'ont rien trouvé. S'ils n'ont rien trouvé c'est qu'il n'y avait rien[3]. » Une appréciation que confirme la journaliste de la chaîne parlementaire Florence Muracciole, ancienne chef du service politique du *JDD* et qui connaît Hollande depuis des décennies : « On le sait, les deux ressorts habituels de la rumeur politique sont le sexe et l'argent. Pour François Hollande, en tout cas sur l'argent, il n'y a jamais eu le moindre bruit. Pour m'être rendue dans sa maison dans le sud de la France, à Mougins, je peux dire qu'elle est sans

1. « Nuit blanche à l'Élysée », *Le Monde*, 20 février 2014.
2. « Politique et sexualité », *Charles*, n° 9, avril 2014.
3. Entretien avec l'auteur.

grand charme et limite moche. Hollande n'est pas un homme d'argent et ne l'a jamais été[1]. »

Mais le président aurait dû se souvenir du bruit qui courut au début des années 2000 : comme pour ses prédécesseurs Valéry Giscard d'Estaing, François Mitterrand et Jacques Chirac, on a dit de lui qu'il était le père d'un enfant caché, dont la maman serait l'actuelle maire de Paris, Anne Hidalgo. Nous sommes en 2002 et il se murmure que le premier secrétaire du PS serait en réalité le père du fils d'Anne Hidalgo, alors première adjointe au maire de Paris Bertrand Delanoë. « Hidalgo-Hollande, j'en entends parler la première fois en 2000, lors de la campagne pour la mairie de Paris de Bertrand Delanoë, se souvient Bruno Jeudy, rédacteur en chef politique de *Paris-Match*. J'ai cru à une blague ou à une de ces saloperies qu'on entend à intervalles réguliers en période d'élections[2]. » Hidalgo, qui déteste évoquer ce ragot, sera contrainte de le faire rapidement lorsqu'elle sera interrogée par Marc-Olivier Fogiel sur France 3[3] :

— Hidalgo : Ce genre de conneries, y en a un paquet sur la Toile. Je ne les commente même pas.

— Fogiel, qui insiste : Je voudrais que vous commentiez la violence de tout ça. Comment vous l'avez vécue ?

— Hidalgo : Quand dans votre vie, vous êtes un personnage public, et que des conneries sont racontées, à un moment, on apprend à se mettre à distance de ce genre de choses, j'ai une carapace. À l'inverse de votre entourage, de vos enfants, qui n'ont pas choisi un engagement public. Ça ne m'a pas entamée mais ça fait souffrir autour de vous, notamment vos enfants, ça vous atteint. Ce genre de conneries tuera la politique si ceux qui les véhiculent n'y prennent pas garde.

En 2012, Anne Hidalgo attaque Twitter. Certains utilisateurs continuent, en effet, de colporter cette légende pourtant

1. *Ibid.*
2. *Ibid.*
3. « Le Divan », France 3, 7 avril 2015.

démentie dès le début. Face aux ragots, Hidalgo choisit non pas de se taire, comme le font la plupart des personnalités politiques, mais de réagir. Le 23 juin 2012, son avocat, Me Yves Baudelot, adresse à Twitter une mise en demeure de « supprimer, sur le fondement de l'article 9 du Code civil », une série de tweets relayant une prétendue « liaison avec le président de la République française dont serait né un enfant ». Le 2 août, le service juridique du réseau social fait suivre le courrier aux utilisateurs mis en cause. Qui en parlent aussitôt sur… Twitter. Slate s'interroge alors sur la pertinence de la mise en demeure : « Alertée, la presse s'intéressa évidemment à l'histoire. Rue89 a dégainé la première le 3 août. Évoquant une Anne Hidalgo qui "n'a pas apprécié que des utilisateurs relaient une rumeur éculée", le site informait ses lecteurs de la procédure engagée par l'élue tout en rappelant (ou dévoilant, pour tous ceux qui ne la connaissaient pas) le contenu de ladite rumeur. Dans les heures qui suivirent, Jean-Marc Morandini, Europe 1, *Voici* et *Métro France* reprirent l'info (la procédure) tout en relayant un peu plus la rumeur et son démenti (la prétendue liaison). Le tout dans la plus stricte légalité. Car s'il est interdit par la loi française de publier toute info ou rumeur relevant de la vie privée, il est possible, sous couvert du droit à l'information, d'évoquer sans gros risques juridiques une procédure visant à en interdire la diffusion. En entamant des démarches pour la suppression de tweets oubliés de tous, Anne Hidalgo a relancé la rumeur de sa liaison avec le président de la République, lui donnant au passage une audience dont elle n'avait jusqu'alors jamais bénéficié[1]. »

Se produit alors ce que les chercheurs appellent l'effet Streisand : exposez sur la place publique un fait connu de peu et prenez le risque que tout le monde en entende parler. Pari perdu par la chanteuse et actrice Barbra Streisand qui attaqua

1. Christophe Carron, « Twitter, la mauvaise cible d'Anne Hidalgo », Slate, 6 août 2012.

en 2003 des photographes auteurs de prises de vue de sa sublime propriété en bord de mer en Californie. En interdisant la publication des images, la star a obtenu la diffusion de la publication de la procédure judiciaire qu'elle avait engagée… et la propagation incontrôlée des photos de sa maison. Ce que Slate repère au sujet de la rumeur Hidalgo-Hollande : en 2002, personne ou presque n'est informé du ragot ; en 2012, véhiculé notamment par des comptes de sympathisants de Nicolas Sarkozy (nous ne sommes qu'à quelques semaines de l'élection présidentielle), il va exploser, sur Twitter et encore plus sur Google, suite aux poursuites engagées par la maire de Paris. « La rumeur risque désormais d'atteindre des populations non connectées, qui n'auraient pas été touchées si l'élue socialiste avait préféré le silence. Certes, elle sera aussitôt accompagnée du démenti d'Anne Hidalgo. » Mais le site de se demander avec raison si ce démenti sera mentionné quand l'histoire du pseudo-fils illégitime du président et de la maire de Paris sera racontée par tout un chacun à la machine à café… Ou par ceux qui colporteront le ragot, comme cet élu parisien, cador de l'UMP qui assistera à la visite officielle de François Hollande, élu président de la République, à l'hôtel de ville de Paris. Un de ses anciens collaborateurs raconte : « En voyant Hollande et Hidalgo côte à côte, il a encore parlé de cette histoire mais surtout, j'ai cru qu'il allait faire un malaise ! Il répétait : "Putain ? ! C'est pas vrai ? ! Ils y sont arrivés ! Lui à l'Élysée, elle à l'Hôtel de Ville ! Putain ! Les deux cons sont au pouvoir[1] !" »

Les « sans-dents », info ou rumeur ?

Passe une année et demie. En janvier 2014, le président subit donc une déflagration d'une ampleur sans précédent :

1. Entretien avec l'auteur.

la publication des photos de ses escapades avec Julie Gayet. Pierre Suu, le photographe co-auteur de la photo de François Mitterrand et Mazarine, n'exerce plus le métier de paparazzo mais en connaît encore toutes les ficelles : « Dans le milieu, tout le monde était au courant de cette relation. Gayet avait été vue au concert de Joyce Jonathan, la copine de Thomas Hollande, elle apparaissait sur les vidéos de soutien à Hollande, et puis il y a tous ceux qui dînent en ville, les premier ou deuxième cercles qui en parlaient partout. Il y a une poignée de gens qui connaissent tout sur tout. Pas des paparazzi, ni des journalistes mais des gens qui sont au cœur des conversations. Coiffeur, esthéticienne, gérante de boutique de mode… Tu fréquentes ces gens, ils te parlent, tu vas voir sur place, tu recoupes, tu refiles l'info et tu prends 50 % sur les ventes[1]… » Cette année 2014 sera donc celle de toutes les rumeurs pour le président de la République, cet homme « dont le grand défaut est son peu de goût pour la basse police, assure, provocateur, Jean-Marie Colombani. La photo du président en scooter pour aller chez Gayet, il y a forcément une source policière derrière[2] ».

La liaison d'abord, puis les bruits au sujet de la grossesse de l'actrice, puis de leur mariage, le jour des 60 ans de Hollande, le 12 août. Des journalistes accrédités à l'Élysée interrogent même à ce sujet les responsables de la communication présidentielle. Entre-temps, d'autres ragots circulent lorsque la journaliste de Canal+ Nathalie Iannetta est nommée conseillère Sports à l'Élysée. Lu sur le site de *Voici* le 23 juin 2014 : « Nathalie Iannetta dément fermement les rumeurs de liaison avec François Hollande : "Je suis fidèle !" » Puis, dans *Gala* : « Nathalie Iannetta évacue les rumeurs concernant François Hollande » ; *Public* : « Nathalie Iannetta a fermement démenti les rumeurs d'une liaison avec le

1. *Ibid.*
2. *Ibid.*

président. » *Closer* écrit : « Pas un jour ne se passe sans que, dans les dîners en ville ou certains livres sur “l'affaire”, on évoque telle affaire avec une jeune et jolie journaliste promue par le fait du prince, telle actrice qui a eu son moment de gloire et qui aurait remplacé l'autre actrice dans le cœur du président… au point que Nathalie Iannetta, ex-journaliste à Canal+ et nouvelle conseillère à l'Élysée a été contrainte de se fendre d'une mise au clair dans une interview à *Paris-Match*, le journal de Valérie Trierweiler. »

Un très proche conseiller de Hollande s'en désole : « Chaque semaine dans la presse people comme *Closer*, *VSD* ou *Voici*, vous trouvez au moins un article sur Julie Gayet, Valérie Trierweiler et toutes les maîtresses supposées du président. Et tout est faux. Dès qu'une femme est nommée à un poste important, vous voyez apparaître des messages assurant qu'elle a couché avec le président. À chaque fois que Hollande prend la parole publiquement, son compte Twitter est attaqué. Des centaines de messages sont balancés. Ils proviennent toujours des mêmes comptes, le plus souvent issus des milieux d'extrême droite[1]. »

Mais l'événement qui va le mieux incarner la relation du chef de l'État à la rumeur reste à venir : la publication le 4 septembre 2014 du livre de son ex-compagne, la journaliste de *Paris-Match* Valérie Trierweiler[2], *Merci pour ce moment*[3]. Des faits, rien que des faits, comme elle le racontera à longueur d'interviews, notamment dans son propre magazine, *Paris-Match*, mais aussi à la BBC : « J'avais entendu les rumeurs mais je n'y croyais pas, François Hollande m'avait dit qu'elles étaient fausses et je le croyais. Elles me revenaient pourtant, je lui en reparlais mais lui me disait que tout ceci

1. *Ibid.*

2. Contactée par mail, Valérie Trierweiler n'a pas répondu à notre demande d'entretien.

3. Valérie Trierweiler, *Merci pour ce* moment, Les Arènes, 2014.

était faux. Je n'ai pas voulu y croire même si parfois j'en étais vraiment attristée et je demandais des signes pour être rassurée[1]. » Du point de vue de son auteure, nul ragot, nul on-dit colporté dans cet ouvrage, le plus vendu en France ces dernières années avec près de 800 000 exemplaires.

Et pourtant... Que dire notamment du passage le plus repris du livre, celui où Trierweiler écrit : « Il s'est présenté comme l'homme qui n'aime pas les riches. En réalité le président n'aime pas les pauvres. Lui, l'homme de gauche, dit en privé : “les sans-dents”, très fier de son trait d'humour. » Fait ou rumeur ? Relisons *Rumeurs, le plus vieux média du monde*, l'ouvrage référence de Jean-Noël Kapferer écrit en 1987. L'auteur, professeur émérite à HEC, y cite cette définition formulée par un autre chercheur américain, Robert Knapp : « Une déclaration destinée à être crue, se rapportant à l'actualité et répandue sans vérification officielle[2]. » Que sait-on en effet de la véracité de cette formule, « les sans-dents » qui fit à elle seule la fortune du livre de Valérie Trierweiler ? Personne, à part l'ex-compagne du président, n'a prétendu avoir entendu Hollande l'employer. Certes, *L'Express*, en septembre 2014, écrivait que « Valérie Trierweiler a confié à quelques proches qu'elle détenait la preuve de ce qu'elle avançait à propos des “sans-dents”. Et qu'elle pourrait la sortir si nécessaire, tout comme les dizaines de SMS de son ex-compagnon qu'elle a évidemment conservés. Une arme nucléaire entre les mains d'une femme prête à tout pour prendre sa revanche[3]. » Mais ladite preuve n'a jamais été dégainée. Parce qu'elle n'existe pas ? Ou par stratégie ? Un proche du président s'interroge : « Je pense qu'il faut rester prudent. En a-t-elle fini ou bien a-t-elle conservé l'intention

1. BBC, 23 novembre 2014.
2. Jean-Noël Kapferer, *Rumeurs, le plus vieux média du monde*, *op. cit.*
3. « François Hollande et les “sans-dents” : Valérie Trierweiler dit détenir une preuve », *L'Express*, 11 septembre 2014.

de nous nuire encore d'ici à 2017 ? En vérité, personne n'en sait rien[1]. »

Comment lutter contre Trierweiler ?

À l'inverse, plus d'un an après la parution du livre, un conseiller du président assure « n'avoir jamais cru aux bruits prétendant qu'elle allait distiller les informations au compte-gouttes comme un supplice chinois. On attend toujours sa preuve sur les “sans-dents”. Elle a joué sur la peur, affirmant détenir des éléments qu'elle n'a jamais montrés. La connaissant, si elle avait eu d'autres cartes en main pour abattre Hollande, elle les aurait abattues depuis longtemps[2]. »

Mais la présidence de la République n'a pas toujours adopté une attitude aussi détachée à l'égard de Valérie Trierweiler. Un visiteur se souvient avoir vu « Hollande vraiment très affecté le jour de la parution et ceux qui suivirent. Quelques proches sont allés acheter le livre et l'ont lu pour lui. C'était sa manière à lui de savoir ce qu'elle racontait, sans avoir à se plonger dedans[3]. » Un des principaux conseillers de Hollande se souvient : « Au sujet des “sans-dents”, on a compris l'importance de la chose quand on a vu que la journaliste du *Monde* Raphaëlle Bacqué publiait cinquante tweets sur ce seul thème, se souvient-il. Puis *Le Monde* a fait sa une sur les sans-dents et là nous avons été obligés de réagir, parce que nous nous sommes dit que nous étions arrivés à un trop grand éloignement entre ce qui se disait et ce qu'est l'ADN politique du président[4]. » Face à ce qu'elle estime bel et bien n'être qu'une rumeur, l'Élysée réagit en trois temps :

1. Entretien avec l'auteur.
2. *Ibid.*
3. *Ibid.*
4. *Ibid.*

1) le jour de la parution du livre, interrogée sur BFMTV, Ségolène Royal, ex-compagne du président et mère de ses quatre enfants, vient à son secours[1]. Un ami de Hollande témoigne : « Si Ségolène, vu son histoire personnelle avec Hollande, prenait sa défense, c'est qu'elle devait dire vrai[2]. »

2) Le lendemain, au sommet de l'Otan au Royaume-Uni, le président, contraint et forcé, s'exprime sur le sujet : « Je n'accepterai jamais, je dis bien jamais, que puisse être remis en cause ce qui est l'engagement de toute ma vie. Je dis bien de toute ma vie. De tout ce qui a fondé ma vie politique, mes engagements, mes responsabilités, les mandats que j'ai exercés. Je ne veux pas laisser mettre en cause la conception de mon action au service des Français et notamment de la relation humaine que j'ai avec les plus fragiles, les plus modestes, les plus humbles, les plus pauvres, parce que je suis à leur service. C'est ma raison d'être. Tout simplement ma raison d'être. »

3) François Hollande accorde une longue interview à l'*Obs*, le 10 septembre, dans laquelle il déclare : « Je ne veux pas qu'on puisse dire ou écrire que je me moque de la douleur sociale, car c'est un mensonge qui me blesse. Cette attaque sur les pauvres, les démunis, je l'ai vécue comme un coup porté à ma vie tout entière. » Un proche du président est obligé de constater malgré tout les dégâts : « Il a alors décroché dans l'opinion et perdu 10 %. Cette affaire laissera des traces[3]. » Un conseiller présidentiel : « Lui qui ne voulait pas parler de sa vie privée, qui estime avoir droit à une forme d'intimité et ne pas avoir de comptes à rendre sur le sujet, y a été obligé. Alors qu'il souhaitait se positionner en anti-

---

1. Interrogée par Jean-Jacques Bourdin, Ségolène Royal déclare le 4 septembre 2014 : « C'est n'importe quoi ! C'est le contraire de l'engagement politique d'un grand responsable de gauche, socialiste. C'est le contraire de son identité politique. »

2. Entretien avec l'auteur.

3. *Ibid.*

Sarkozy. Sans compter que nous savons que les gens détestent cela, que pour Sarkozy avoir déclaré : “Avec Carla c’est du sérieux” a été ravageur[1]… »

Mais Hollande n’en a pas fini avec son ex-compagne qui assurait dans une interview accordée à la BBC : « Ce n’est pas une vengeance, ce n’est pas pour le détruire ; c’est pour me reconstruire, moi[2]. » Au printemps 2015, au moment de la parution de *Merci pour ce moment* en livre de poche, bien des journalistes et éditeurs croient savoir que la nouvelle version de l’ouvrage va s’avérer encore plus croustillante avec la publication d’échanges de SMS entre l’auteure et le président. Les amateurs d’indiscrétion en sont pour leur frais : nul SMS, nul ajout par rapport à la version initiale contrairement aux bruits entretenus par l’éditeur lui-même, Laurent Beccaria, qui déclarait dans *L’Express* : « Pas de deuxième tome en vue. Mais il n’est pas impossible que Valérie Trierweiler souhaite rajouter quelques pages à l’édition de poche, avant l’été. Rien n’est décidé[3]. »

Autre bruit courant sur le livre, son adaptation au cinéma. En janvier 2015, dans le magazine *Gala*, la productrice Saïda Jawad annonce le tournage d’un long-métrage cinématographique directement tiré du livre : « Ce biopic sera romancé et j’aimerais que le personnage principal raconte son histoire à une confidente, afin de mieux comprendre cet univers politique, et la femme. Je vous garantis que l’on découvrira de nouvelles choses. […] Je ne prépare pas un film polémique, je veux juste raconter le combat d’une femme amoureuse, même si l’histoire est exceptionnelle car l’homme aimé est président. Le thème, lui, reste universel[4]. » Le projet est en

1. *Ibid.*

2. Interview diffusée le 23 novembre 2014.

3. « L’éditeur de Valérie Trierweiler : “On lui a fait un procès en sorcellerie” », *L’Express*, 4 novembre 2014.

4. « Je veux raconter le combat d’une femme amoureuse », *Gala*, 5 janvier 2015.

réalité tombé à l'eau. Valérie Trierweiler n'a finalement pas cédé les droits de son livre à son amie Saïda Jawad. *Le Point* expliquera que « les acteurs et les actrices ne se bousculaient pas pour jouer dans un tel film » et que les producteurs avaient été « échaudés par le fiasco retentissant du film d'Abdel Ferrara sur DSK et sur l'affaire du Sofitel de New York ». Une version des faits démentie par l'ancienne première dame qui, dans une interview accordée au site 7sur7.be assure avoir abandonné l'idée « au mois de janvier, après les attentats ». Soit dans les jours ayant suivi l'annonce de l'adaptation du livre… « Le projet de film en lui-même ? Le financement, le casting ? Personne n'en a vu la couleur, s'agace le bras droit d'un ministre socialiste. Et ensuite, qu'allait-on dire ? Que Trierweiler allait mettre une sextape en ligne sur le net ? À un moment, tout ceci est vraiment devenu grotesque[1]. »

Quand Libé vise Fabius… et se trompe

Mensonges vrais ou supposés, affaires de sexe, malversations financières… « Les sujets de prédilection de la rumeur sont les vices cachés, explique Philippe Aldrin, directeur du Département de science politique à Sciences Po-Aix. Alors qu'on demande aux politiciens d'être des personnes de parole avec des valeurs morales, ces derniers font davantage l'objet de rumeurs. On va en effet chercher à montrer l'envers du décor, ce qu'ils tentent plus ou moins de dissimuler et qui va à l'encontre de leur personnage. On peut par exemple citer l'affaire DSK […] ou encore l'affaire Hollande-Gayet[2]. »

Rattrapé par sa vie privée tumultueuse, le président de la République se retrouve, comme son prédécesseur, dans l'œil

1. Entretien avec l'auteur.
2. « Rumeurs en politique : "Tout ce qui relève du mensonge, de l'argent et du sexe est privilégié », *Planet*, 17 avril 2014.

du cyclone, moins de deux ans après son élection. Et ce malgré l'armée de conseillers et de geeks chargés de surveiller tout ce qui se dit sur lui, notamment sur les réseaux sociaux. Si l'Élysée dispose de sa propre équipe, certains ministres d'importance et leaders majeurs de l'opposition usent de logiciels performants d'alerte sur le net, « dont certains peuvent coûter 20 000 euros », assure un conseiller ministériel, ou recourent à des agences de communication spécialisées dans la veille sur internet et notamment le repérage des rumeurs, qui devient un métier en soi. « En gros, le job est de trier le simple bruit de couloir du vrai buzz annoncé, explique-t-on dans un cabinet ministériel. Moi je vais en permanence me demander si je traite immédiatement tel racontar en contre-attaquant ou si je laisse couler ? Sept jours sur sept, 365 jours par an, au moins dix fois par jour, je vais repérer qui véhicule quoi sur mon ministre et sa politique. Sur Twitter, passé du statut de caisse de résonnance à celui de média à part entière, ce n'est pas tant la quantité de messages qui va m'inquiéter que le profil de ceux qui vont relayer le bruit de fond. Sont-ce des personnes crédibles, qui font autorité ? À quelle fréquence ? Tels sont les critères qui apporteront éventuellement une réplique[1]. »

Un jour, un site d'information africain prétend qu'un ministre de Manuel Valls est soupçonné de malversations financières en Afrique. L'émetteur se révèle être très peu fiable et les relais de cette « information » sur Twitter sont très faibles. Les agences de presse telles que l'AFP ou Reuters n'appellent pas le ministère pour obtenir une éventuelle confirmation, aucune rédaction française ne se manifeste. Un mail à l'éditeur du site internet le menaçant de poursuites judiciaires imminentes va suffire à faire retirer l'article très vite. Resteront toujours des traces sur les réseaux sociaux mais

1. Entretien avec l'auteur.

le ragot n'a pas pris. Au sujet d'une autre tentative de déstabilisation, un conseiller ministériel se souvient avoir dit à son patron de ministre : « Même si tu n'as rien fait, n'oublie pas que tu es coupable puisque tu es puissant. Aux yeux de tous ceux, de plus en plus nombreux, qui pensent qu'il n'y a pas de fumée sans feu, tu es un pourri[1]. »

Un autre jour, dans l'affolement généralisé qui suit les révélations accablantes de Mediapart au sujet du ministre du Budget, Jérôme Cahuzac, des bruits courent affirmant qu'un autre ministre, Laurent Fabius, serait lui aussi concerné par le même type de malversations financières. Il se dit dans certaines rédactions que le journaliste de Mediapart Fabrice Arfi, à l'origine des révélations sur Jérôme Cahuzac, disposerait d'éléments à charge contre Laurent Fabius. Le ministre est en voyage officiel au Mali en ce vendredi 5 avril 2013. Ses conseillers reçoivent de nombreux messages de membres de cabinets ministériels, de personnes qui travaillent à l'Assemblée nationale ou au Sénat. « Tu es au courant de la rumeur ? » Peut-être cent dans la journée. Ils répondent que non, ils ne sont pas au courant, ce qui est faux. Dès le matin, l'un d'entre eux a demandé à Fabius :

— Vous savez qu'il se dit que vous avez aussi un compte en Suisse ?

— C'est absurde ! lui répond-il.

Le samedi passe. Ils savent qu'à l'Élysée, on en parle aussi. Dans la journée du dimanche, l'affaire prend de l'ampleur. Un journaliste de *Libération* finit par appeler le conseiller en communication de Fabius, Gaspard Gantzer, aujourd'hui à la tête de la cellule communication de l'Élysée : « Tu es au courant de la rumeur ? » Le communicant comprend que le journaliste attaque le sujet de côté, que tout ce qu'il dit pourra être retenu contre lui, en quelque sorte. Le journaliste

1. *Ibid.*

va le rappeler six ou sept fois dans la journée. À un moment, il lui lance :

— Notre cellule investigation a en sa possession un document qui prouve que Laurent Fabius possède bien un compte en Suisse.

— Tu l'as lu ?

— Non, mais notre cellule investigation l'a. Nous le publierons demain.

Dans la soirée, dès 22 h 34, le quotidien met en ligne un article qui fera la une le lendemain matin. Le titre est explosif : « Une possible affaire Fabius tétanise l'Élysée. » L'article commence ainsi : « Étrange week-end. En apparence, tout est relativement calme. Bien sûr, il y a ces informations de la Télévision suisse-romande qui assure que Jérôme Cahuzac a cherché à cacher 15 millions d'euros en 2009 dans un établissement genevois. Mais rien de plus. En tout cas officiellement. Car depuis trois jours, ce n'est pas l'affaire Cahuzac qui mobilise l'exécutif dans le plus grand des secrets, mais une possible affaire Fabius. Depuis jeudi, un scénario noir circule dans tous les ministères : Mediapart aurait en sa possession les preuves que Laurent Fabius détient un ou plusieurs comptes en Suisse. Et comme Edwy Plenel se répand partout que son site se prépare à révéler un "scandale républicain", la rumeur s'emballe. Info, intox ? Nul ne sait. » La suite est moins prudente : « Sauf que samedi matin, la rumeur devient d'un seul coup beaucoup plus menaçante. Et pour cause, à ce moment-là, Fabrice Arfi, journaliste à Mediapart, est en train de confronter ses informations avec la version du ministre des Affaires étrangères, tout juste rentré du Mali. C'est leur première rencontre. »

Fabrice Arfi a beau déclarer à *Libération* qu'« il n'existe à Mediapart que ce qui est publié sur notre site », le quotidien s'emballe et écrit : « Plus qu'une affaire, c'est potentiellement une bombe politique. Tout le monde fait le même calcul : si Fabius a effectivement un compte en Suisse, c'est tout le gouvernement qui tombe. » Et de citer un « conseiller politique » anonyme et affolé : « On ferme [sa] gueule depuis vendredi parce qu'on n'a aucune idée de l'étendue du truc. » Consterné, un membre de la rédaction de *Libération* se souvient de l'affolement qui règne alors dans les locaux de la rue Béranger : « L'histoire se passe un dimanche : c'est important car cela va considérablement réduire le nombre de filtres qui auraient pu freiner la dynamique un peu folle de cette histoire. Personne n'a pu suggérer ou exiger de vérifier davantage, d'attendre un jour ou deux. En gros tout s'est joué entre trois ou quatre rédacteurs et chefs de service qui se sont excités sur la rumeur Fabius. Les deux "grands chefs" qui faisaient le journal ce jour-là étaient Nicolas Demorand et son bras droit, Sylvain Bourmeau, qui cherchent à s'imposer comme légitimes journalistiquement à *Libé*[1]. » L'un vient de la radio (France Culture, Inter et Europe 1), l'autre des *Inrockuptibles* et de Mediapart. Tous deux sont extérieurs à l'histoire du journal. « Ils ont voulu prouver quelque chose à une rédaction qui les regardait avec méfiance, voire défiance, reprend la journaliste de *Libé*. Avec la supposée affaire Fabius, le binôme a vu l'occasion de prouver qu'ils savaient flairer et monter un scoop. Et si l'entourage de Fabius a pris soin de démentir, c'était bien qu'il y avait quelque chose de louche, ont conclu les deux limiers en chef… »

Mediapart ne publiera jamais rien sur le pseudo-compte en Suisse de Laurent Fabius. Le ministère des Affaires étrangères, après avoir menacé de porter plainte, attendra en vain des excuses de Nicolas Demorand, alors directeur du quotidien, qui se justifiera ainsi dans les colonnes de son journal : « Pendant 72 heures, une rumeur tétanise une partie de l'exécutif et court les rédactions. […] L'affaire Cahuzac continue à distiller son poison qui prend désormais la forme, au sein du gouvernement et

1. *Ibid.*

des cabinets ministériels, d'un "à qui le tour ?" paniqué. Cette panique, fondée sur une rumeur, est un fait politique en soi. Inquiétant. Une preuve que l'exécutif est très loin d'avoir retrouvé la sérénité qu'il cherche pourtant à afficher devant les caméras… […] Comment une rumeur a pu devenir, l'espace d'un week-end, un motif d'affolement pour l'exécutif et, à ce titre, un fait politique majeur ? C'est la seule question à laquelle *Libération* entendait répondre dans son édition d'hier[1]. »

Au Quai d'Orsay, on va trouver la justification un peu fort de café, voire tout à fait malhonnête. Dans un communiqué, Laurent Fabius écrit : « Je démens formellement la rumeur, relayée par *Libération* dans son édition du lundi 8 avril, m'attribuant un compte en Suisse. Elle ne repose sur aucun élément matériel et est dénuée de tout fondement. » Avant d'ajouter avoir mandaté son avocat afin d'engager des poursuites « permettant de faire cesser la diffusion de ces informations fausses et calomnieuses ». Propager une rumeur peut coûter cher, en défendre la diffusion encore plus : la Société civile des personnels de *Libération*, qui représente les salariés au conseil de surveillance du journal, publie le communiqué suivant : « La SCPL déplore que *Libération* ait relayé ce matin une rumeur sans fondement sur un prétendu compte en Suisse de Laurent Fabius, avec pour effet de l'accréditer. […] Cet épisode dommageable à l'image de *Libération*, qui engage la responsabilité de Nicolas Demorand, illustre une nouvelle fois la mauvaise gouvernance du journal. »

Le 13 février 2014, Demorand annoncera sa démission. Est-elle le fruit de ce raté ? « Disons que cet épisode malheureux a sapé plus que définitivement sa crédibilité journalistique, estime un des piliers de *Libé*. Mais en fait, à ce moment-là, son histoire avec le journal était déjà terminée[2]. »

1. Nicolas Demorand, « Quand la rumeur affole l'exécutif et devient fait politique », *Libération*, 8 avril 2013.
2. Entretien avec l'auteur.

Chronique d'une (petite) manip

Involontairement à l'origine du raté de *Libération*, Edwy Plenel, le fondateur de Mediapart, se désole que « le milieu journalistique véhicule tout un tas de rumeurs, y compris sur nous, sur notre fonctionnement. Le journalisme lui-même ne cesse d'en produire alors qu'il devrait se l'interdire, recouper, vérifier, ne rien écrire, ne rien dire tant que le bruit n'est pas vérifié. » Que pense-t-il dès lors des « indiscrets », des « confidentiels » qui pullulent, depuis la fameuse « page 2 » du *Canard enchaîné* dont un haut fonctionnaire nous dit « que 100 % des éléments présentés sont plausibles mais 90 % faux » jusqu'à tous les hebdomadaires d'information ?

Pense-t-il comme l'ancien journaliste vedette de « l'Heure de vérité », Albert du Roy, que « ceux qui les rédigent se nourrissent de bruits de couloirs, de ragots et ne se montrent guère regardants sur l'intérêt ou la crédibilité de ceux qui leur donnent une "info", le plus souvent au conditionnel. Or par définition, une information au conditionnel cela n'existe pas[1] ? » Plenel n'est effectivement pas plus tendre : « Tout ceci me gêne toujours. Nous pensons par exemple à Mediapart que la citation anonyme n'est justifiée que si la source est totalement fiable et que l'on explique au lecteur pourquoi on la garde anonyme[2]. » Qu'Edwy Plenel nous pardonne cependant les nombreux témoignages anonymes qui précèdent ainsi que celui qui suit… Le conseiller ministériel qui parle n'a pas le droit de s'exprimer ouvertement et ne souhaite pas être reconnu. Cela arrive souvent en politique. Mais son récit est suffisamment symptomatique pour respecter sa demande de discrétion. À la rentrée 2014, un « indiscret » est publié dans un grand hebdomadaire, laissant entendre que le budget de tel ministère d'importance va subir

1. *Ibid.*
2. *Ibid.*

une sérieuse cure d'amaigrissement. Phrases d'usage en pareil cas, « de source sûre, dans l'entourage du ministre, il se dit que grandes sont les craintes de voir le budget être revu à la baisse… »

Mais au fait, qui est à l'origine de l'indiscret ? Le conseiller en communication du ministre lui-même. « Je savais de manière certaine que Bercy voulait diminuer notre budget, confie-t-il sous le sceau du secret. Je n'en ai parlé qu'à un seul journaliste, je lui ai donné l'information mais zéro document. Il a donc écrit au conditionnel et ce faisant, avec mon aide, a fabriqué une rumeur. Et écrit : “Il se dit que…” Rumeur que d'autres journalistes sont allés soumettre aux plus hautes autorités de l'État, au Premier ministre ou au président de la République, sous forme de questions[1]. » Qu'ont fait ces deux derniers ? « Ils ont été contraints de démentir la rumeur, sans quoi ils se prenaient des manifestations de fonctionnaires inquiets pour leur avenir », jubile le conseiller. Faut-il préciser que le budget en question n'a pas été réduit autant que Bercy le prévoyait et que la manipulation a porté ses fruits ? « C'est tout le problème des rubriques “confidentielles”, reconnaît l'habile conseiller. On est entre la confidence, la rumeur et l'information. Mais jamais vraiment dans l'information, sans quoi ces quelques lignes le plus souvent non signées, à base de déclarations *off the record*, sur l'air de “Ne dites pas que c'est moi qui vous l'ai dit”, auraient trouvé leur place ailleurs dans le journal, dans une vraie rubrique. Alors, si vous me demandez si tel indiscret est vrai, je vous répondrai presque toujours : “Non, mais ça pourrait l'être !” »

1. Entretien avec l'auteur.

16

Les deux ministres, la fausse identité et le fils assassin

Plongée dans les bas-fonds de la fachosphère

Qui est-elle vraiment, cette élégante jeune femme qui nous reçoit dans son vaste bureau de la rue de Grenelle, dans le VIIe arrondissement de Paris ? Est-elle vraiment Najat Vallaud-Belkacem, 38 ans, ministre de l'Éducation nationale, Française née au Maroc le 4 octobre 1977 à Beni Chiker ? Ou bien Claudine Dupont, faussement née au Maroc, en réalité de confession juive et travaillant en secret pour le financier milliardaire américain George Soros ? Ou encore une espionne à la solde du roi du Maroc ? Ou bien une islamiste qui a décidé d'imposer à tous les écoliers de France l'apprentissage de l'arabe ? Ou une perverse qui veut que les enfants apprennent la masturbation à l'école, dès l'âge de 4 ans en plus ? Ou une femme infidèle, certes mariée au secrétaire général adjoint de l'Élysée, Boris Vallaud, depuis 2005, mais qui entretient une liaison avec le Premier ministre ? Ou serait-elle tout cela à la fois ?

Aucune des affirmations farfelues qui précèdent ne sort de l'imagination de l'auteur de ces lignes. Toutes ont circulé, et circulent encore, sur internet : blogs, comptes Twitter d'anonymes et d'élus de la République, pages Facebook, sites d'extrême droite, sans compter les millions de commentaires sur les forums. Toutes ont été écrites, recopiées, validées, colportées… Certaines sont même accompagnées de photos, captures d'écran ou documents officiels. Trois exemples parmi d'autres.

Le premier : une capture d'écran non datée montrant la ministre (vraiment) interviewée sur BFMTV par Jean-Jacques Bourdin. Avec cette phrase, recopiée sur l'écran à côté de son visage, laissant croire qu'elle a vraiment prononcé ces mots lors de l'entretien : « Moi, ministre de l'Éducation nationale, j'obligerai les garçons à s'habiller en fille et inversement ! Et je rendrai l'apprentissage de l'arabe obligatoire dès la maternelle ! » Des propos totalement imaginaires. Deuxième exemple : un document à en-tête du ministère de l'Éducation nationale en date du 28 août 2014. Une circulaire, croit-on, signée de Najat Vallaud-Belkacem, adressée à tous les maires de France dans laquelle elle écrit : « À ma demande, et dans les prochains jours, un conseiller de la Direction des services départementaux de l'Éducation nationale vous contactera afin de vous proposer bénévolement une heure hebdomadaire consacrée à la découverte de la langue arabe. […] Je vous conseille vivement de donner un avis favorable à l'établissement de cette activité qui a pour but de gommer les barrières linguistiques que pourraient inévitablement rencontrer nos enfants dans un proche avenir. » Sur son compte Twitter, Patrick Michelet, qui se présente comme membre des Républicains de Paris, fait circuler le document en se demandant s'il s'agit « d'une info ou d'une intox ». La première adjointe de Levallois-Perret, Isabelle Balkany, en fait de même avant de retirer son tweet. Pourtant, la circulaire est bien évidemment fausse, il suffit pour s'en persuader de regarder le papier à en-tête : seulement « ministère de l'Éducation nationale » au lieu de « ministère de l'Éducation nationale, de l'Enseignement supérieur et de la Recherche ». Sans oublier que le contenu des programmes ne relève pas de la ministre mais du Conseil supérieur des programmes. En aucun cas le ou la ministre de l'Éducation nationale n'a le droit d'écrire directement aux maires pour leur dicter de quoi seront faites les journées des écoliers. Mais là encore, qu'importe... Troisième exemple, le plus frappant sans doute. Ayez la curiosité de taper « Claudine Dupont » dans votre moteur de recherche. Sur Google, 618 000 résultats[1] ; 129 000 sur Yahoo... Claudine Dupont serait la véritable identité de Najat Vallaud-Belkacem ! La « preuve » ? Cliquez sur « images » et voyez apparaître la carte d'identité de Mme « Dupont, nom d'usage Vallaud-Belkacem, prénoms Claudine, Najat, née le 04.10.1977 à Beni Chiker (Maroc). » Document extrêmement bien réalisé, tout à fait trompeur, signé, comme la circulaire, de sa main. Un faux en bonne et due forme mais si bien conçu qu'il est impossible de deviner qu'il s'agit d'une contrefaçon et qui vise à prouver que Najat Vallaud-Belkacem est une menteuse, vivant et exerçant son mandat sous une fausse identité...

Maîtresse du Premier ministre ?

Décidément cela fait beaucoup pour une seule personne. Najat Vallaud-Belkacem préfère en rire, mais au fond, elle ne trouve pas les choses si drôles que cela. Nous revient une discussion informelle début mars 2015 avec un policier à la retraite, ancien membre des RG. Tandis que nous l'interrogions sur les manipulations ayant par le passé visé de hauts responsables politiques, celui-ci nous prévenait : « Patientez un peu et vous verrez. Je vous parie que des gars vont bientôt sortir des trucs au sujet de Manuel Valls et de sa femme pour tenter de le déstabiliser[2]. » Un mois plus tard, comme par hasard, *VSD* titre, photo du Premier ministre et de son épouse en une, « Un couple dans la tourmente ». Mais de

1. À la mi-octobre 2015.
2. Entretien avec l'auteur.

quelle tourmente parle le magazine ? « Gifle électorale, remontée du chômage et menace du FN, baisse de la cote de popularité… Le Premier ministre, qui vise l'Élysée, est sous pression. Heureusement, il peut compter sur le soutien de sa femme. » On a eu peur ! *VSD*, au travers de cette une, n'aurait tout de même pas glissé une allusion sournoise aux bruits qui circulent à ce moment-là au sujet d'une liaison que Valls entretiendrait avec… Najat Vallaud-Belkacem justement.

Closer, le 15 avril, met un peu plus les pieds dans le plat[1] : « Elle court, elle court, la rumeur… Depuis plusieurs semaines, Manuel Valls est l'objet de rumeurs concernant sa vie personnelle. Des bruits de couloirs dont le Premier ministre a récemment choisi de s'amuser en agitant devant les caméras le magazine *VSD*, qui consacrait au début du mois un article sur son couple avec Anne Gravoin. » Et *Gala* d'ajouter qu'interrogé par Michel Denisot lors de l'émission « Conversation secrète[2] » sur Canal+, Valls répond : « Ces rumeurs se veulent destructrices et ne sont pas anodines. Elles sont faites pour expliquer qu'au fond, si vous mentez dans votre vie privée, c'est que vous mentez dans votre vie publique. C'est pour vous faire mal, c'est pour vous déstabiliser, c'est pour blesser vos entourages proches. Il faut résister. Moi, je résiste. Il faut protéger aussi vos proches qui, eux, ne sont pas préparés. Il ne faut pas se laisser faire, c'est très important. » Reviennent alors en mémoire les paroles prémonitoires de l'ancien policier… « Vous noterez au passage que ces bruits de chiottes ont été répandus à un moment qui n'est pas anodin, le lendemain de la défaite aux élections départementales de la fin mars 2015, catastrophiques pour la gauche, précise un proche du Premier ministre. Une

1. « Manuel Valls répond aux rumeurs sur sa vie personnelle : "Il ne faut pas se laisser faire" », *Closer*, 15 mai 2015.
2. Diffusée le 15 mai 2015.

défaite + une affaire conjugale supposée = une semaine désastreuse en termes d'image pour lui. Sauf qu'un seul de ces faits est avéré, la défaite électorale[1]. »

La ministre se lève alors, se dirige vers son bureau, se saisit d'une chemise cartonnée. « Qu'est-ce que vous voulez que je vous dise au sujet de cette rumeur pourrie ? » Elle sait que certains esprits très malveillants sont allés jusqu'à affirmer qu'elle s'était rendue en cachette avec Valls à la finale de la Ligue des Champions à Berlin en mai 2015, lors de l'aller-retour controversé du Premier ministre. « Regardez ça : j'en fais quoi ? » demande-t-elle. « C'est comme ça tous les jours ! » Voici un autre photomontage la montrant cette fois-ci le crâne rasé. La légende parle de « tondre cette salope ». Puis une autre photo, authentique celle-ci : la ministre assise aux côtés de Manuel Valls à Roland-Garros. Commentaires des deux sénateurs républicains qui choisissent de la poster sur Twitter en juin 2015 : « Trois ans d'échec face au chômage. Pendant ce temps-là, porte d'Auteuil… » (Joëlle Garriaud-Maylam, Assemblée des Français de l'étranger) ; « Pendant ce temps d'autres sont à Roland-Garros ! » (Alain Houpert, Côte d'Or). Or la photo date d'il y a un an, quand Najat Vallaud-Belkacem était ministre des Sports et donc toute à sa place dans un tournoi de tennis. Et après ? « On m'informe que la photo date de juin 2014. Mais que cela change-t-il au fond ? Le chômage était déjà la "priorité" », s'enfonce la première ; « Heureux d'avoir touché la corde sensible ! N'était-il pas ministre en 2014 ? », ajoute le second… Règle d'or sur le net : ne jamais reconnaître ses erreurs, laisser des inepties se diffuser, s'en laver les mains en somme.

Et s'il n'y avait que cela… Associez « Najat » et « pute » sur Twitter et voyez le compteur des références s'affoler. Des insultes comme s'il en pleuvait, prononcées honteusement

1. Entretien avec l'auteur.

caché derrière un pseudonyme ou bien ouvertement par des quidams, tel un certain Pierre Le Meut, « Aventurier-Historien. Sculpteur » qui écrit en toute impunité « Marine Le Pen met la fessée à Najat Vallaud Belkacem La Collabeurre avec ses 25 000 €/Mois. Salope[1]. »

Jamais une personnalité politique n'a été autant attaquée sur les réseaux sociaux que la ministre de l'Éducation nationale. « La prochaine rumeur portera-t-elle sur ses origines extraterrestres[2] ? », ironisait *Le Point* en septembre 2014. Et à l'automne 2015, avec l'accueil de migrants syriens, irakiens ou afghans en France, les insultes refleurissent sur les réseaux sociaux. « Freepatriot », qui se présente sous les traits d'un François Hollande barbu sur fond de drapeaux algériens, parle de « La salope Najat Belkassinepoichiche » et met en ligne un article du site Fdesouche (pour « Français de souche »). D'autres personnalités sont également copieusement injuriées et font l'objet de ragots, à commencer par la ministre de la Justice Christiane Taubira et le président de la République. Mais le déchaînement d'insultes, d'insinuations, de rumeurs à l'encontre de « NVB » dépasse l'entendement. Et quand Claude Pompidou, à la fin des années 1960, était victime d'un grossier photomontage, la photo de son visage bien mal collée au-dessus du corps d'une actrice porno[3], la ministre de l'Éducation nationale doit affronter les « artistes » de la manipulation de 2015, virtuoses des logiciels de retouche photographique qui vous fabriquent une fausse circulaire ou une carte d'identité au nom de Claudine Dupont en un tour de main. « Avant d'être nommée ministre de l'Éducation nationale, j'ai fait l'expérience, comme ministre des Droits des femmes, de cet emballement

1. Sur son compte Twitter : @PierreLeMeut.

2. Hugo Domenach, « Najat Vallaud-Belkacem : le bruit et la rumeur », *Le Point*, 8 septembre 2014.

3. Chapitre I : « Les Pompidou, “ces partouzards” ».

fou où les arguments rationnels n'ont plus aucune prise, où l'on touche le fond, ou plutôt les bas-fonds les plus nauséabonds des dingueries twittées avant d'être reprises telles quelles, sans aucune distance, par des polémistes type Zemmour sur des plateaux TV à des heures de grande écoute », se souvient Najat Vallaud-Belkacem. « Il s'agissait des rumeurs véhiculées autour de la fameuse "théorie du genre", qui ont réussi à ébranler des parents de bonne foi. Il faut dire qu'au-delà des tweets, c'étaient carrément des SMS assurant que nous voulions, derrière cet innocent programme promouvant l'égalité filles-garçons, transformer les garçons en filles ou enseigner la masturbation à l'école, qui avaient été envoyés par les adeptes d'Alain Soral principalement à des familles maghrébines ou turques de quartiers populaires, comptant sur leur défiance envers l'école et les institutions pour qu'ils avalent tous les bobards de la terre. Oui, pour moi cette affaire a été un révélateur incroyable de l'état de déliquescence du débat public[1]. »

Cours de masturbation et peluche en forme de pénis

En janvier 2014, sur internet d'abord puis via l'envoi massif de SMS, Farida Belghoul, ancienne de la Marche des Beurs, proche du site antisémite Égalité et Réconciliation d'Alain Soral – essayiste d'extrême droite et ami de Dieudonné –, conduit des milliers de parents à retirer leurs enfants de l'école en région parisienne. L'activiste colporte effectivement toutes ces fausses informations au sujet de pseudo-« enseignements » à l'école décidés par le gouvernement et le ministre de l'Éducation nationale Vincent Peillon. On évoque même l'interdiction aux petits garçons de faire pipi debout ou des

1. Entretien avec l'auteur.

« ateliers » avant le CP avec des peluches en forme de pénis et de vagin…

Dans l'Oise par exemple, certaines écoles enregistrent un taux d'absentéisme de 10 à 60 % selon les établissements. L'organisation universitaire de droite, l'UNI, proche de l'UMP, soutient les actions, entendant « ouvrir les yeux sur la théorie du genre et ses dangers pour les enfants ». Quand Najat Vallaud-Belkacem succède à Vincent Peillon, la situation s'aggrave. Un de ses prédécesseurs, Luc Chatel, l'invite à « lever certaines ambiguïtés immédiatement » sur la pseudo-théorie du genre. Le député des Alpes-Maritimes Éric Ciotti (UMP) estime que « nommer Madame Vallaud-Belkacem à l'Éducation nationale est une forme de provocation ». Or, rien de ce qui est colporté par les adversaires du gouvernement, à commencer par le collectif Journée de retrait de l'école (JRE) de Farida Belghoul et les opposants au mariage pour tous, n'est vrai. Non, l'homosexualité n'est pas « abordée dans les programmes scolaires dès la maternelle », contrairement à ce qu'affirme le média communautaire Islam&info. Non, le gouvernement n'entend pas « généraliser et officialiser l'enseignement de la "théorie du genre" dans les écoles à partir de la rentrée 2014 ». Des cours d'éducation sexuelle et de masturbation ne seront évidemment pas dispensés dans les maternelles contrairement à ce que laissent entendre ou affirment de nombreux sites proches de l'extrême droite dont Boulevard Voltaire, de Robert Ménard et Dominique Jamet. Aucune peluche en forme de pénis et de vagin ne sera présentée aux enfants pour distinguer les genres…

Durant cette période compliquée, en février 2014, la ministre effectue plusieurs déplacements, dont un à Grenoble où, alors qu'elle discute avec des parents, par ailleurs bienveillants à son égard, une dame lui lance : « La théorie du genre, non ! Je suis contre ! Vous savez les filles, les garçons, c'est pas la même chose, et moi je ne veux pas que mon fils devienne homosexuel… » Lors de la campagne pour les

Municipales de 2014, presque tous les candidats qu'elle va soutenir sur le terrain lui disent être victimes de ragots, de tracts mensongers à l'égard de la politique du gouvernement mais aussi sur eux-mêmes, affirmant qu'ils sont infidèles, homosexuels – comme si être homosexuel constituait une tare – ou auteurs de malversations financières. « J'ai alors eu un flash-back : ma première campagne à Lyon, sur mon nom lors des Législatives 2007. Des gens avaient distribué anonymement un tract dans les boîtes aux lettres de ma circonscription sur lesquels on me voyait représentée, un cigare à la main, avec un texte complètement ordurier, me prétendant par ailleurs immensément riche[1]. »

L'ampleur que prennent les accusations autour de la théorie du genre est sans précédent : SMS, absentéisme à l'école, propos insultants sur les réseaux sociaux... Et certains médias qui reprennent les arguments insensés des adversaires du projet, permettant à la calomnie de devenir partie intégrante du débat public. « La confrontation des médias classiques avec les réseaux sociaux ne s'est pas franchement toujours faite à la gloire des premiers, comme si c'étaient les codes du second qui avaient fini presque partout par l'emporter : absence de rigueur dans la vérification des informations, violence sans limite des propos énoncés ou rapportés, disparition quasi totale de l'indispensable hiérarchisation des informations, oubli des guillemets[2]... »

Face à cela, le gouvernement n'a-t-il pas réagi trop tard et donc trop laissé dire ? « Oui, il y a sans doute eu un petit retard à l'allumage, reconnaît la ministre. Il aurait fallu sévir plus vite, notamment lorsque les calomnies ont commencé à porter préjudice directement à des enseignants pris à partie par les parents et que s'est installé un climat irrespirable autour de cette question... Nous avons d'ailleurs réagi lorsque j'ai rejoint

1. *Ibid.*
2. *Ibid.*

le ministère de l'Éducation, notamment à l'égard de Farida Belghoul, l'auteure principale de ces attaques insensées contre l'école dont j'ai découvert… qu'elle était professeur ! »

La ministre poursuit : « Lorsqu'il m'a nommée ministre de l'Éducation nationale, le président m'a dit : "Tu sais que ce sera dur et qu'on t'attendra au tournant." "Je n'en doute pas un instant", lui ai-je répondu. Pour autant je ne suis pas sûre à cet instant, en août 2014, d'avoir idée de ce qui m'attend. Je pensais bien que j'aurais droit aux mêmes attaques qu'un Vincent Peillon lançant la réforme des rythmes scolaires. Mais je n'ai pas anticipé qu'à ces hostilités classiques se rajouteraient celles qui prendraient ma personne pour cible, ce que je suis, jeune, femme, d'origine étrangère, féministe, résolument progressiste. C'est-à-dire précisément tout ce que vomissent ceux qui n'ont que le "grand remplacement[1]" à la bouche, ceux qui trouvent que l'égalité des droits a "dévirilisé l'homme blanc", ceux qui regardent les jeunes générations du haut de leur superbe en ne se remettant jamais en question, ceux qui font *ad nauseam* rimer progressisme avec laxisme, solidarité avec assistanat, chômage avec cancer, etc. Tous ceux-là ont matraqué, bien aidés par quelques médias engagés et pas toujours soucieux de vérité, leur caricature permanente de ce qu'ils me croient être. Et là s'est évidemment enclenché dans l'opinion publique ce que les scientifiques appellent joliment un "biais de confirmation" : à force de voir une personne présentée sous certains traits, ces derniers finissent par la définir, deviennent le préjugé qu'on a d'elle, et le cerveau n'enregistrera plus que les informations qui confirment ce préjugé et zappera toutes celles qui pourraient l'infirmer. Un exemple simple : mon rapport à la laïcité. Il

1. Initiée par l'essayiste Renaud Camus, la « théorie du remplacement » du peuple français « de souche » par d'autres peuples, principalement venus du Maghreb et d'Afrique, connaît une popularité grandissante dans les milieux d'extrême droite, voire de droite.

n'y a pas plus respectueuse que moi de cette règle précieuse de notre République. Lorsqu'il est apparu en janvier dernier que son incompréhension par trop d'élèves avait atteint des sommets, j'ai décidé de mesures très fortes… Or relisez les articles de presse de ces médias que j'évoquais plus haut : à quoi associent-ils exclusivement mon nom sitôt qu'il est question de laïcité ? À ma décision (assumée par ailleurs) de cesser d'empêcher des mères de famille de bonne volonté d'accompagner des groupes scolaires en sortie, au motif du foulard sur leur tête et en l'absence de tout acte de prosélytisme… Raisonnement mille fois relayé sur les réseaux sociaux et alimentant une fois de plus les fantasmes de “grand remplacement”[1]… »

Après la théorie du genre, les questions scolaires proprement dites. Là encore, la ministre est la cible d'internautes soucieux de la déstabiliser. À commencer par la fausse circulaire sur l'apprentissage de l'arabe qu'elle voudrait imposer aux maires dans le cadre du temps périscolaire. Que faire ? Quand le document commence à circuler, à l'automne 2014, le ministère croule sous les mails et appels téléphoniques insultants. « C'est difficile de savoir comment réagir, de savoir quoi faire, reprend la ministre. Mon équipe souhaiterait me faire porter plainte systématiquement, mais je ne le fais pas. Je sais trop bien que mes adversaires se délecteraient que je me pose en victime permanente. Et puis porter plainte me met mal à l'aise, sauf quand il s'agit d'allégations portant préjudice à l'école, comme cette fausse circulaire sur l'apprentissage de l'arabe : là nous nous sommes résolus à le faire, ce qui nous a permis aussi de faire savoir haut et fort dans les médias qu'il s'agissait bel et bien d'un faux. Mais ce type d'action n'a qu'un effet ponctuel, comme on le voit avec la fausse carte d'identité sur laquelle je m'appelle Claudine

1. Entretien avec l'auteur

Dupont, qui reste dans les soubassements d'internet et remonte à la surface régulièrement[1]. »

Autre moyen de propagation de la rumeur : les approximations et erreurs journalistiques. Le 25 avril 2015, *Le Figaro* publie une interview de l'essayiste Pascal Bruckner[2] qui débute par cette question : « La réforme du collège portée par Najat Vallaud-Belkacem n'en finit pas de susciter la polémique. Les cours de latin, de grec et les classes bi-langues vont être supprimés tandis que l'instauration de cours d'improvisation inspirés de Jamel Debbouze est évoquée. Que cela vous inspire-t-il ? »

Rien de vrai là-dedans mais qu'importe... Non seulement Bruckner ne remet pas en cause l'affirmation du journaliste mais il s'indigne d'une telle décision. Et s'emballe : « C'est vraiment prendre les Français pour des imbéciles. On leur supprime le latin, le grec et l'allemand pour leur donner à la place du Jamel Debbouze. L'école devient le véhicule de l'ignorance et non du savoir. L'idéal de l'excellence, porté par Jules Ferry, a été progressivement délaissé par les idéologues au profit d'un égalitarisme qui confond égalité et médiocrité générale. Désormais, c'est le cancre qui devient le plus grand dénominateur commun dans la classe. »

Najat Vallaud-Belkacem : « Faut-il parler ici de rumeur ? De contre-vérité absolue, de malhonnêteté intellectuelle ? J'ai demandé un droit de réponse[3] mais il n'a été publié que sur

1. *Ibid.*

2. Alexandre Devecchio, « Pascal Bruckner : les nouveaux programmes d'histoire ou l'effacement de la France », *Le Figaro*, 4 mai 2015.

3. « Loin de supprimer les cours de latin et de grec, la réforme du collège propose de substituer à ces options qui ne concernent, pour le latin, que 18 % des élèves, dont les trois quarts abandonnent à l'issue du collège, un enseignement pratique interdisciplinaire "Langues et cultures de l'Antiquité" accessible à tous les élèves. [...] Mon ambition est ainsi diamétralement à l'inverse des commentaires de M. Bruckner, puisque l'enjeu est justement de démocratiser l'accès aux langues et aux civilisations anciennes pour tous les élèves. »

le site lefigaro.fr et de manière totalement confidentielle… Quand on est ministre, on ne devrait pas avoir à faire ce travail de pompier en permanence… mais j'y suis obligée[1]. »

« Najat Vallaud-Belkacem suce son stylo très érotiquement »

Najat Vallaud-Balkacem est victime de tirs croisés. Elle a aussi été alertée sur la circulation de fausses photos pornos ainsi que d'apparitions de son portrait sur des sites de rencontres. Des élus multiplient aussi les allusions scabreuses sur son physique : « Najat Vallaud-Belkacem suce son stylo très érotiquement », poste sur Twitter en juin 2013 un certain Hugues Foucault, maire d'un village de l'Indre et membre du bureau politique du Parti chrétien démocrate (PCD) de Christine Boutin. « Quels atouts Najat a utilisés pour convaincre Hollande de la nommer à un grand ministère ? » demande Franck Keller, conseiller municipal divers droite de Neuilly-sur-Seine (Hauts-de-Seine) aux internautes, en postant une photo de la jeune ministre, vêtue d'une jupe courte. Avant d'effacer son message.

Mais les attaques proviennent aussi de sites internet tels que Dreuzinfo, Résistance républicaine, Citoyens-et-francais, Fdesouche, Pourquinousprendton ou encore Novopress, site dont le *JDD* a révélé le vrai visage dans un article de 2008[2] : non pas une agence de presse comme ses dirigeants le prétendaient mais un média dédié à la propagation des idées d'extrême droite, comme tous les sites cités ci-dessus. Selon Pascal Froissart, enseignant chercheur à Paris-VIII et auteur de *La Rumeur, histoire et fantasmes*[3], « les thèmes des rumeurs

1. Entretien avec l'auteur.
2. Alexandre Duyck, « Les Identitaires sur Google », *JDD*, 8 juin 2008.
3. Pascal Froissart, *La Rumeur, histoire et fantasmes*, Belin, 2002.

exprimment toujours la même chose : la peur de l'autre, de la différence, de l'invasion migratoire. L'autre peur exprimée dans ces messages, c'est celle de la collusion des élites, avec des messages contre les institutions, contre l'establishment. C'est une rhétorique qui oppose des élites, comme si elles formaient un bloc, à un peuple, celui des vrais Français. C'est un thème très marqué à l'extrême droite mais pas seulement : le national-populisme existe aussi à gauche[1]. »

C'est surtout la droite de la droite qui multiplie sur internet les « hoax », ces mensonges fabriqués de toutes pièces et diffusés comme une information véritable. « L'augmentation des hoax à teneur politique ces derniers mois est indéniable, affirme Guillaume Brossard, fondateur du site Hoaxbuster qui s'évertue à repérer et dénoncer les rumeurs du net. En ce moment, on ne démonte que des hoax contre la gauche et on n'a même plus le temps de tous les défaire. Sous Sarkozy, il y en avait aussi, mais beaucoup moins[2]. »

Le fils de Taubira

Parmi les plus fameux hoax de ces dernières années, il faut citer celui sur le fils en prison de Christiane Taubira, l'autre ministre du gouvernement Valls la plus exposée à la calomnie, aux ragots et aux mensonges. Depuis mai 2013 circule sur internet le courrier suivant. Un extrait d'une « Histoire vraie », celle d'une « Lettre d'une mère à une autre mère ». De quelles mères parle-t-on ? La première se nomme Édith Besançon et vit en Isère. C'est elle qui écrit et signe. La seconde n'est autre que Christiane Taubira, garde des Sceaux. Qu'ont-elles soi-disant en commun ? La mort d'un jeune

1. Propos rapportés par Isabelle Hanne, « Des hoax à ronger », *Libération*, 13 novembre 2013.
2. *Ibid.*

homme, le fils d'Édith Besançon, « que votre fils a assassiné cruellement dans la station-service où il travaillait de nuit pour pouvoir payer ses études et aider sa famille. » Il est toujours possible de lire ces mots sur internet. On les trouve sur les forums de discussion de Yahoo ! ou de aufeminin.com, autant que sur des sites d'extrême droite. Le nom de Christiane Taubira n'apparaît pas toujours dans le texte, mais il est à chaque fois présent dans le titre ou dans les commentaires des internautes. Il suffit de taper sur son moteur de recherche « fils de Taubira » pour voir apparaître 446 000 résultats[1].

« J'ai vu votre protestation énergique devant les caméras de télévision contre le transfert de votre fils de la prison de Lyon à la prison de Mulhouse », ajoute « Édith Besançon » qui reproche à la garde des Sceaux de s'être plainte des conditions de détention de son fils. Dans d'autres versions du courrier, les prisons ne sont plus situées en France mais à Arlon et Louvain, en Belgique. « Pendant que vous prendrez votre fils dans vos bras et que vous l'embrasserez, moi je déposerai quelques fleurs sur sa modeste tombe dans le cimetière de la ville, reprend "Édith Besançon". Ah, j'oubliais. Vous pouvez être rassurée, l'État se charge de me retirer une partie de mon maigre salaire pour payer le nouveau matelas de votre fils puisqu'il a brûlé les deux précédents dans la prison où il purge sa peine pour le crime odieux qu'il a commis[2]. »

Tout comme celles véhiculées sur Najat Vallaud-Belkacem, cette histoire est entièrement fausse. Jamais le fils de la ministre n'a été arrêté pour assassinat. Jamais Christiane Taubira n'a protesté devant les caméras de télévision au sujet de la supposée détention de son fils. Mais Christiane Taubira a bien un fils qui a eu des ennuis avec les gendarmes en Guyane par le passé, ce qu'elle raconte d'ailleurs dans son autobiographie parue en

1. À la fin octobre 2015.
2. Consultable sur hoaxbuster.com.

2012[1]. En 1996, âgé de 15 ans, il est arrêté pour non-port du casque sur son scooter. Il se trouvait dehors un soir d'émeutes, « ne faisait pas partie des pilleurs », selon le gendarme qui reçoit alors Christiane Taubira, mais avait en sa possession des « babioles » dérobées par des casseurs. À son procès, Lamine écope d'un rappel à la loi et d'une inscription de l'affaire dans son casier judiciaire. Trois ans plus tard, il est accusé, à tort, d'être impliqué dans un vol de scooter. Le père de la victime retire sa plainte quand sa fille assure que Lamine est innocent. On est très loin d'un assassinat… L'autre part de vérité dans ce hoax est à trouver en Isère, où une certaine Édith Besançon habite bel et bien. Le numéro de téléphone indiqué au pied de la fausse lettre est bien le sien. Un journaliste du *Dauphiné libéré*, le quotidien local, a eu l'excellente idée de contacter l'intéressée. « Aucun de mes fils n'a été assassiné, a-t-elle expliqué. Quant à Mme Taubira, je n'ai rien de particulier contre elle[2]. » C'est donc bien malgré elle que cette paisible octogénaire de l'Isère s'est retrouvée associée à une manipulation visant l'une des plus emblématiques ministres du gouvernement.

Mais d'où vient-elle, cette légende urbaine d'un nouveau genre qui, comme le souligne Guillaume Brossard de Hoaxbuster, joue sur l'émotion, « un des traits principaux des rumeurs qui fonctionnent. Les hoax jouent sur des sentiments premiers ; la peur, l'injustice, la colère, la tristesse[3]… » ? Une lettre identique, rédigée en espagnol, a été retrouvée. Elle s'adressait à la mère d'un membre de l'organisation terroriste basque ETA ; une autre encore visait un meurtre soi-disant commis par le Sentier lumineux au Pérou… Et quand est-elle apparue ? En

1. Christiane Taubira, *Mes météores : combats politiques au long cours*, Flammarion, 2012.

2. Émilie Imbert, « Une Viennoise impliquée contre son gré dans un canular informatique », *Le Dauphiné libéré*, 3 juillet 2013.

3. Isabelle Hanne, « Des hoax à ronger », *op. cit.*

mai 2013, « juste après le vote de la loi sur le mariage pour tous », comme le rappelle Francetv info[1]. La garde des Sceaux a passé plusieurs semaines à défendre son texte, s'attirant admirateurs et détracteurs. À l'agenda de Christiane Taubira s'ajoute, à la rentrée 2013, la réforme pénale, qui lui vaut les critiques de l'opposition de droite. Son projet est qualifié de « laxiste ». « Si on lit la lettre dans ce contexte, le lecteur peut se dire que Mme Taubira doit faire cette réforme pour son fils, explique dans un article publié sur Le Plus de l'Obs, Aurore Van de Winkel, docteure en information et communication[2]. Par ailleurs, si son fils était effectivement condamné pour meurtre (considéré par la loi comme un crime, et non un délit), la réforme pénale ne le concernerait pas. L'objectif de la rumeur vise à décrédibiliser Christiane Taubira en inventant un paradoxe entre son poste de ministre de la Justice et un prétendu meurtre commis par "son fils". »

Christiane Taubira est une habituée de la calomnie. Des sites internet ont expliqué qu'elle était « la femme politique la mieux payée au monde », citant le magazine *People with Money* qui l'a placée en couverture de son numéro d'octobre. « Taubira aurait amassé entre les mois de septembre 2014 et septembre 2015 la prodigieuse somme de 58 millions d'euros, sonnants et trébuchants. Une hausse de quasiment 30 millions par rapport à l'année précédente, de quoi lui remonter le moral », explique le site internet Mediamass. Seul problème : la revue *People with Money* n'existe pas et n'a jamais existé. La prétendue couverture avec la photo de Christiane Taubira n'est rien qu'un photomontage. Mediamass, qui ne retire pas l'article consacré à ce faux, ni ses affirmations délirantes, se contentait, fin octobre 2015, d'inscrire, sur sa page d'accueil, noyés au milieu de l'article

1. Camille Caldini, « "Taubira fils prison" : décryptage d'une folle rumeur », Francetv info, 12 septembre 2013.

2. Auteure de *Gérer les rumeurs, Ragots et Autres Bruits*, Edipro, 2012.

mensonger, ces quelques mots : « Correctif 18 octobre 2015 : Il semblerait que cette rumeur soit infondée. »

Lors de ses premières campagnes électorales, on a dit d'elle qu'elle s'était prostituée à Paris durant ses études, qu'elle avait détourné des fonds publics, procédé à des malversations financières au Brésil… L'association des mots « Taubira rumeurs » aujourd'hui sur Google donne 166 000 résultats. Comment la ministre de la Justice vit-elle ce harcèlement numérique quotidien ?

« Le propre de la rumeur, c'est de courir et bien fol qui voudrait l'attraper, nous explique-t-elle lors d'un rendez-vous au ministère. On a dit tellement d'insanités depuis le jour de ma nomination à ce poste, je suis tellement stipendiée… Que voulez-vous que j'y fasse ? Nous parlons d'un univers sur lequel personne n'a aucune emprise. J'estime donc que je n'ai pas à lutter contre la rumeur. Je ne vais pas passer mon temps à aller à la télévision ou à la radio pour démentir, j'ai autre chose à faire. Qui plus est, je ne veux pas installer dans un univers de raison, de débat et de controverses ceux qui crachent ces calomnies. Je ne vais pas passer mon temps à répondre aux crétins. Je ne leur ferai jamais le plaisir de me laisser toucher par ces ragots. La lâcheté des réseaux sociaux, de l'anonymat est consternante et révèle de vraies pathologies. Mais ce ne sont pas ces malades qui vont prendre le gouvernail de ma vie ! Je squatte leur vie visiblement, je squatte leur tête mais eux n'ont pas accès à la mienne[1]. »

La rumeur sur son fils court toujours, pourtant… « Oui, je le sais, mais sa force c'est d'ignorer ceux qui la colportent. On m'en a encore parlé il y a deux semaines, un policier m'a dit que plusieurs de ses collègues affirmaient que c'était vrai. Mais moi je leur pose une question : qu'est-ce que mon fils vous a fait ? Pourquoi lui pourrissez-vous la vie[2] ? »

1. Entretien avec l'auteur.
2. *Ibid.*

Ministre de la Justice, Christiane Taubira a décidé de ne pas poursuivre en justice ceux qui l'attaquent ou la calomnient. « Sa position est compliquée. En tant que garde des Sceaux, si elle saisissait la justice, on pourrait dire qu'elle se sert de l'institution qu'elle dirige à des fins personnelles, pour protéger ses propres intérêts », décrypte une de ses conseillères.

« M. Sarkozy fait le pitre » (Christiane Taubira)

Faut-il pour autant laisser faire ? Laisser des individus traiter ouvertement Najat Vallaud-Belkacem et Christiane Taubira de « pute », « salope » ? La première de « crouille », la seconde de « macaque », « guenon », autant d'insanités qui pullulent sur Tweeter et les forums de discussion ? Face aux insultes, aux ragots, aux mensonges qui foisonnent sur les réseaux sociaux, que faire ?

« Mon travail est aussi d'armer ceux qui doivent poursuivre, reprend la ministre de la Justice. Pas pour moi mais pour tous ceux qui sont exposés aux mêmes ignominies. Il faut faire savoir à tous ceux qui, sur les réseaux sociaux, croient bénéficier d'une impunité totale que cela n'est pas le cas. Il faut aussi faire confiance aux associations qui portent plainte. Il faut sanctionner, réglementer mais aussi se battre pour que cette société retrouve ses fondamentaux, la beauté de son histoire. Nous avons connu des drames dans le passé du fait de la rumeur et de la calomnie, je pense évidemment à la mort de Roger Salengro[1] alors que n'existait pas à cette

---

1. Victime d'une ignoble campagne de calomnie de la part de l'extrême droite qui l'accusait entre autres, et à tort, d'avoir déserté durant la Première Guerre mondiale, le député-maire de Lille, ministre de l'Intérieur, se suicide le 17 novembre 1936 en laissant ces mots : « S'ils n'ont pas réussi à me déshonorer, du moins porteront-ils la responsabilité de ma mort. »

époque cette capacité de propagation, la vitesse et l'intensité que les réseaux sociaux donnent aujourd'hui à la moindre ineptie. Alors je dis que chaque fois que l'on peut identifier, il faut frapper parce que dans une République, cela n'est pas admissible. Les crétins, les racistes, les antisémites, les sexistes ne se situent pas au-dessus des autres. Ceux qui se permettent de contester l'existence d'autres citoyens doivent être rappelés à l'ordre et sanctionnés à la mesure de ce qu'ils font. »

Et que pensent-elles de ces responsables politiques qui, régulièrement, les mettent toutes deux en cause, elle et la ministre de l'Éducation nationale seulement ? Elles d'abord, comme si quelque chose, au-delà de leur appartenance au même gouvernement (leurs origines loin de la métropole ?) les rapprochait. Sont-ce seulement leurs mesures, leurs prises de décisions, bien évidemment critiquables comme peut l'être toute action politique ? Que pense Christiane Taubira des mots de Nicolas Sarkozy – « Dans le combat effréné pour la médiocrité, Christiane Taubira est en passe d'être dépassée par Najat Vallaud-Belkacem » – en mai 2015 lors d'un meeting en Seine-Saint-Denis ? « Il est juste misérable. Il avilit la fonction suprême qu'il a exercée. Il se montre indigne et je dirais même incapable de dignité. Mais je ne suis pas en dialogue avec Sarkozy. Je n'ai pas à lui répondre ni à riposter. M. Sarkozy fait le pitre, son auditoire rit gras et ricane, tout ceci est dans l'ordre de ce qu'il fait. Mais il n'y a heureusement pas que des pitres dans ce pays[1]. » La ministre de l'Éducation nationale non plus ne voit pas de coïncidence dans le fait d'être associée à la garde des Sceaux dans la phrase de l'ancien président de la République : « Non, ce n'est pas le fait du hasard. Je suis d'ailleurs très préoccupée par la porosité entre ce qui circule dans la fachosphère et ce que dit une grande partie de la droite[2]. »

1. Entretien avec l'auteur.
2. *Ibid.*

Najat Vallaud-Belkacem et Christiane Taubira ne sont pas les seules cibles des rumeurs colportées par la « fachosphère », de plus en plus puissante sur internet : il suffit pour s'en convaincre de constater que les vidéos de Dieudonné sur Youtube ont été visionnées des centaines de milliers, voire des millions de fois. « BHL fait un four » : 833 597 fois[1] ; « Dieudonné et les cadeaux fiscaux » : 1,02 million de fois ; « Dieudonné répond à Élie Semoun 3 » : 1,26 million de fois… La France a aussi longtemps détenu une détestable spécificité : être sur Google le pays dans lequel sont formulées le plus de demandes pour savoir qui est juif. Cité dans *Le Monde*[2] un responsable de Google dit avoir remarqué une « particularité française », celle de voir « beaucoup de requêtes visant à savoir si telle ou telle personnalité est juive, ou encore, parfois, si elle est homosexuelle. » « Nicolas Sarkozy : "juif" ? Jacques Delors, Jean-Luc Mélenchon, Bruno Gollnisch, Jean-Louis Borloo, Bernard Kouchner, Jean-François Copé, et là encore, sans doute beaucoup d'autres : "juifs" ? Rachida Dati, Marie-George Buffet, Nathalie Kosciusko-Morizet, Valérie Pécresse : "juives" ? Etc. *Ad nauseam*[3]. »

Faites l'expérience aujourd'hui et vous n'obtiendrez plus de suggestions associant, sur Google, tels nom et prénom d'une personnalité à l'adjectif « juif ». Poursuivi devant la justice française par six associations antiracistes, le moteur de recherche et les associations ont annoncé, le 27 juin 2012, avoir trouvé un accord pour que Google ne puisse plus associer automatiquement le mot juif aux noms faisant l'objet de requêtes. Mais sur Yahoo !, à l'automne 2015, à l'auteur de ces lignes qui tentait l'expérience et tapait simplement « François Hollande », le moteur de recherche a proposé « est-il juif » dans les neuf

1. Le 18 octobre 2015.
2. Stéphane Anizon, « Juif : une requête très française », *Le Monde*, 14 février 2011.
3. *Ibid.*

premières suggestions ; dans les trois premières pour Manuel Valls (en premier sur Orange.fr) ; dans les quatre premières pour Nathalie Kosciusko-Morizet ; dans les cinq premières suggestions pour Édouard Balladur et Alain Juppé…

« Le bruit a couru durant la campagne des primaires de 2011, se souvient un élu socialiste. DSK éliminé, Hollande était censé incarner aux yeux de nombreuses personnes le candidat pro-Israël, et donc juif, qui ne s'assumait pas, quand Aubry passait pour la candidate pro-Palestiniens… Au point de subir à son tour des rumeurs la faisant passer, via son mari, pour proche des islamistes… » Cette obsession pour la judéité, plusieurs conseillers du président, à commencer par son conseiller en communication Gaspard Gantzer, l'ont connue qui ont vu circuler, sur les réseaux sociaux, des messages, des photomontages les faisant passer pour juifs, ou encore homosexuels.

Des réductions de 75 % pour les migrants ?

À l'automne 2015, l'arrivée en Europe de centaines de milliers de personnes fuyant la Syrie et l'Irak emballe de nouveau la machine à rumeurs d'extrême droite. Il ne s'agit plus d'insulter telle ministre ou de savoir qui est juif mais de stigmatiser les migrants et de répandre la peur de l'autre. Le petit Aylan ne serait pas mort, ou bien son corps aurait été déplacé pour dramatiser la photo devenue célèbre et son père serait un vil passeur, venu en France pour des soins esthétiques[1]… Des réfugiés refuseraient de l'aide alimentaire sous prétexte qu'elle ne serait pas halal. Un réfugié brandissant un drapeau de l'État islamique aurait été photographié en Allemagne en train d'attaquer des policiers (la photo date en

1. Le petit Aylan Kurdi est cet enfant syrien âgé de trois ans décédé lors du naufrage d'un bateau de réfugiés. La photographie de son corps échoué sur une plage turque a bouleversé le monde entier en septembre 2015.

réalité de 2012 et l'homme au drapeau n'est pas un réfugié mais un militant salafiste installé en Allemagne).

Le site d'extrême droite Lagauchematuer.fr prend pour argent comptant le canular d'un site belge et affirme que « Manuel Valls offre 1 000 maisons de Roubaix aux migrants, rien pour les SDF français ». Le 14 octobre, Manuel Valls est obligé de démentir le bruit selon lequel la SNCF donnerait des billets de train gratuits aux migrants, accusant au passage le député LR Gérald Darmanin (Nord) qui l'interrogeait à ce sujet de « courir après l'extrême droite ». Un peu plus tôt, le candidat aux Régionales dans la région Nord-Pas-de-Calais-Picardie, Xavier Bertrand (LR), avait jugé « intolérable » la pseudo-décision de la SNCF d'octroyer la gratuité des trains aux migrants. De leur côté, plusieurs sites d'extrême droite (lagauchematuer, fdesouche, prechi-precha) colportent un autre mensonge : la réduction de 75 % du pass Navigo en Île-de-France que la Région accorderait aux réfugiés. Des internautes font aussi passer un mail délirant signé d'un certain « Patrick Dindonneau, de la direction départementale de la protection des personnes de la préfecture du Loiret », intimant l'ordre à des habitants d'Orléans de quitter leur logement pour laisser la place à des réfugiés syriens et irakiens, avec cette consigne : « Veuillez laisser de quoi petit-déjeuner (exemple : Pitch, Chocapic ou encore Pépito). » Un certain patriote vendéen, qui se définit sur Twitter comme « Français de souche, blanc, catholique, charcutophile. Contre le Grand Remplacement et les bobos gauchistes, pour la Famille, le Travail et la Patrie ! », accuse : « Scandale ! La préfecture du Loiret expulse pour loger des migrants et la presse ose dire que c'est faux ! »

N'étaient les temps qui courent et le fond de l'air nauséabond, on devrait pouvoir rire à gorge déployée de la bêtise crasse de ceux qui se sont évertués à répandre pareille insanité. Mais ils font d'abord froid dans le dos.

Remerciements

Dix-neuf ans après avoir quitté l'École supérieure de journalisme de Lille, quel plaisir d'avoir recroisé le chemin d'Éric Maitrot près de l'Odéon. Je veux tout d'abord remercier mon éditeur pour la confiance qu'il m'a accordée, sa gentillesse, ses conseils avisés et ses encouragements.

Ce livre n'aurait pas non plus vu le jour sans la patience, l'appui, l'amour et la compréhension de Muriel Roccati et la bienveillance de tous mes proches, à commencer par Alice, Claire, Gabriel et Lorette.

Je veux saluer Cécile Amar, Olivier Bras, Michel Deléan et Antoine Malo, collègues et amis, qui m'ont prodigué de précieux conseils tout au long de cette année d'enquête.

Ma reconnaissance va à Sylvie Duyck-Dunoyer pour le temps accordé à la lecture attentionnée, précieuse et méticuleuse du manuscrit, ses « ah non, pas encore le mot rumeur ! » et « ça, tu l'as déjà dit !!! » tapés en rouge.

Je remercie aussi la petite centaine de personnalités politiques, conseillers ministériels, journalistes et universitaires qui m'ont reçu, m'accordant leur confiance, moi qui ne suis pas journaliste politique de formation mais reporter.

Deux messages enfin : à Ysabel Baudis, pour avoir accepté d'évoquer pour la première fois de si douloureux souvenirs ; à mes étudiants en journalisme passés, présents et à venir : n'oubliez pas d'exiger ce qui vous est dû ni de laisser libre cours à votre inventivité.

Enfin, j'aimerais saluer mes potes du *JDD*, journal trop souvent maltraité par des vents mauvais et que ce livre n'épargne pas non plus.

TABLE

NORD COMPO
multimédia

Composition et mise en pages
Nord Compo à Villeneuve-d'Ascq

Imprimé en France par CPI
en janvier 2016

Dépôt légal : février 2016
N° d'édition : L.01ELKN000558.N001
N° d'impression : 131709